K바이오 투자 지침서

주린이도 따라하는 바이오 히든 밸류 찾는 법

K바이오
투자 지침서

김우섭 X 이주현 지음

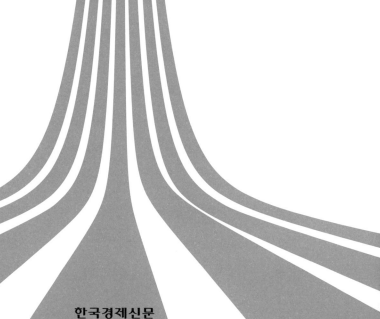

한국경제신문

떠오를 유망 바이오 기업은 어디일까

2020년은 한국 바이오산업 역사에서 특별했던 한 해로 기억될 겁니다. 신종 코로나 바이러스 감염증(코로나19) 대유행으로 글로벌 경기가 고전을 면치 못하는 상황에서 바이오 기업들은 유례없는 성장세를 보였습니다. 그동안 쌓아뒀던 K바이오 기업의 기술력이 위기 속에 꽃을 피웠다는 평가입니다.

바이오 기업 기술력의 척도인 기술 수출(라이선스 아웃)의 총 계약 금액은 처음으로 10조 원을 돌파했습니다. 2019년 잇따라 기술 수출 계약이 취소되면서 움츠러들었던 분위기를 완벽하게 뒤집은 쾌거였습니다. 여기에 코로나19 치료제·백신 개발 성과와 이와 관련한 위탁생산(contract manufacturing organization, CMO) 수주는 K바이오의 저력을 확인시켜주는 기회였습니다.

우선 신약 개발 기대감만으로 떠올랐던 바이오 기업들이 "우리도 돈을 벌 수 있다"는 가능성을 제시했습니다. 셀트리온은 이미 코로나

19 치료제 개발을 끝내고 2021년 초부터 판매를 하고 있습니다. 진단 키트 기업인 바이오 벤처 씨젠, SD바이오센서 등은 1조 원이 넘는 매출을 기록했습니다.

삼성바이오로직스는 다국적 제약사 일라이릴리 등 코로나19 치료제 CMO를 여러 건 수주했습니다. 녹십자, SK바이오사이언스는 백신 CMO로 적지 않은 수익을 거둘 것으로 보입니다. 이렇게 코로나19는 각자의 분야에서 쌓은 우리 기업의 전문성과 기술력이 꽃을 피우는 촉매제가 됐습니다. 2021년엔 매출이 본격적으로 늘어날 것이란 분석입니다.

바이오산업이 한국에서 차지하는 역할과 기대는 더욱 커지고 있습니다. 바이오산업이 차지하는 위치를 간접적으로 가늠해볼까요. 바이오산업은 한국이 전통적으로 강세를 보였던 조선과 철강 산업의 2020년 당기순이익을 넘어섰습니다. 증권사 실적 전망치(금융 정보 제공 업체 에프앤가이드 기준)가 있는 22개 바이오·헬스케어 기업의 순익을 합한 결과입니다. 2020년 12월 7일 기준 총 2조 4,079억 원입니다. 2019년 순이익 1조 116억 원보다 138% 늘어난 수치이죠. 22개 기업의 명단은 〈도표 P-4〉와 같습니다.

도표 P-1 빠르게 성장하는 K바이오헬스 기업

(단위: 억 원)

년도	매출액*	당기순이익*
2019년	11조 2,070	1조 116
2020년 †	14조 3,632	2조 4,079
2021년 †	16조 9,488	3조 16

*셀트리온 등 22개 바이오헬스 상장사 실적 및 전망치 합산
† 증권사 추정치
자료: 에프앤가이드

도표 P-2 조선, 철강 넘어서는 K헬스케어

(단위: 억 원)

종목	2020년 매출액 †	당기순이익
헬스케어	14조 3,632	2조 4,079
철강	93조 2,401	2조 927
조선	33조 3,828	−3,949

† 증권사 추정치
자료: 에프앤가이드

도표 P-3 주요 바이오헬스 기업 순이익

(단위: 억 원)

종목	순이익
셀트리온	5,926
씨젠	4,868
셀트리온헬스케어	2,912
삼성바이오로직스	2,240
유한양행	2,118
녹십자	1,035

자료: 에프앤가이드

도표 P-4 22개 헬스케어 기업의 매출액과 영업이익, 당기순이익

(단위: 억 원, %)

종목	2020년 추정치			전년 동기(%)
	매출액	영업이익	순이익	영업이익
에스티팜	1,284	−156	−49	적축
씨젠	10,085	6,239	4,868	2682.2
유한양행	15,928	841	2,118	571
셀트리온헬스케어	17,601	3,662	2,912	342.3
삼성바이오로직스	10,749	2,689	2,240	193.1
녹십자	14,828	851	1,035	111.3
셀트리온	18,687	7,640	5,926	102.1
파마리서치프로덕트	1,102	310	282	62.7
오스템임플란트	6,080	693	666	61.5
서흥	5,693	745	600	57.2
동국제약	5,643	877	710	27.9
동아쏘시오홀딩스	8,081	579	414	9.5
휴젤	2,047	731	523	7.3
보령제약	5,701	417	296	6.8
클래시스	769	438	350	4.9
인터로조	964	236	198	4.5
레이	770	118	108	−8.4
디오	1,212	295	184	−15.3
덴티움	2,207	342	215	−23.5
한올바이오파마	1,003	125	220	−27.1
바텍	2,271	264	199	−38.3
한미약품	10,928	354	64	−66.0

※IFRS 연결 기준. 컨센서스는 추정 기관 수 3곳 이상
자료: 에프앤가이드

순이익 3년 뒤 3배로 늘어날 전망

개별 기업으로 보면 셀트리온과 셀트리온헬스케어의 순이익이 각각 5,926억 원과 2,912억 원으로 전망됐습니다. 영업이익을 기준으로 한다면 셀트리온그룹은 사상 첫 1조 원을 돌파할 전망입니다.

진단키트 회사들은 한국 바이오의 '신데렐라'와 같습니다. 씨젠은 2020년 4,868억 원의 순이익을 올릴 것으로 예측됐습니다. 매출은 1조 원을 훌쩍 넘길 것으로 보입니다. CMO 회사인 삼성바이오로직스도 2,240억 원의 순이익을 낼 전망입니다.

바이오 기업의 2021년 순이익은 2019년보다 세 배 정도 늘어 3조 16억 원을 기록할 것으로 전망됐습니다. 모든 바이오 기업의 순이익을 합한 수치는 아닙니다. 증권사 영업이익 추정치가 있는 상장 회사만 나열한 겁니다. 적자를 보고 있는 기업도 상당하죠. 하지만 2021년 상장 예정인 진단키트 기업 SD바이오센서의 영업이익만 2020년 8,000억 원 정도로 추정됩니다. 이 회사를 합한다면 전체 기업의 실적역시 더 늘 것으로 보입니다.

반면 전통 산업인 철강 업종은 우울합니다. 포스코, 현대제철, 고려아연, 동국제강, 세아베스틸, 풍산 등 철강·금속 업종 6개 기업의 순이익은 2조 927억 원에 그칠 것으로 추정됐습니다. 2019년 2조 6,020억 원보다 19.6% 줄어든 수치입니다. 바이오헬스 업종의 순이익이 철강 업종을 넘어선 건 이번이 처음입니다.

철강이나 조선 업종의 중요성을 낮게 보는 건 아닙니다. 바이오산업의 현주소를 간접적으로 보여주기 위해서입니다. 생각보다 매출이 나오는 기업이 적지 않습니다. "바이오 기업은 꿈만 먹고 산다"는 건 이제 편견일 수 있습니다.

🎗 위기를 기회로 만든 K바이오

바이오 분야 전문가들은 국내 바이오·헬스케어 산업이 코로나19를 발판 삼아 '퀀텀점프'(대도약)했다고 분석합니다. 그동안은 신약 개발에 대한 기대감으로 주가가 올랐다면 2020년엔 실적이 뒷받침된 사례가 이어졌습니다. 연 1,000억 원 이상의 순이익을 올리는 기업만 셀트리온, 씨젠, 셀트리온헬스케어, 삼성바이오로직스, 유한양행, 녹십자, 동국제약 등 7곳에 달할 전망입니다.

바이오·헬스케어의 어닝 서프라이즈를 이끈 '삼두마차'는 바이오시밀러와 CMO, 진단키트 업종입니다. 셀트리온과 셀트리온헬스케어는 주력 제품으로 밀고 있는 램시마SC의 성장세가 실적에 긍정적 영향을 미쳤습니다. 램시마SC는 병원을 찾아가 정맥주사를 맞아야 했던 램시마를 환자들이 집에서 직접 주사할 수 있도록 피하주사(SC) 제형으로 바꾼 것인데요. 코로나19 유행과 함께 유럽 시장에서 매출이 크게 늘었다고 합니다. 셀트리온그룹은 2020년 영업이익 1조 원에 이어 2021년 또는 2022년엔 영업이익 2조 원 시대를 열 것으로 보고 있습니다.

코로나19 이후에도 장기 성장세가 예상되는 분야는 CMO 사업입니다. 미국 바이오 벤처 회사들은 보통 자체 생산 공장을 따로 두지 않습니다. 공장을 짓고 유지하는 데 비용을 쓰기보다는 연구 개발(R&D)에 집중하죠. 그 틈을 잘 파고들었습니다. 코로나19 치료제와 백신 CMO에 대한 수주가 끊이지 않기 때문입니다. 삼성바이오로직스는 코로나19 치료제 생산 계약을 잇따라 수주했습니다. 녹십자는 2021년 3월부터 2022년 5월까지 백신과 치료제 5억 도즈(병)의 완제 공정을 맡아 전염병대응혁신연합(CEPI)과 계약했죠.

녹십자는 백신 등 일반적인 완제 공정의 경우 한 도즈당 1~3달러 정도의 영업이익을 남길 수 있다고 설명했습니다. 최대 1조 5,000억 원이 남을 수 있다는 얘기입니다. SK바이오사이언스 역시 다국적 제약사 아스트라제네카와 미국 노바백스의 백신을 생산하기로 했습니다.

진단키트 업종은 코로나19를 확실한 성장 기회로 삼았습니다. 코로나19 유행이 본격화한 2020년 2월부터 코젠바이오텍, 씨젠, 바이오니아, 랩지노믹스 등이 진단키트를 속속 내놨죠. 이들은 2020년 전년보다 수십에서 수백 배 이상의 매출과 영업이익을 올릴 것으로 예상됩니다. 씨젠 역시 매출 1조 85억 원에 순이익 4,868억 원의 실적을 올릴 것으로 증권사들은 전망합니다.

🌐 우울했던 분위기의 반전

특정 기술이나 신약 후보 물질(파이프라인)의 권리를 다른 회사에 넘기는 기술 수출은 사상 최대를 기록했습니다. 총 계약 금액만 10조 원을 넘겼습니다. 2020년 12월 7일 기준으로 업계가 달성한 기술 수출 계약은 총 13건(9개 기업)으로 전체 규모는 10조 1,492억 원으로 집계됐습니다.

도표 P-5 2020년 국내 제약 바이오 기업 기술 수출 현황

총 계약 규모 10조 1,492억 원				
일자	기업	제품	계약 규모 (억 원)	계약 상대 (국가)
4월	레고켐바이오	ADC 원천 기술	4,963	영국
5월	레고켐바이오	ADC 항암 신약 후보 물질	2,722	영국
	퓨쳐켐	전립선암 진단 방사성 의약품	16	오스트리아
6월	알테오젠	인간 히알루로니다제 원천 기술	46,770	글로벌 10대 제약사(비공개)
8월	한미약품	비알코올성 지방간염 치료제	10,273	미국
	유한양행	기능성 위장관 질환 치료제	5,000	미국
9월	퓨쳐켐	전립선암 진단 방사성 의약품	6,500	중국
10월	올릭스	습성황반변성 및 망막하섬유하증 치료제 등	4,565	프랑스
	SK바이오팜	뇌전증 신약	5,788	일본
	보로노이	돌연변이 비소세포폐암, 고형암 치료제 후보 약물	7,200	미국
	JW홀딩스	3체임버 종합영양수액제 위너프	440	중국
	레고켐바이오	ADC 항암제 후보 물질	4,000	중국
12월	레고켐바이오	ADC 항암제 후보 물질	3,255	미국

자료: 각 사

체결 시기	상대 업체	품목	계약 금액	진행 상황
2011년 12월	아테넥스	오라스커버리	4,244만 달러	임상3상 종료
2012년 1월	스펙트럼	에플라페그라스팀	–	미 FDA 허가 신청
2015년 2월	스펙트럼	포지오티닙	–	임상2상
2015년 3월	일라이릴리	HM71224	6억 9,000만 달러	2019년 1월 계약 해지
2015년 7월	베링거인겔하임	올무티닙	7억 3,000달러	2016년 11월 계약 해지
2015년 11월	사노피	에페글레나타이드 지속형 인슐린 콤보 지속형 인슐린	39억 유로	2020년 5월 반환 의향 통보 2020년 5월 반환 의향 통보 2016년 12월 계약 해지
2015년 11월	얀센	HM12525A	9억 1,500만 달러	2019년 7월 계약 해지
2015년 11월	자이랩	올무티닙	9,200만 달러	2018년 3월 계약 해지
2016년 9월	제넨텍	HM95573	9억 1,000만 달러	국내 임상 1상

자료: 한미약품

사실 한미약품의 잇단 기술 수출 반환으로 바이오 업계는 2020년 상반기만 해도 분위기가 좋지 않았습니다. 특히 2020년 5월 사노피에 5조 1,000억 원에 기술 수출을 했던 에페글레나타이드를 포함한 당뇨병 신약 3종 계약이 5년 만에 무산되자 위기감이 더욱 커졌습니다.

반전은 약물을 원하는 부위에 배달해주는 약물 전달 기술(플랫폼)을 가진 회사들이 만들어냈습니다. 알테오젠은 의약품을 피하주사용 의약품으로 대체할 수 있는 분해효소를 만드는 기술(히알루로니다제)이 있습니다. 약 4조 6,770억 원의 기술 수출을 했습니다. 엉뚱한 곳에서 약물이 방출되지 않고 질환 유발 단백질과 달라붙도록 하는 기술을 보유하고 있는 레고켐바이오사이언스는 1조 5,000억 원 규모 기술 수출에 성공했습니다.

두 회사가 전체 기술 수출의 60%가량을 담당했습니다. 이들 회사는 한국 바이오 벤처들이 나아가야 할 길을 보여주기도 합니다. 통상 신약 기술을 완성하는 데는 10~15년 이상의 시간이 걸립니다. 투입되는 비용도 1조 원이 넘습니다. 성공한다고 해도 해외에 직접 영업망을 만들어야 하는데, 100명 안팎의 작은 바이오 회사들이 해내긴 어렵습니다. SK바이오팜과 같은 대기업도 미국 시장에서 직접 판매망을 갖추는 데 시행착오를 겪고 있습니다. 결국 3상에 성공해도 판권을 넘겨야 하는 셈입니다.

기술 수출은 바이오 벤처가 수익을 낼 수 있는 대안입니다. 계약금과 임상 단계에 따른 단계별 수수료(마일스톤)를 받습니다. 오스코텍이 대표적인 사례입니다. 이 회사는 2015년 7월 유한양행에 인산화 효소 저해제인 레이저티닙을 기술이전했습니다. 유한양행은 2018년 11월 다시 글로벌 제약사 존슨앤드존슨(J&J)의 자회사 얀센바이오테크에 12억 5,500만 달러를 받고 기술이전을 했습니다. 유한양행이 얀센으로부터 받는 돈의 40%는 오스코텍과 이 회사의 자회사인 제노스코가 받습니다. 한 증권사는 오스코텍의 2020년 영업이익이 111억 원이 예상된다는 의견을 제시했습니다. 알테오젠(108억 원) 등도 연구 진행과 함께 수익을 동시에 낼 수 있는 곳입니다.

전경대 맥쿼리투신운용 CIO는 바이오 투자에 대해 "회사 가치는 높지만 아직 투자자에게 알려지지 않은 종목을 선점하는 게 중요하다"고 조언합니다. 다른 투자자들이 발견하지 못한 회사의 가치인 '히든 밸류'(hidden value)를 찾아야 한다는 겁니다.

이 책에선 이런 히든 밸류가 숨어 있는 회사에 대해 분석을 했습니다. 2021년에 주목받을 수 있는 기업을 직접 탐방하고 분석했습니다. 회사 대표와 3~4시간씩 인터뷰를 한 뒤 바이오 애널리스트와 펀드매니저들의 의견을 취합해 기업을 분석했습니다. 이 과정에서 회사가 낸 매출과 성과를 '숫자'로 최대한 제시하려고 노력했습니다.

투자자 중에선 바이오 기업 투자를 어디서부터 시작해야 할지 어려움을 겪는 경우가 많습니다. 이런 분들에게 도움이 되는 책을 만들었습니다. 한 바이오 기업에 투자하기 위해 실제 기관투자가나 애널리스트가 분석하는 방식을 적용하고 이를 쉽게 풀어 글로 담았습니다.

바이오 기업에 투자하기 전 독자 여러분도 최소한 이 정도의 분석은 하길 권합니다. 바이오 기업 중에서도 업종마다 분석법이 다르지만 꼭 빼놓지 않고 분석한 내용이 있습니다.

첫째는 바로 경영진입니다. 특히 창업자가 대표로 있는 바이오 기업의 경우 대표의 역할과 역량이 중요합니다. 기업 분석 첫 부분에선 대표 인터뷰를 통해 앞으로의 목표와 회사가 지향하는 점에 대해 들어봤습니다.

두 번째 단계에선 회사가 보유한 제품군, 신약 개발 회사의 경우엔 파이프라인을 집중 분석했습니다. 이해가 어려운 부분이 있을 수 있지만 기본적으로 많은 분량을 할애해 신약 작용 기전을 소개했습니다. 작용 기전이 명확해야 신약 개발 확률이 더 높아지기 때문입니다. 그 다음엔 경쟁 회사와 비교하고, 관련 시장 전망을 들여다봤습니다. 아무리 좋은 제품 또는 파이프라인이 있어도 경쟁 대상이 강력하다면 빛을 보지 못할 수 있기 때문입니다.

마지막 부분엔 펀드매니저들의 자문을 받아 2020년 주가 움직임을 복기하고 2021년 주가 전망을 담았습니다. 증권 업계에서 바라보는 개별 종목에 대한 뒷얘기도 실었습니다. 기업에 대해 얘기하기 전 항암 신약, 플랫폼 바이오, 코로나19 치료제와 백신, 진단, 건강기능식품, 의료기기 등 여섯 개로 유망 분야를 나눠 각 분야를 소개할 예정입니다.

K바이오 투자 지침서
차례

• 1장 •

항암 분야를 선도하는 K바이오

일반적인 항암제는 암을 직접 공격해 암세포의 성장을 억제하고 암 조직을 죽이는 역할을 합니다. 항암제는 1세대 화학항암제, 2세대 표적항암제, 3세대 면역항암제를 거치며 발전해왔습니다. 화학항암제는 세포 분열을 억제하는 독성물질을 주사해 암세포를 공격하는 방식입니다. 다만 주변의 멀쩡한 세포까지 공격해 부작용을 낳습니다. 표적항암제는 암세포만 표적으로 해 정밀 타격합니다. 내성이 생기고 전이암 환자에겐 효과가 떨어진다는 단점이 있죠.

면역항암제는 우리 몸의 면역체계를 이용하기 때문에 기존 항암제보다 독성이 적고 부작용도 크지 않습니다. 다만 이 약에 반응하는 환자의 비율이 20~30% 수준으로 낮습니다. 이후 4세대인 대사항암제가 최근 개발 중에 있습니다. 암세포의 에너지원을 차단하는 방식입니다. 최근 암 치료 시장의 주류는 면역항암제입니다. 쉽게 말해 인체의 면역 기능을 이용해 암세포를 공격하는 약물을 말합니다. 우리 몸이 알아서 암세포를 죽이도록 돕는 것입니다.

우리 몸의 면역세포는 외부에서 침입하는 바이러스나 세균뿐 아니라 유전자 변이에 의해 생성되는 암세포까지 인식해 죽이는 능력을 갖고 있습니다. 면역세포는 우리의 몸을 지켜주는 중요한 세포입니다. 면역세포 종류엔 수지상세포, 자연살해(NK)세포, T세포, B세포, CIK세포, 대식세포 등이 있습니다.

이들을 면역세포 팀이라고 해보죠. 이 팀은 암세포 등 문제가 발생하면 이를 없애기 위해 다양한 일들을 합니다. 상당히 조직적입니다. 예를 들어 대식세포는 외부에서 침입자가 들어오면 이를 잡아먹는 역할을 합니다. NK세포는 우리 몸의 정상 세포에 이상을 일으키는 대상을 정밀하게 공격합니다.

수지상세포는 중간 다리 역할을 합니다. 면역세포에게 싸워야 할 적을 알려줍니다. 보통 이 적들을 항원이라고 부릅니다. 항원은 바이러스나 세균이 갖고 있는 특이적 단백질입니다.

수지상세포가 알려준 항원은 T세포와 B세포가 공격합니다. B세포는 항원과 특이적으로 결합하는 물질인 항체를 만듭니다. 이 항체는 바이러스나 세균에 달라붙어 이들을 파괴합니다.

T세포는 면역세포팀의 핵심입니다. T세포는 다시 몇 개로 나뉘는데, 대표적으로 세포독성T세포가 있습니다. 항체처럼 항원을 정확하게 인식해 외부의 적인 항원을 정밀하게 공격합니다.

정상 세포에도 이들 면역세포의 활성을 조절하는 기능이 있습니다. 정상 세포엔 T세포와 같은 면역세포가 과도하게 활성화하는 걸 억제하는 단백질이 달라붙어 있습니다. 이렇게 면역세포가 정상 세포를 인식하는 데 관여하는 역할을 하는 단백질을 면역관문단백질(immune checkpoint protein)이라고 부릅니다. 면역세포들의 검문소(checkpoint)

역할을 하는 단백질이라고 이런 이름이 붙었습니다.

문제는 암세포가 정상 세포 흉내를 낼 수 있다는 겁니다. 암세포도 표면에 면역관문단백질을 갖고 있다가 T세포가 다가왔을 때 가짜 여권을 내밀 듯 '이상 없음'이라는 신호를 보냅니다. 이 정상 세포인 척하는 암세포들의 가짜 여권을 걸러낼 수 있도록 해 면역세포가 암세포를 제대로 잡아내게 하는 치료제가 면역관문 억제제입니다.

면역관문 억제제로 만들어진 첫 항암제는 BMS가 2011년 내놓은 여보이입니다. 성분은 이필리무맙입니다. 이 약은 T세포에 있는 면역관문단백질인 CTLA-4를 보호합니다. 암세포가 CTLA-4라는 검문소를 무력화하기 전에 이 검문소에 이필리무맙이라는 경호원들을 배치해둔 것이죠.

가장 널리 알려진 면역관문 억제제로는 미국 제약사 MSD가 개발한 키트루다도 있습니다. 이 약은 T세포에 있는 면역관문단백질인 PD-1을 지킵니다. 암세포엔 정상 세포에서처럼 PD-1과 결합해 T세포의 공격을 억제할 수 있는 PD-L1이라는 단백질이 있습니다. 두 물질이 결합해 가짜 여권 역할을 하는 겁니다. 키트루다는 이 단백질이 PD-1과 상호작용을 하는 걸 막는 것이죠.

면역세포에 있는 CTLA-4과 PD-1 같은 검문소를 지키는 병력을 두는 대신 암세포가 내미는 여권(PD-L1)을 무용지물로 만드는 특공대를 약으로 쓰기도 합니다. 로슈가 판매하는 티쎈트릭은 암세포 PD-L1 단백질과 결합합니다. 키트루다가 면역세포를 대상으로 한다면 티쎈트릭은 암세포를 대상으로 하는 면역관문 억제제라고 할 수 있습니다. 이외에 LAG3, TIM3, TIGIT 등 다양한 면역관문단백질에 대한 신약 개발이 진행 중입니다.

면역관문 억제제는 암세포를 직접 제거하지 않습니다. 우리 몸의 면역체계가 암세포를 공격할 수 있도록 도와주는 데 초점이 있습니다. 면역관문 억제제의 효과를 보는 환자가 많지 않다는 점은 한계입니다. 사람이나 암의 종류마다 면역관문단백질이 발현되는 정도가 다르기 때문입니다. 환자에 따라 치료 효과가 제각각일 수밖에 없습니다.

이 한계를 극복하기 위해 병용 요법이 최근엔 인기를 얻고 있습니다. 다른 약과 함께 면역관문 억제제를 사용하는 것이죠. 한국 기업들은 면역관문 억제제와 함께 사용되는 병용 치료제를 만들고 있습니다. 대표적인 기업이 메드팩토와 티움바이오, 오스코텍 등입니다. 2020년 주식 시장에서 큰 관심을 받았습니다. 특히 암과 관련해 주변 환경을 정리해줍니다. 암세포의 친구가 된 면역세포들을 바로잡아 다시 암세포를 공격할 수 있는 면역세포로 만들 수 있는 것이죠. 이번 장에선 이들 기업을 상세히 분석해보겠습니다.

우리 몸의 면역체계에선 침입자와 방어자의 끊임없는 싸움이 계속 되고 있습니다. 여기서 침입자를 '항원'(antigen), 이 항원을 인식할 수 있는 방어자를 '항체'(antibody)라고 부릅니다. 항원은 면역반응을 일으키는 물질들을 아우르는 말입니다. 알레르기는 우리 몸에 들어온 외부 물질(항원)에 대해 우리 면역체계가 과민반응해 일어나는 증상들을 뜻합니다.

이 항원들을 인식해 공격하는 물질이 항체입니다. 항원이 몸 안으로 들어오면 면역세포의 일종인 B세포에서 항체가 형성됩니다. 항체는 단백질들이 얽혀 있는 Y자 모양을 이루고 있습니다. 이 Y자의 팔 부분이 항원과 결합할 수 있는데 이때 항체와 결합하는 항원 부위를 '에피토프'라고 합니다. 항체가 Y자의 팔 끝에 열쇠를 들고 다니다가 항원(문)과 만나면 항원의 자물쇠(에피토프)에 열쇠를 넣는 것이죠. 항암 목적으로 항체 치료제를 만들기 위해서는 특정 암세포에서 나타나는 항원을 선별해 이 항원에 맞는 항체를 만드는 과정을 거쳐야 합니다. 어떤 자물쇠를 공격하느냐에 따라 항암 효과와 부작용이 제각각입니다.

항체는 직접 항원을 공격하기도 하지만 다른 면역세포들이 항원을 공격할 수 있도록 도와주는 역할을 하기도 합니다. 항체가 항원을 만나면 "여기 암이 생겼어요! 면역세포 여러분 공격합시다" 하고 표지를 해두는 것이죠. 항체 치료제도 항원을 직접 공격하는 방식 외에 다른 면역세포들의 암세포 공격을 유도하는 쪽으로 개발이 가능합니다. 면역항암제가 이러한 사례에 속합니다.

코로나19 진단에서도 항원, 항체가 쓰입니다. 코로나 바이러스 단백질(항원)이 몸속에 있는지를 확인하는 항원 진단키트, 바이러스 감염으로 체내에 항체가 생성됐는지를 확인하는 항체 진단키트가 대표적입니다. 진단 업계에선 코로나19 면역 여부를 볼 때는 "중화항체 형성 여부를 봐야 한다"고 말하기도 합니다. 중화항체는 바이러스가 더 이상 기능하지 못하도록 하는 항체를 의미합니다. 여러 항체 중에서도 코로나 바이러스의 무력화에 가장 큰 효과를 내는 핵심 항체죠. 피씨엘, 바디텍메드 등 상당수 진단 기업들은 백신 보급 이후를 대비해 면역 여부를 확인할 수 있는 중화항체 진단키트의 상용화를 준비 중입니다.

메드팩토

'백토서팁', 종양 미세환경을 무력화하다

메드팩토는 암세포를 둘러싼 주변 환경(종양 미세환경)을 치료해주는 '백토서팁'을 개발하고 있는 회사입니다. 다른 바이오 의약품과 함께 투여해 암세포를 줄이는 기술을 갖고 있습니다.

암 세포는 자신을 보호하기 위해 TGF-베타라는 물질을 많이 분비합니다. TGF-베타는 암세포 수비수라고 볼 수 있습니다. 암에는 도움이 되지만 사람 몸엔 치명적일 수 있습니다. 특히 이들은 면역 기능의 일환으로 등장하는 면역팀인 NK세포와 T세포의 활동을 막습니다.

메드팩토는 TGF-베타 분야의 세계적 과학자 김성진 대표가 이끌고 있습니다. 미국 국립보건원(NIH) 암연구소 재직 당시 TGF-베타의 존재를 처음 발견한 것도 김 대표의 스승이었던 NIH의 마이클 스폰 박사였죠. 김 대표는 국제 과학논문인용색인(SCI) 학술지에 TGF-베타와 관련한 200여 편의 논문을 발표했고, 4,200회 정도 인용됐습니다.

TGF-베타 분야 세계 최고 전문가가 이를 이용해 항암제를 만드는 겁니다. 인터뷰에 응한 김 대표는 "전 세계에서 TGF-베타 저해 방식으로 여러 임상이 진행 중이지만 메드팩토가 가장 앞서 있다"고 자신했습니다.

TGF-베타 이용한 항암제

TGF-베타 저해 방식의 항암제를 개발하려는 노력은 1980년대부터 시작됐습니다. 하지만 대부분 중단됐죠. 김 대표는 "암 전이는 막지만 원래 암의 크기는 줄이지 못했기 때문"이라고 했습니다. 다시 말해 암세포 자체를 완전히 죽이지 못했던 겁니다. 암의 시초가 된 암의 뿌리(원발성암)를 줄이지 못한다면 항암제로선 큰 가치가 없었던 겁니다.

백토서립 역시 암세포를 직접 공격하는 공격수는 아닙니다. 치료제가 제대로 효과를 낼 수 있는 환경을 만들어주는 수비수의 역할에 가깝습니다.

그렇기 때문에 암세포를 직접 공격하는 치료제와 함께 쓰일 때 효과가 더 좋습니다. 메드팩토는 MSD의 키트루다, 아스트라제네카의 임핀지, 노바티스의 글리백 등 블록버스터 의약품과 임상시험을 하고 있습니다.

🔬 암세포 수비수 TGF-베타 잡는 메드팩토

TGF-베타에 대해 좀 더 자세히 보겠습니다. 암세포는 영리합니다. 공격수(치료제)의 공격을 피하고 자신을 키우기 위해 다양한 일들을 합니다. 대표적으로 TGF-베타라는 물질을 많이 분비합니다. 말했듯이 TGF-베타는 암세포 수비수로서 NK세포와 T세포의 활동을 막고 암이 다른 장기로 퍼지도록 돕기도 합니다. 새로운 미세혈관을 만들어 암세포가 이곳저곳을 다니며 다른 장기에 증식하는 환경도 만듭니다. MSD의 키트루다 등 면역항암제도 TGF-베타로부터 방해를 받습니다.

백토서팁의 작용 기전을 보기 위해 키트루다를 좀 더 살펴보겠습니다. 이 약물은 면역팀의 일원인 T세포 표면에 있는 면역관문단백질 PD-1을 억제합니다. PD-1이란 단어가 또 어렵네요. PD-1 자체는 나쁜 게 아닙니다. 하지만 암세포 표면에 있는 면역관문 PD-L1, PD-L2와 만나면 무서워집니다.

이들이 만나면 면역팀인 T세포가 암 세포를 그냥 지나치도록 만듭니다. 키트루다는 PD-1의 활동을 억제해 면역팀의 활동을 돕습니다. 면역세포의 기능을 활성화시킨다는 뜻에서 면역항암제라고 불리죠.

그러나 키트루다가 모든 암과 바이오마커(biomarker)에 만병통치약은 아닙니다. 대장암 치료를 할 때 키트루다에 반응하는 바이오마커 군은 '현미부수체 불안정형 환자군'입니다. 전체 대장암 환자의 14%

정도죠. 하지만 나머지 86%인 현미부수체 안정형 환자군에선 효과가 떨어집니다. TGF-베타의 방해를 받기 때문이죠.

TGF-베타는 암세포를 보호하는 과정에서 주변에 있는 섬유아세포를 자극합니다. 섬유아세포는 암세포를 딱딱하게 만들죠. 면역세포는 물론 치료제들도 암세포를 뚫고 가지 못하는 겁니다.

❖ 단독은 어렵지만, 병용 치료로 각광

백토서팁은 TGF-베타의 활동을 방해하는 치료제입니다. 우선 TGF-베타가 암세포를 다른 장기나 신체 부위로 옮기는 것을 막습니다. 또 암 줄기세포의 생성도 막죠. 가장 중요한 것은 섬유화가 된 암세포를 부드럽게 만들어주는 역할을 합니다. 키트루다와 같은 치료제들이 직접 암세포를 공격할 수 있도록 환경을 만드는 겁니다.

TGF-베타의 존재는 발견된 지 수십 년이 지났지만 단독 요법의 치료제가 없습니다. 대부분의 회사들이 치료제 연구를 포기한 이유죠. 하지만 공격수와 함께 쓰이면 얘기가 달라집니다. 메드팩토는 TGF-베타를 30년 동안 연구해온 김 대표를 중심으로 병용 치료 임상을 적극 시행하고 있습니다.

노승원 맥쿼리투신운용 펀드매니저는 "TGF-베타의 사용법을 잘 아는 김 대표가 영리하게 임상을 하고 있다는 게 업계 평가"라고 설명합니다. 대장암 임상에서 병용 치료의 효과가 잘 나타납니다.

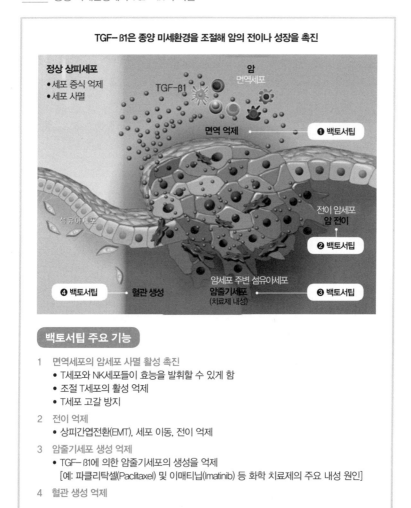

자료: 메드팩토

키트루다에 반응하는 현미부수체 불안정형 환자군을 제외한 현미부수체 안정형 환자군 임상을 보겠습니다. 이들 환자에 백토서팁과 키트루다를 함께 썼더니 반응률이 33.3%가 나왔습니다. 30% 이상 종양이 줄어든 환자가 33.3%였다는 의미입니다. 대장암 적응증은 임상 2상이 진행 중입니다. 치료제에 반응을 보인 환자의 비율인 질병 조절률 역시 33.3%를 기록했습니다. 키트루다를 단독으로 쓰면 11.0%에 불과합니다.

메드팩토가 현재 병용 요법으로 진행 중인 임상만 현재 10건입니다. 메드팩토가 기대하고 있는 적응증엔 아스트라제네카의 면역항암제 임핀지와의 병용 치료도 있습니다. 2020년 12월 기준 임상 2상이 진행 중입니다. PD-L1이 음성으로 나타난 진행성 비소세포폐암 환자들이 대상입니다.

메드팩토가 이들 환자에게 임핀지와 병용 투여를 한 결과, 16.7%의 환자에서 30% 이상 종양 크기가 줄었습니다. 이 환자들에게선 모두 독성이 발견되지 않았습니다. 부작용이 없다는 뜻입니다. 임핀지만 단독으로 썼을 때엔 2.8%의 환자에서만 반응이 나타났습니다.

희귀 질환에도 효과

팔과 다리, 복부 등에 혹 형태로 나타나는 데스모이드형 섬유종증 환자 대상 적응증도 임상을 진행 중입니다. 한국에서 진행한 노바티스 글리백(성분명 이마티닙)과의 병용 임상도 결과가 좋았습니다. 데스모이드형 섬유종증 환자를 대상으로 한 두 약물의 병용 투여에서 반응률은 28.6%였습니다. 글리백을 단독으로 투여했을 경우 반응률은

13.0%였습니다. 2021년 중 임상 2상을 위해 미국 식품의약국(FDA)과 논의를 시작할 예정입니다.

다른 약물과 병용 투여 방식으로 임상을 하려면 비용이 많이 들 수밖에 없습니다. 임상을 위해 해당 약물을 구입하는 데에만 연간 수백억 원이 쓰입니다. 다행히도 메드팩토는 원래 약물을 가진 회사들로부터 무료 지원을 받습니다. 키트루다 병용 임상 1,500여 건 중 MSD가 키트루다를 제공해주는 임상은 약 150건밖에 안 됩니다. 메드팩토는 키트루다 무상 지원 등으로 연 250억 원 정도의 비용을 절감한다고 합니다.

임상 3상 환자 수 줄어들 듯

메드팩토는 백토서팁이 잘 듣는 환자를 선별하기 위한 바이오마커 연구를 모든 임상에서 하고 있습니다. 백토서팁으로 효과를 볼 수 있는 환자를 바이오마커로 골라 임상시험을 하면 임상 성공 가능성이 높아지기 때문입니다. 일종의 개인별 맞춤의학입니다.

바이오마커 연구엔 당연히 비용이 많이 듭니다. 여기서 메드팩토의 강점이 하나 더 나타납니다. 이 회사는 유전자 분석 · 진단 전문 기업인 테라젠이텍스에서 2013년 스핀오프한 회사입니다. 최대주주는 테라젠이텍스입니다. 바이오마커 선별이나 유전체 분석 등을 협업하고 있습니다. 적잖은 비용을 아끼고 있다고 합니다. 메드팩토는 위암, 췌장암, 방광암, 유방암, 식도암, 폐암 등 TGF-베타가 많이 분비되는 암 중에서 백토서팁이 효능을 낼 수 있는지 판별해주는 바이오마커를 찾아냈습니다. 최종 선별 작업을 진행 중입니다. 미국바이오협회에 따르면 2006년부터 2015년까지 바이오마커를 활용한 신약의 개발 성공률이 그렇지 않은 경우보다 3배 이상 높았다고 합니다.

또 바이오마커를 기반으로 허가를 받은 약물은 임상 환자 수가 많지 않았다는 점도 장점입니다. FDA에서도 선별된 환자에게 확실한 효과가 나타난다는 점이 증명된다면 조기 판매 승인 절차를 내주고 있습니다. 예를 들어 키트루다의 경우 임상 3상 환자 수는 149명에 불과했습니다. 로슈의 항암제인 로즐리트렉의 경우 임상 3상 환자는 54명뿐이었습니다. 회사 측은 적응증별로 바이오마커를 잘 선별하면 데스모이드형 섬유종증 등 희귀 질환 분야에선 조기 승인이 가능하다고 봅니다.

🦠 독성 우려 없다

업계에선 TGF-베타 억제제의 독성에 대한 우려도 나오고 있습니다. TGF-베타가 지나치게 억제되면 온몸에 염증이 생기기 때문입니다. 정상 세포에서 TGF-베타는 염증을 줄여주는 등 순기능을 하기 때문입니다. 예를 들어 실험용 쥐에서 TGF-베타를 없애버리면 쥐는 3주만에 죽는다고 알려졌습니다. 김 대표는 "암세포에선 너무 많으면 좋지 않지만 정상 세포에선 순기능이 많다"고 설명합니다. TGF-베타 억제제 개발 경쟁자였던 미국의 일라이릴리는 독성 문제 때문에 임상을 포기했습니다. 간암 환자를 대상으로 실시한 가루니서팁 임상 1상에서 간 독성 문제가 나타났기 때문이죠. 메드팩토는 120명을 대상으로 약을 투약했지만 부작용이 나온 환자는 아직 없다고 설명합니다. TGF-베타를 일정한 양으로 유지하기 위해 백토서팁을 5일 복용하고 2일을 쉬는 방식의 투약법도 마련했습니다.

한국에서 TGF-베타 저해 방식으로 약물을 만드는 회사는 여럿 있습니다. 티움바이오는 기술 수출 성과도 냈습니다. 메드팩토 역시 기술 수출 의사를 보이고 있습니다. 이미 파이프라인이 10개 정도에 달해 사업 전체를 이끌어가는 데엔 큰 문제가 없어 보입니다.

🧬 2020년 주가는 대도약

메드팩토는 2020년 2월 최저점부터 9월 초까지 약 5배의 주가 상승을 하며 최고의 한해를 보냈습니다. 학회를 거칠 때마다 백토서팁과 다양한 병용 요법에서 의미 있는 데이터를 발표해 단계적으로 주가가 상승했습니다. 이처럼 큰 폭의 기업 가치가 상승할 수 있었던 이유는 병용 요법으로 백토서팁이 다양한 암종에 적용이 가능할 것이라는 가치를 시장이 인정해줬기 때문입니다.

특히 2019년 2월 영국 GSK가 독일 머크의 M7824 판권 절반을 36

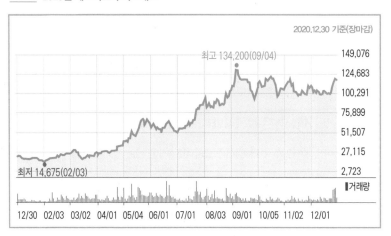

억 유로에 사기로 했습니다. 백토서팁의 향후 기술 수출 규모를 직접적으로 추정해볼 수 있는 좋은 예시라는 게 전문가들의 판단입니다. 또 면역관문 억제제 키트루다의 병용 파트너인 에자이는 공동 개발을 하면서 절반의 수익에 대한 권리로 총 57억 달러(계약금 3억 달러) 계약을 이끌어냈습니다. 타깃은 다르지만 면역관문 억제제의 미충족 수요를 충족시킬 때의 가치를 보여줍니다.

백토서팁의 미래 가치를 추정해볼 수 있는 두 가지 사례와 함께 좋은 연구 결과가 기업 가치를 높이는 촉매제가 됐습니다.

2021년, 눈으로 보여줘야 할 시기

메드팩토는 2021년에도 학회에서 다양한 연구 결과를 발표합니다.

임상시험 개발 계획 및 진행 현황

구분		염종	목표 환자 수	[국가] 치료 요법	2020	2021	2022	2023	2024	2025
고형암	화학항암제 병용 임상	위암	68	[한국] +파클리탁셀	1b-2a상		2상		3상	
		위암	43	[한국] +파클리탁셀+라무시루맙			2상			
		췌장암	36	[한국] +폴폭스	1b-2a상		2상		3상	
		췌장암	18	[한국] +5FU/LV/오니바이드	1b-2a상		2상		3상	
	표적항암제 병용 임상	대소모이드 종양	33	[한국] +이마티닙	1b-2a상					
		(침윤성 섬유종증)	준비중	[미국, 한국] +이마티닙			2상		3상	
	면역항암제 병용 임상	대장암/ 위암	85	[한국] +키트루다(anti-PD-1)	1b-2a상		2상		3상	
		비소세포폐암 1L	55	[한국] +키트루다(anti-PD-1)		2상		3상		
		비소세포폐암 2L	63	[한국] +임핀지(anti-PD-L1)	1b-2a상		2상		3상	
		방광암	48	[미국] +임핀지(anti-PD-L1)		2상		3상		
혈액암		다발성골수종(MM)	52	[미국] +포말리스트	1b상		2상		3상	
		골수증식증양(MPN)	37	[미국] +룩소리티닙		2상		3상		

자료: 메드팩토

4월 미국암학회(AACR)에서 췌장암, 데스모이드종양, 유방암에 대한 전임상 결과를 발표할 예정입니다. 6월 미국임상종양학회(ASCO)에서 대장암에 대한 임상 결과를 발표할 것으로 알려져 있습니다. 2020년 큰 폭의 기업 가치 상승이 일어난 만큼 시장의 눈높이도 그만큼 높아졌습니다. 다시 말해 학회에서 의미 있는 데이터와 큰 규모의 글로벌 기술이전 계약 체결이 이뤄져야만 추가적인 주가 상승도 가능할 것으로 예상됩니다.

만약 백토서팁이 M7824와 비슷한 규모의 기술이전 계약이 이뤄진다면 기업 가치는 5조 원 이상도 가능할 것으로 보입니다. 하지만 메드팩토의 가치는 백토서팁에 집중돼 있어 임상 데이터와 기술이전 계약 규모가 시장 기대에 못 미칠 시에는 큰 폭의 주가 하락도 가능합니다. 2021년 초반 주가 상승을 기대할 만한 이벤트 역시 많지 않습니다. 메드팩토는 2021년 글로벌 콘퍼런스들에 참여해 기술이전 계약을 위해 매진할 것입니다.

 용어 설명   **병용 요법**

두 가지 이상의 치료법을 사용해 특정 질환을 고치는 방법입니다. 각 치료제가 가진 단점을 보완해줄 수 있는 파트너를 찾는 것이죠. 암 환자에게 항암제 투여와 방사선 치료를 함께 하는 경우가 대표적입니다.

업계에서 병용 요법이 가장 화두가 되는 분야는 면역관문 억제제입니다. 면역관문 억제제는 우리 몸의 면역체계가 암 세포를 제대로 공격할 수 있도록 면역 반응을 유도하는 데 초점을 두고 있습니다. 면역관문 억제제 자체가 독성을 갖고 암세포를 공격하지는 않습니다. 그렇다면 면역관문 억제제를 사용해 면역세포들이 잘 작동하게 하면서 독성으로 특정 암세포만 골라 공격하는 표적항암제도 같이 투여하는 게 가능하지 않을까요?

병용 요법이 가장 활발하게 이뤄지는 치료제는 PD-1, PD-L1 바이오마커와 관련된 면역관문 억제제입니다. 미국 암연구소에 따르면 2020년 9월 기준 진행 중인 PD-1 및 PD-L1 관련 면역항암제 임상시험은 3,674건입니다. 이 중 병용 요법과 관련된 임상시험이 2,949건으로 80%를 차지합니다. 특히 키트루다 관련 임상시험은 1,199개에 달합니다. BMS와 오노약품공업의 옵디보 1,078개, 아스트라제네카의 임핀지 458개가 그 뒤를 잇고 있습니다.

글로벌데이터에 따르면 키트루다는 2019년 111억 달러에 달하는 매출을 기록했습니다. 192억 달러 매출고를 올린 애브비의 휴미라에 이어 세계 의약품 매출 2위를 차지한 블록버스터 약입니다. 키트루다, 옵디보, 임핀지 등 이들 면역항암제는 적응증을 계속 늘리고 있는 만큼 다양한 암종을 대상으로 표적치료제와 병용 투여하는 사례는 계속 늘어날 전망입니다.

국내 기업들도 면역관문 억제제와 병용 투여하는 식으로 항암제를 개발하고 있습니다. 병용 요법 임상을 다수 진행하는 메드팩토가 대표적입니다. 제넥신도 키트루다 병용 요법으로 자궁경부암 DNA 백신 임상 2상을 진행 중입니다. 2020년 8월 에이치엘비는 위암 치료제로 개발 중이던 리보세라닙에 대해 간암 치료 목적으로 캄렐리주맙 병용 투여 임상 3상 시험 계획을 식품의약품안전처(식약처)로부터 승인받기도 했습니다. 캄렐리주맙은 옵디보처럼 PD-1 대상 면역관문 억제제입니다. 그다음 달인 9월엔 비소세포폐암 치료 목적으로 이레사와 리보세라닙의 병용 요법 임상 3상 결과를 발표하기도 했습니다.

티움바이오

희귀 질환 중심의 신약 개발 전문 기업

티움바이오는 희귀 질환 중심의 신약 개발 회사입니다. 2016년 12월 SK케미칼의 신약개발 부서가 나와 창업한 회사입니다. SK케미칼에서 혈우병 치료제를 만들었던 연구진이 이 회사에서 일하고 있습니다. 김훈택 대표 역시 1990년 선경인더스트리 생명과학연구소에 들어와 30년 동안 신약 개발에만 매달렸습니다. 바이오 업계에서 티움바이오는 영리한 회사로 평가됩니다. 임상 3상 완료에 목숨을 걸지 않습니다. 3상을 도전하다 위기를 겪은 신라젠이나 헬릭스미스의 전철을 밟지 않기 위해서죠. 또 경쟁이 치열한 암이나 뇌 질환이 아니라 희귀 질환 분야에 집중합니다. 인터뷰에 응한 김 대표 역시 벤처기업에 속하는 티움바이오의 힘으로 신약 개발을 완료하는 건 쉽지 않다고 합니다. 그는 "바이오 벤처 중에 임상 3상을 제대로 끝낼 수 있는 회사는 많지 않다"며 "규모가 작은 회사일수록 리스크(위험)를 줄여야 한다"고 말합니다. 임상 2상과 함께 기술이전을 추진하는 이유도 여기에 있습니다. 2018년 창업 2년 만에 특발성 폐섬유증 치료제 'TU2218'을 이탈리아 제약사 키에시에 7,400만 달러 규모로 기술이 전했습니다. 한미약품이 사용했던 전략과 유사합니다. 회사 경쟁력인 파이브파인에 대해 알아보겠습니다.

핵심 파이프라인은 자궁내막증 치료제

'퍼스트인클래스'(first in class, 세계 최초)를 고집하기보다는 '베스트인클래스'(best in class, 계열 내 최고)를 추구하는 회사입니다. 이 회사의 대표 신약 후보 물질인 자궁내막증 치료제 'TU2670'이 대표적입니다. 기존에 나와 있는 약의 단점을 보완하고 효능을 높이면 퍼스트인클래스를 압도할 수 있다는 생각입니다. 자궁내막증 치료제 시장은 2022년 약 4조 원으로 예상됩니다.

자궁내막증은 자궁 외부에 자궁내막이 증식하는 병입니다. 만성적인 골반 통증이나 불임 등의 원인이 됩니다. 가임기 여성의 약 10%가 이 질병을 앓고 있습니다. 수술을 하더라도 40~50%는 재발한다고 합니다. TU2670은 생식샘자극호르몬방출호르몬(GnRH) 저해제입니다. 쉽게 말하면 이 약을 먹으면 GnRH의 활동이 억제된다는 얘기입니다. 약물이 어떻게 영향을 끼치는지 작용 기전도 증명이 됩니다. 신약을 만드는 바이오 회사를 투자할 때 반드시 확인해야 하는 것이 작용 기전입니다. 과학적으로 제대로 증명이 되는지 세세하게 봐야 한

시상하부-뇌하수체-난소 축

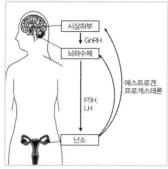

시상하부와 뇌하수체의 위치

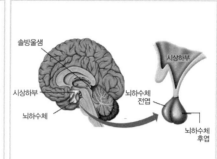

자료: 티움바이오

다는 겁니다. 작용 기전이 명확하지 않으면 신약 개발에 실패할 가능성도 높고, 나아가 투자자들을 속이는 일도 비일비재합니다.

GnRH는 호르몬의 일종입니다. 〈도표 1-4〉에서 보는 바와 같이 뇌의 시상하부에서 나온 GnRH는 뇌하수체 전엽에 도달해 성장호르몬(GH) 분비를 돕습니다. 이 과정에서 에스트라디올이라는 호르몬도 방출이 됩니다.

자궁내막증을 악화시키는 건 에스트라디올입니다. 너무 많은 에스트라디올이 생성돼 자궁내막증이 일어난다는 얘기입니다. 이를 차단하는 게 중요한데요. TU2670은 GnRH가 뇌하수체 전엽에 도달하는 시점에 이를 차단합니다. GnRH 작용제로는 미국 제약사 애브비의 '엘라고릭스'가 FDA의 허가를 받아 판매 중입니다. 같은 작용 기전의 약물은 출시가 된 셈입니다. 다시 말해 후발 주자입니다. 미국에서 이미 신약이 있는 상황에서 FDA 허가를 받으려면 기존 약보다 뛰어난 점이 있어야 합니다. 티움바이오의 경쟁력은 에스트라디올의 컨트롤

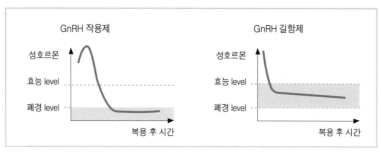

도표 1-5 GnRH 작용제와 길항제 투여 시 성호르몬 억제 정도 비교

자료: 티움바이오

입니다. 엘라고릭스의 경우 약물 투여 시 에스트라디올을 거세 또는 폐경 수준 이하로 억제합니다. 이럴 경우 여성의 경우 골밀도 감소 등의 부작용이 나타납니다.

〈도표 1-5〉에서 보는 바와 같이 GnRH 작용제를 투여할 경우 필요한 효능 수준보다 더 낮게 성호르몬 수치가 유지됩니다. 반면 TU2670은 성호르몬 수치가 적당한 수준에서 유지된다는 게 회사 측 설명입니다. 또 약물 효능이 TU2670은 즉각적으로 나타나는 반면 엘라고릭스는 시간이 걸립니다. 티움바이오는 여기에 주사제가 아닌 알약 형태로 만들고 있습니다. 병원에서 맞아야 하는 엘라고릭스보다 더 간편한 셈이죠. 2022년 4조 원 수준으로 예상되는 시장의 52%를 엘라고릭스가 차지할 것으로 예상됩니다.

티움바이오 측은 TU2670에 대한 임상 2상을 유럽에 신청했습니다. 2상 결과가 나오기까지는 2년 정도가 걸릴 예정이지만, 2상 임상 시작과 함께 기술이전을 추진하고 있습니다. 이미 한국 시장의 판권은 대원제약에 넘겼습니다. 당시 계약 금액은 40억 원의 계약금에, 약물이 개발될 경우 기술이전료(로열티)를 받는 조건이었죠. 김 대표는 "글로벌 제약사에 기술이전을 할 경우 국내 계약 규모보다 30배 이상은 클 것"이라고 자신했습니다.

❄️ TGF-베타 저해제로 기술 수출

2019년 11월에 상장한 티움바이오는 2018년 7,400만 달러 규모의 기술 수출을 했습니다. 전임상 단계의 신약 후보 물질임에도 높은 금액이 책정됐습니다. 비상장사가 창업한 지 2년 만에 큰 규모의 수출을 한 것입니다.

이런 이력은 2019년 코스닥 시장 상장에도 도움이 됐죠. 당시 기술 수출을 한 신약 후보 물질이 바로 TU2218입니다. 특발성 폐섬유증 치료제와 면역항암제로 개발 중인 약물입니다. 특발성 폐섬유증은 이탈리아의 키에시가 2021년 유럽에서 임상 1상을 진행합니다.

면역항암제 질환에 대해선 티움바이오가 권리를 갖고 있습니다. 2021년께 임상 1상을 미국에서 진행할 예정입니다. 2022년 말에서 2023년 초엔 임상 2상을 시작할 예정입니다. 이 약물의 작용 기전에 대해서 좀 더 알아보겠습니다.

TU2218은 티움바이오가 세계 최대 규모의 바이오 · 제약 행사인 '바이오 USA'에서 발표를 한 이후 이탈리아의 케이시가 직접 연락을 해왔다고 합니다. 1935년 설립된 케이시는 호흡기 질환에 강점을 보

도표1-6 섬유화 유도 신호 전달 'ON'

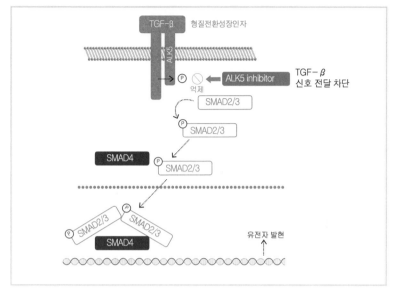

자료: 티움바이오

이는 회사입니다. 흡입제형의 약물을 잘 만듭니다. 합성 의약품인 이 약물을 경구용이 아닌 흡입제형으로 개발 중입니다. 폐 질환 치료제이기 때문에 약물의 흡수율이 상당이 높아진다고 합니다. 이 약물은 기본적으로 TGF-베타 저해제입니다. 메드팩토의 약물과 비슷한 측면이 있습니다. 말씀드렸듯 TGF-베타는 암세포 수비수입니다. 면역 기능의 일환으로 등장하는 면역팀인 NK세포와 T세포의 활동을 막습니다. 이와 함께 암세포가 혈관을 타고 다른 장기로 퍼지도록 하거나 새로운 미세혈관을 만들어 암세포가 증식하는 환경을 만듭니다. MSD의 블록버스터 의약품인 키트루다 등 면역항암제도 TGF-베타로부터 방해를 받습니다.

특히 세포를 딱딱하게 하는 섬유화에도 관여를 합니다. TU2218은 TGF-베타의 활동을 막습니다. 특히 세포가 딱딱해지는 걸 막습니다. 〈도표 1-6〉에서 보는 바와 같이 TGF-베타가 결합된 세포는 섬유화에 관여하는 다양한 유전자들이 발현됩니다. 딱딱해지는 셈이죠. 만약 폐에 TGF-베타가 많아지면 폐가 딱딱해집니다.

TU2218은 TGF-베타 신호가 수용체에 전달되는 걸 방해합니다. 다시 말해 장기 조직의 섬유화를 억제합니다. 암세포에서도 비슷한 작용을 합니다. TGF-베타는 신생 혈관을 만들어 암 전이도 일으키는데요. 이것도 막습니다.

TU2218은 특발성 폐섬유증 치료제로 기술이전이 됐습니다. 이 과정에서 티움바이오의 전략이 잘 드러납니다. 기술을 가져간 회사인 케이시는 흡입제형에 강점이 있습니다. 현재 나와 있는 약은 알약 형태입니다. 폐에 직접 전달되는 양은 적고, 혈액에 도달하는 비율은 높습니다. 합성 의약품의 단점인 부작용이 나타날 수 있는 것이죠. 하지만 흡입제형의 경우 10분의 1의 용량으로도 더 높은 약효가 나타나고 폐에 오랫동안 남는다는 게 티움바이오의 설명입니다.

김 대표는 "암과 호흡기 질환은 접근법이 달라야 한다"며 "암은 내부 장기로 보고 혈액을 통한 약물 주입이 필요하고, 폐섬유증은 흡입제형으로 만드는 것이 약물 전달에 더 효과적이다"라고 말했습니다.

김 대표는 "흡입제형이 더 좋은데, 흡입제형을 만드는 데 경험이 없는 티움바이오가 신약 개발을 지속하는 건 맞지 않다"며 기술이전 이유를 설명했습니다. 그러면서 "흡입제형의 경우 기존 치료제와 병용 투여도 가능해 성공 확률이 더 높아질 것"이라고 했습니다.

특발성 폐섬유증 치료제 시장은 2019년 기준으로 29억 달러 규모입니다. 글로벌 제약사인 로슈와 베링거인겔하임이 과점하고 있죠. 개발만 된다면 적지 않은 양을 가져갈 수 있을 겁니다. 두 회사 모두 경구형 제품을 내놓았고, 현재는 흡입제형으로 약물을 다시 개발하고 있습니다. TGF-베타 저해제는 이미 한국 바이오 기업 메드팩토가 개발하고 있습니다. 티움바이오 측은 TU2218이 혈관내피세포성장인자(VEGF)와 TGF-베타를 동시에 타깃으로 삼는다는 점에서 더 낫다고 설명합니다.

✿ 신약 개발도 해본 사람이 안다

김 대표는 SK케미칼 시절 혈우병 치료제 '앱스틸라'를 기술 수출한 경험이 있습니다. 티움바이오가 창립 후 빠른 성장을 거둔 배경이 여기에 있죠. 김 대표의 경험을 높이 산 겁니다. 혈우병 치료제는 이 회사의 신약 후보 물질 중 유일한 바이오 신약입니다.

혈우병은 희귀 질환입니다. 혈액응고인자가 부족해 지혈이 안 되거나 오래 걸리는 출혈성 질환입니다. 1만 명당 한 명 정도가 걸리는 병으로 평생 관리가 필요하죠. 혈우병 치료제는 1세대부터 3세대까지 진화했습니다. 1세대 제품은 혈장 치료제 개념입니다. 1990년대 치료 방식입니다. 다만 다른 사람의 혈액을 통해 치료하다 보니 바이러스 감염이 광범위하게 발생했습니다. 주로 C형 간염과 후천성 면역결핍증이 발생했죠. 2세대 제품은 재조합 단백질 기반의 치료제입니다. 티움바이오가 개발 중인 제품은 3세대입니다. 유전자재조합 단백질 치료 방식입니다.

혈우병은 크게 두 종류로 나눕니다. 고전적 혈우병으로 불리는 혈우병 A형(VIII 인자 부족), 혈우병 B형(IX 인자 부족) 등입니다. A형 혈우병이 약 80%, B형 혈우병이 약 20%를 차지하고 있습니다. 이들 혈우병 환자 중 약 20%는 혈우병 치료제에 대한 중화항체 발생으로 인해 기존 치료제로는 피가 지혈되지 않는 사람이 있습니다. 이들은 활성형 FVII을 우회인자로 사용해 치료하는 방법이 시도되고 있습니다.

2019년 기준 시장 규모는 A형 혈우병 치료제가 6조 2,000억 원, B형이 1조 7,000억 원, 혈우병 치료제 중화항체를 보유한 사람의 치료제 시장이 1조 8,000억 원가량 됩니다. 티움바이오의 TU7710은 기존 혈우병 치료제에 내성이 생겨 더 이상 해당 치료제를 사용할 수 없는 환자에 사용됩니다.

즉 2019년 기준 1조 8,000억 원 규모의 시장에 도전장을 내민 것입니다. 대표적 치료제는 노보노디스크의 노보세븐이 있습니다. 단점은 지속 시간이 짧아(반감기 2시간 30분) 주사를 자주 투여해야 합니다. 가격도 비쌉니다. 8번 정도를 맞는데, 2만 8,000달러가 듭니다. 유럽 기준으로요. 미국의 경우 13만 달러가 듭니다. 티움바이오의 혈우병 치료제는 2~3번 정도만 맞으면 된다고 합니다.

김 대표는 "쥐를 대상으로 한 동물실험에서 반감기는 경쟁 제품 대비 3배 이상 지속되는 것으로 나타났다"고 말했습니다. 반감기가 긴 이유는 플랫폼 기술의 일종인 트랜스페린 융합 유전자 재조합 기술을 적용했기 때문입니다. 트랜스페린은 혈액에 많이 존재하는 단백질입니다. 트랜스페린 수용체를 약물에 붙인다고 보면 됩니다. 이 과정에서 트랜스페린이 재활용돼 반감기가 증가한다고 합니다. 혈우병 치료제 TU7710은 2021년부터 1상 임상을 시작합니다. 호주에서 시작할 예정입니다. 희귀병 치료제로 신청하는 방안도 고려 중입니다.

티움바이오는 '5·5·5' 전략을 향후 기업 목표로 잡고 있습니다. 5년 이내에 다섯 개의 기술이전과 글로벌 시장에서 다섯 개의 파이프라인에 대한 임상을 한다는 겁니다.

기술이전 연기에 실망한 투자자들

티움바이오의 2020년 주가는 굴곡이 심했습니다. 2019년 말 티움바이오는 헬릭스미스 등이 잇따라 임상에 실패하면서 바이오 기업에 대한 투자 분위기가 좋지 않은 상황에서 기업공개(IPO)를 했습니다. 수요 예측 결과는 당연히 실망스러웠습니다. 결국 회사 기대보다 낮은 1만 2,000원에 상장을 했습니다.

생각보다 저평가를 받고 있는 이유는 두 가지입니다. 2019년 말 기준으로 자궁내막증 치료제 TU2670이 임상 1상 단계에 있었고, 나머지 파이프라인이 모두 전 임상 단계에 머물고 있었습니다. 임상 단계

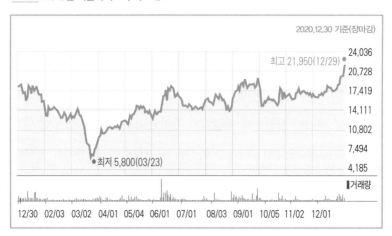

가 낮아 높은 가치를 매길 수 없었던 것입니다.

두 번째로 이벤트의 부재입니다. 이 회사는 IPO 전에 3건이나 기술이전을 했습니다. 상장 후 추가적인 기술이전 기대감이 낮아진 것이죠. 2020년 1월 JP모건 헬스케어 콘퍼런스가 끝나고 제약, 바이오 섹터가 조정기에 들어가자 티움바이오는 점점 시장에서 소외됐습니다.

이후 코로나19로 인한 급락 후 주가 성과는 다른 바이오 회사와 비교하면 매우 부진합니다. 티움바이오의 주주들은 상대적 박탈감을 크게 느낀 한 해입니다. 가장 큰 주가 상승률 차이를 만든 건 코로나19 치료제 개발입니다. 김 대표는 "성공 가능성이 높지도 않고, 회사의 본업을 벗어나 주가를 위해 무리하게 코로나19 치료제를 개발할 마음이 없다"고 설명합니다. 주가를 인위적으로 높일 수 없다는 뜻이죠. 김 대표의 이런 마음가짐은 훌륭하지만 주주들은 실망했습니다. 근거 없는 희망을 제시하기보다는 정확한 기업설명(IR)을 하는 것으로도 유명한 회사입니다.

하지만 이런 IR 방식으로는 투자자의 투자 우선순위에서 계속 뒤로 밀릴 수밖에 없습니다. 특히 매일매일 수익률 경쟁을 하는 기관투자자 입장으로서는 더욱더 투자하기 어렵습니다.

다만 9월 이후 시장의 인식이 점점 달라졌습니다. 회사가 주주 친화적으로 변한 것이죠. 기술 수출이 한두 달 내로 임박했다는 소식도 들려오며 주가는 2만 원을 넘기도 했습니다.

하지만 기술 수출은 2021년 상반기로 미뤄진 모양새입니다. 그러자 주가가 다시 30% 정도 하락했습니다. 최근 바이오 시장의 트렌드는 유동성이 특정 이벤트가 몰려 있는 회사에 집중되는 경향이 있습니다. 이벤트가 미뤄진 이상 단기 투자자들은 다른 기업에 투자했다가 내년에 다시 관심을 갖자는 생각을 가집니다.

2020년 티움바이오는 상장 첫해를 보내며 절반의 성공을 거뒀다고 생각됩니다. 코로나19로 인한 임상 지연, 기술 수출 지연, 시장과의 소통이 미흡했던 점은 아쉽습니다. 하지만 시장의 의견을 받아들이고 소통을 시작한 점은 긍정적 평가를 받을 만합니다.

기술이전 시 큰 상승 가능

2021년은 티움바이오에 도약의 한해가 될 겁니다. 이 회사의 강점은 다양한 파이프라인입니다. 좋은 임상 데이터를 얻거나 이 중 하나만 기술이전이 될 경우 지지부진한 주가가 튀어오를 수 있습니다. 무엇보다 자궁내막증 치료제 TU2670이 경쟁 약품인 엘라고릭스 대비 전임상에서 우수한 약효를 보였습니다. 2021년 유럽 임상 2상 진행 예정이죠. 이 과정에서 기술이전 가능성이 상당히 높습니다. 특발성 폐섬유증 및 면역항암제 TU2218은 2021년 임상 1상을 개시할 것으로 예상됩니다. 혈우병 우회인자 TU7710은 2021년 하반기에 임상 1상 진입을 목표로 개발 중입니다. TU7710은 전 임상에서 경쟁 제품 대비 반감기가 3배 정도 늘었습니다.

만약 FDA에서 희귀 의약품으로 지정된다면 신약 허가 신청 비용 전액 면제, FDA의 희귀 질환 임상 펀드 지원 자격, 임상시험 비용에 대한 세금 감면, 허가 취득 후 7년간 시장 독점권과 같은 혜택을 얻게 됩니다. 허가 시 우선 심사 바우처를 획득할 수 있어 큰 경제적 가치를 얻을 수 있습니다.

다만 R&D 비용의 증가, 개발 지연 및 실패에 대한 부분은 양날의 검입니다. 2021년 다수의 파이프라인이 임상 단계로 올라가는 만큼 R&D 비용은 이전 100억 수준에서 2배 정도 증가할 것으로 예상됩니다. 연 200억 원 정도인데, 이 회사의 내부 현금은 3~4년 내로 떨어집니다. 자체적인 수익 구조가 없는 만큼 연구 비용을 효율적으로 사용하고 좋은 임상 결과를 얻어내야 하는 부분은 부담입니다. 또 좋은 파트너사를 만나 기술이전을 추진해야 하는 부분도 쉽사리 예측하기 어렵습니다. 임상 비용의 증가와 기술이전이 지지부진해질 경우 발행 시장에서 추가적인 자금 조달을 해야 하는 부분은 주주들에게 부담이 될 가능성도 있습니다.

회사의 2021년의 계획과 목표를 알아도 언제 얼마나 사고팔아야 하는가는 매우 어려운 의사 결정입니다. 다만 하방은 단단할 것으로 보입니다. 시가총액 3,000억 원 안팎으로 하방이 지지되면서 기술이전이 이뤄진다면 큰 폭의 상승이 예상된다는 게 펀드매니저들의 설명입니다.

 용어 설명   이중항체

항체가 공격하는 항원이 될 수 있는 건 바이러스만이 아닙니다. 암세포 표면에 있는 일부 단백질도 항체와 반응하는 항원이 될 수 있습니다. 항암제로 개발하는 항체 치료제는 특정 암세포에 많이 있는 항원에 반응할 수 있는 항체를 치료제로 이용하는데요. 항체가 항원 하나에 반응하는 경우를 단클론항체, 각각 다른 종류의 항원을 인식하는 경우를 이중항체라고 합니다. 이중항체는 항체에 다른 항원을 인식할 수 있는 물질들을 연결시킨 구조입니다.

에이비엘바이오는 억제하는 항원의 종류에 따라 플랫폼을 나눴습니다. 암세포 성장에 중요한 역할을 하는 두 개의 혈관내피성장인자(VEGF)를 억제하는 '그랩바디-A', 암세포 표면의 종양 항원을 공격하고 면역세포인 T세포를 활성화하는 4-1BB항원을 자극하는 '그랩바디-T', 종양 항원과 면역관문단백질인 PD-1을 동시에 목표로 하는 '그랩바디-I' 등이 있습니다. 한 가지 항원을 표적으로 할 때 생길

수 있는 내성 문제를 해결했고 면역치료제의 단점인 낮은 반응률을 향상시킬 것으로 기대됩니다. 에이비엘바이오는 항체와 약물 간 연결 기술을 갖고 있는 레고켐바이오와 이중항체 치료제를 공동 개발하고 있기도 합니다.

앱클론은 류머티즘 관절염을 유발하는 단백질 2개를 동시에 표적으로 삼는 이중항체 치료제를 개발 중입니다. 면역세포 표면에 있는 항원과 암세포 성장에 영향을 미치는 EGFR을 대상으로 한 대장암 치료제도 만들고 있습니다. 앱클론은 항체 크기를 기존 대비 25분의 1 수준으로 줄일 수 있는 '어피맵 기술'을 갖고 있습니다. 이를 이용해서 이중항체 치료제 투여로 일어날 수 있는 면역 거부 반응을 줄일 수 있다고 합니다.

파멥신은 VEGFR2와 Tie2를 동시에 표적으로 삼는 항체 치료제를 개발 중입니다. VEGFR2는 암세포에 새 혈관이 생길 수 있도록 하는 수용체, Tie2는 암세포로 인해 망가진 혈관 기능을 회복시키는 데 쓰이는 수용체입니다. 암세포에 영양분을 공급해주는 VEGFR2는 억제하고 망가진 혈관을 정상화시키는 Tie2는 활성화해야겠죠. 이 회사는 3개 항원을 표적할 수 있는 삼중표적항체 플랫폼 기술인 'TIG-바디'도 연구 중이죠. 유틸렉스, 와이바이로직스도 이중항체 치료제를 연구 중입니다. 오스코텍이 유한양행에 기술이전한 레이저티닙은 얀센에서 아미반타맙이라는 항체 의약품과 병용해 사용하는 임상이 진행되고 있습니다. 이 부분은 잠시 뒤에 보겠습니다.

오스코텍

'레이저티닙', 암세포 증식 막는 인산화 효소 저해제

오스코텍은 인산화 효소[키나제(kinase)]의 활동을 막는 신약을 만드는 회사입니다. 인산화 효소란 말이 벌써 어렵네요. 쉽게 표현하면 인산화 효소는 세포 밖에 있는 각종 신호를 세포 속 DNA에 전달하는 역할을 합니다. 예를 들어 세포 밖의 암세포를 끌고 와 정상적인 세포를 망가뜨리는 '셔틀버스'와 같은 일을 하죠. 인산화 효소 자체는 몸에 나쁜 것이 아닙니다. 다만 이렇게 나쁜 친구를 데리고 와서 오염을 시킵니다.

인산화 효소의 활동을 막아 잘못된 정보를 DNA에 주지 않으면 질병을 막을 수 있다는 개념의 신약 발굴은 오랫동안 지속됐습니다. 세계 최초의 경구형 자가면역 치료제인 화이자의 젤잔스(Xeljanz)가 대표적인 성공 사례입니다. 오스코텍 역시 인산화 효소를 선택적으로 억제하는 방식의 신약을 개발해 주목을 받고 있죠. 한국에선 가장 앞선 기술력을 갖고 있다는 평가입니다.

인터뷰를 진행한 윤태영 오스코텍 대표는 "우리 몸엔 약 500종류의 인산화 효소가 있는데 선택적으로 이것의 움직임을 방해할 수 있다면 여러 질병을 고칠 수 있다"고 자신합니다.

※ '듣보잡' 회사에서 업계 스타로

오스코텍은 2015년 7월 유한양행에 인산화 효소 저해제인 레이저티닙을 기술이전하면서 유명세를 탄 회사입니다. 유한양행은 2018년 11월 이것을 다시 글로벌 제약사 존슨앤드존슨 자회사인 얀센바이오테크에 12억 5,500만 달러를 받고 기술이전했습니다. 유한양행이 얀센으로부터 받는 돈의 40%는 오스코텍과 이 회사의 자회사인 제노스코가 받습니다.

오스코텍은 한국 바이오 벤처 회사의 성공 공식을 잘 보여준 회사입니다. 윤 대표의 말과 같이 이 회사는 2015년 이전엔 '듣보잡'(듣지도, 보지도 못한 잡놈이라는 뜻)이었다고 합니다. 하지만 유한양행에 기술이전을 한 뒤 평가가 달라졌죠.

한국 바이오 기업은 특정 분야나 기술에 강점이 있는 경우가 많습니다. 하지만 이를 최종 허가 단계인 임상 3상에 성공시키고, 이를 판매하는 기술은 미국, 유럽 글로벌 제약사에 뒤집니다. 윤 대표도 비슷한 생각입니다. 그는 "오스코텍이 골프 선수인 박세리와 같은 역할을 했다고 생각한다"고 말합니다. 실력은 있지만 미지의 영역이라고 여겨 제 실력을 발휘하지 못했던 LPGA를 처음으로 제패한 것처럼 '한국의 바이오 기업도 성공할 수 있다'는 모델을 제시했다는 겁니다.

암세포 증식을 막는 레이저티닙

이 회사를 유명하게 해준 레이저티닙의 작용 기전을 잠깐 보겠습니다. 레이저티닙은 암세포의 증식을 막는 인산화 효소 저해제입니다. 암세포 표면엔 상피세포 성장인자 수용체(EGFR)라는 수용체가 있습니다. 암세포와 정상 세포끼리 연결해주는 일종의 '다리'라고 생각하면 됩니다. 인산화 효소인 TK는 정상 세포 안에서 이 다리와 연결이 됩니다. 한 몸이죠.

도표 1-8 인산화 효소 저해제 작용 기전

암세포는 도메인을 통해 신호를 보내고,
인산화 효소는 세포 안에서 정보를 DNA에 전달한다.

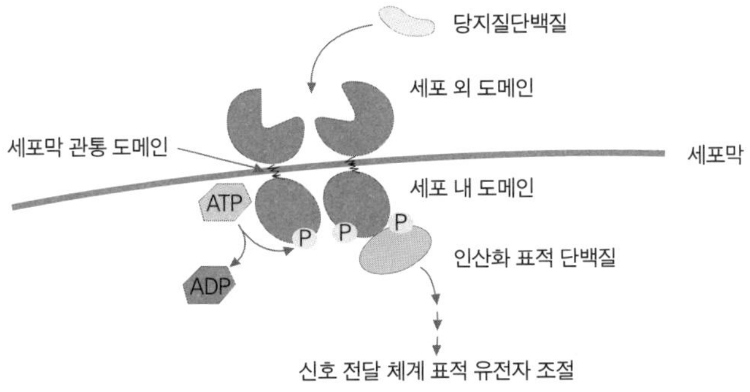

자료: 네이버 지식백과

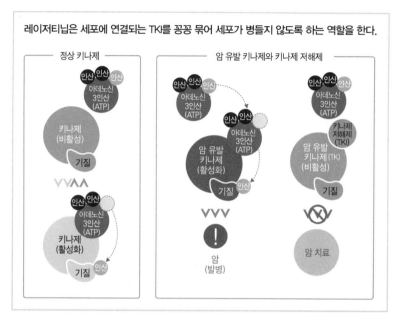

도표 1-9 키나제 표제 약물 개발: 억제 원리

레이저티닙은 세포에 연결되는 TKI를 꽁꽁 묶어 세포가 병들지 않도록 하는 역할을 한다.

정상 키나제

암 유발 키나제와 키나제 저해제

자료: 오스코텍

외부 성장인자가 EGFR과 결합하고, 이 신호가 TK를 통해 DNA에 전달되면서 암 세포가 증식하는 구조입니다. 합성 의약품인 레이저티닙은 세포 안으로 들어가 TK의 신호를 방해합니다.

얀센은 EGFR을 죽일 수 있는 항체 아미반타맙과 레이저티닙을 함께 넣는 이중항체 신약을 개발 중입니다. 세포 안과 밖을 함께 공격하는 것입니다. 아미반타맙은 2020년 12월 FDA에 사용 허가 신청을 했습니다.

⅏ 객관적 반응률 100%

일반적으로 '폐암 신약'이라고 하면 모든 폐암에 효과가 있다고 오해하기 쉽습니다. 이럴 경우 폐암 치료제는 딱 하나만 제대로 된 게 나오면 끝입니다. 그렇진 않습니다. 사람마다 이 효능 차이가 다릅니다. 신약 개발 회사마다 약물이 잘 듣는 환자를 선별하기 위한 생체표지자(바이오마커) 연구가 성행하는 이유입니다. 약물마다 효과를 볼 수 있는 환자를 바이오마커로 골라 임상시험을 하면 임상 성공 및 신약 허가 가능성이 높아집니다. 미국바이오협회에 따르면 2006년부터 2015년까지 바이오마커를 활용한 신약 개발 성공률이 그렇지 않은 경우보다 3배 이상 높았다는 게 그 효과를 보여줍니다.

폐암 환자의 80~85%는 비(非)소세포폐암 환자입니다. 가장 일반적인 폐암이죠. 나머지는 소세포(小細胞)폐암이라고 합니다. 암 세포의 크기와 형태에 따라 폐암의 종류를 나눈 겁니다.

비소세포폐암 환자는 또 환자 특성에 따라 나뉩니다. 약 30%는 EGFR 돌연변이가 있는 환자입니다. 암 세포와 정상 세포를 연결해주는 수용체, 즉 다리 역할을 하는 EGFR에서 변이가 있다는 의미입니다.

큰 범주에서 레이저티닙이 쓰일 수 있는 대상입니다. 이들에겐 보통 다국적 제약사 아스트라제네카의 이레사와 스위스의 로슈의 타세바가 1차 치료제로 쓰입니다. 다만 이 약물에 대해 우리 몸과 암세포는 빠르게 내성을 만듭니다. 여러 번 쓰다 보면 약이 잘 듣지 않는 것이죠.

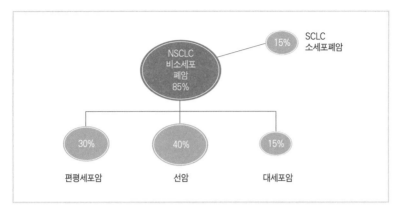

자료: 오스코텍

　1차 치료제의 내성이 생긴 환자의 45~50%는 다시 아스트라제네카의 타그리소가 2차 치료제로 쓰입니다. 레이저티닙은 타그리소와 직접 경쟁을 하거나 타그리소에 내성이 생긴 환자를 대상으로 임상을 하고 있습니다.

　임상 결과는 잘 나오고 있습니다. 2020년 9월 열린 유럽종양학회(ESMO)에서 비소세포폐암 환자 91명을 대상으로 한 레이저티닙과 아미반타맙의 병용 임상 1b상 결과를 발표했습니다. 두 약물은 타그리소에 대한 내성이 있는 환자에 대해 객관적 반응률이 36%로 나타났습니다. 항암 치료를 받지 않은, 즉 내성이 없는 환자를 대상으로 한 객관적 반응률은 100%였습니다. 객관적 반응률은 일정 기간 내 종양 크기가 줄어든 환자 비율입니다. 내성이 없는 환자에 100% 효과가 있었다는 얘기입니다.

　허혜민 키움증권 연구원은 "한국 바이오 기업이 기술이전한 약물에서 나온 첫 데이터 서프라이즈"라고 놀라워했습니다. 윤 대표는 "타그리소와 비슷한 효능을 내지만 아미반타맙과 함께 쓰이면 확실히 더 나은 약물이 될 것"이라고 평가합니다.

공동 개발사인 오스코텍과 오스코텍 자회사 제노스코는 기술이전 금액 및 경상 기술료의 40%를 나눠 받습니다. 2020년 6월 두 회사는 유한양행이 받은 기술이전 금액의 40%인 1,190만 달러를 받았죠.

레이저티닙 이을 SKI-O-703

오스코텍은 레이저티닙으로 유명세를 얻었지만 이미 회사의 손을 떠났습니다. 로열티와 기술이전료 등이 들어올 뿐이죠. 회사의 존속을 위해선 후속 신약 후보 물질이 필요합니다. 'SKI-O-703'은 오스코텍이 레이저티닙 후속으로 중점 개발하고 있는 신약 후보 물질입니다. 마찬가지로 인산화 효소 저해 방식의 약물입니다.

SYK란 인산화 효소를 억제해 류머티즘 관절염을 치료할 수 있을 것으로 보고 있습니다. 자가면역 질환 치료제죠. 2020년 12월 말 기준 7개국에서 임상 2a상을 진행 중입니다.

그동안 인산화 효소 저해 방식의 류머티즘 관절염 치료제는 JAK란 인산화 효소를 타깃으로 했습니다. JAK는 염증을 일으키는 단백질인 사이토카인이 수용체를 통해 세포 안으로 들어올 때 이 신호가 DNA에 전달되도록 돕는 인산화 효소입니다. JAK의 활동을 억제하면 DNA에 잘못된 신호를 주지 않아 질병이 생기지 않을 것으로 보고 있었죠. 마찬가지로 셔틀버스가 사이토카인과 DNA를 왔다 갔다 하지 못하게 하는 방식으로 병을 치료하는 겁니다. 이렇게 탄생한 신약이 젤잔즈입니다. 경구용 자가면역 질환 치료제죠.

사이토카인에 반응하는 인산화 효소는 JAK 외에도 여러 개가 있습니다. 이 중 하나가 오스코텍이 신약을 개발 중인 SYK입니다. 윤 대표는 "항체 바이오 의약품은 병원을 방문해 주사를 맞아야 하는 단점이, 젤잔즈의 경우 다른 인산화 효소까지 저해해 몸의 전반적인 면역력이 떨어진다는 단점이 있다"고 설명합니다. 두 약물의 단점을 극복한 새로운 약물이죠.

SKI-O-703은 SYK 등 일부만 선택적으로 저해할 수 있다고 보고 있습니다. 다만 질병에 따라 항체 바이오 의약품이 더 좋을 수도, JAK 저해제가 더 좋을 수 있기 때문에 임상을 거쳐 올바른 치료법을 고안해야 한다는 게 윤 대표의 생각입니다.

오스코텍은 2021년 1월 SKI-O-703에 대한 임상 2상 중간 결과를 받았습니다. 1차 평가지표인 투약 후 12주 차까지의 질병 활성도 지수(DAS)를 충족하지 못했습니다. 질병 활성 정도를 낮추는 데에 유의미한 통계를 내지 못한 것이죠. 오스코텍은 2021년 상반기 중 최종 임상보고서를 확인한 뒤 적응증 확장 및 임상 2b상 진행 여부 등을 결정할 계획입니다.

또 다른 신약 후보 물질은 급성골수성백혈병(AML) 치료 신약 'G801'
입니다. 이 병은 백혈구가 악성 세포로 바뀌어 골수에서 증식해 말초
혈액으로 퍼져나와 온몸을 침범하는 질환입니다. 만성 골수성 백혈병
(CML)의 경우 1~3세대 신약이 골고루 개발됐습니다. 생존율이 높은
편입니다. 반면 AML은 재발률이 최대 50%에 이릅니다. 치료를 해도
또다시 질병이 돋습니다. 세포독성 항암제를 통해 60~80%의 높은
완치율을 보이지만 완전 관해(암세포에 의한 징후 및 증상이 사라진 상태)에
도달한 환자의 최대 50%가 재발을 경험합니다. 예후가 좋지 않은 환
자는 3년 생존율이 30%도 되지 않습니다.

오스코텍은 AML 백혈병 환자의 20~30% 정도가 인산화 효소인
FLT3에 변이가 나타난다는 것에서 아이디어를 찾았습니다. 변이가
생긴 FLT3을 고치는 방식입니다. 말기 AML 환자를 대상으로 한 임상
1a상을 거의 마쳤습니다. 윤 대표는 "기대 이상의 높은 안전성을 확
보했다"고 설명합니다.

G801은 AXL 저해 효과도 있다는 게 윤 대표의 설명입니다. AXL
이란 세포 표면에 있는 단백질로 암세포의 이동과 전이, 약물 내성 등
에 중요한 역할을 합니다. 정상인에겐 거의 나오지 않고 암 환자에게
나오죠. 다시 말해 암 관련 질병으로 적응증을 늘릴 수 있다는 겁니
다. 윤 대표는 "고형암을 대상으로 한 새로운 임상에 나설 것"이라고
자신했습니다.

오스코텍은 신약 후보 물질 다변화에도 나서고 있습니다. 윤 대표는 "오스코텍은 레이저티닙과 'SKI-O-703' 등 몇 개를 제외하고는 중간 연구 단계의 신약 후보 물질이 없다"며 "전임상 또는 그 단계 전의 파이프라인을 다양하게 가져가려고 한다"고 밝혔습니다. 전체적으로 회사를 탄탄하게 하는 것이죠.

오스코텍은 2020년 11월 울산대학교 의대 창업 회사인 아델과 알츠하이머 치료제 공동 연구 개발 계약을 체결했습니다. 아델이 개발해온 타우 항체 'ADEL-Y01'을 알츠하이머를 비롯한 퇴행성 뇌 질환 치료제로 공동 연구 개발 및 상업화하기 위한 것입니다.

⚛ 2021년 바이오 업계 기대주

2020년 초 2만 원대를 오갔던 이 회사 주가는 같은 해 12월 초 7만 원을 훌쩍 넘기기도 했습니다. 레이저티닙 임상이 순조롭게 진행되면서 이를 최초 개발한 오스코텍에 대한 재평가가 이뤄진 영향입니다. 인산화 효소 저해 분야에서 독보적인 기술력을 가진 오스코텍을 높이 평가하는 분위기입니다. SKI-O-703 임상 실패로 2021년 3월 5일 종가 기준 주가가 3만 4,400원으로 떨어진 상황입니다.

다만 시장의 관심은 2021년에 있습니다. 이 회사가 한 단계 더 도약할 수 있는 기로에 있기 때문입니다. 만약 4조 원 이상의 시가총액을 넘어서면 모건스탠리캐피털인터내셔널(MSCI) 한국 지수 편입도

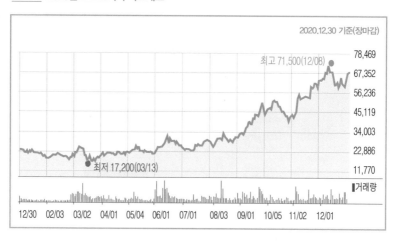

가능해질 겁니다. 보통 이 수준에 오르면 인덱스 펀드 자금이 들어와 안정적인 주가 유지가 가능합니다. 현재까진 분위기가 나쁘지 않습니다. 증권사 애널리스트들이 좋아하는 종목입니다.

연말이 되면 바이오 담당 애널리스트들은 내년 가장 주가 상승 가능성이 높은 회사들을 정합니다. 한 증권사에서 적으면 4개 정도, 많으면 7~8곳을 정합니다. 삼성증권과 신한금융투자, 하나금융투자, 키움증권, 메리츠증권, DB금융투자, SK증권, 신영증권 등이 전망을 내놓았는데요. 이 중 가장 많은 선택을 받은 회사는 오스코텍입니다. 삼성증권과 하나금융투자, 키움증권, DB금융투자의 애널리스트가 선택을 했습니다. (참고로 네 개 회사의 선택을 받은 회사가 또 있습니다. 바로 에스티팜입니다. 이 회사는 뒤에서 다시 다룰 예정입니다.)

시가총액 1조 원대의 종목을 이렇게 많은 애널리스트들이 뽑은 건 의외입니다. 이들의 공통적인 분석은 SKI-O-703에 대한 기대치가 높

분야	제품	표적	후보 물질 발굴	전임상	임상 1상	임상 2상	임상 3상	개발자
자가면역질환	SKI-O-703	SYK 류마티스성관절염						오스코텍
		SYK 면역성혈소판감소증						
항암제	레이저티닙 GNS-1480 (YH 25448)	EGFR이중변이 비소세포폐암						유한양행 얀센
		비소세포폐암 1차 치료제						
		비소세포폐암 1차 치료제(병용)						
	SKI-G-801	FLT3변이 급성 골수성백혈병						오스코텍
		AXL/비소세포폐암, 삼중음성유방암						

자료: 오스코텍

다는 겁니다. 기술이전의 근거가 되는 2상 임상의 중간 연구 결과를 바탕으로 큰 규모의 기술 수출이 이뤄진다면 주가가 한 단계 더 도약할 수 있습니다. 반대로 기술이전이 지지부진하거나 중간 연구 결과가 시원찮게 나온다면 실망 매물이 나올 수 있습니다. 실제 SKI-O-703 임상 2상 중간 결과가 잘 나오지 않아 주가가 2020년 2월 말 3만 원대로 반토막이 났습니다. 상반기 중 나오는 2상 최종 결과에 따라 주가가 장기 횡보할 가능성도 있습니다. 이 회사 투자를 위해선 후속 신약 후보 물질에 대한 타임라인을 정리하는 게 중요합니다.

임상시험은 의약품이나 의료기기를 상용화하기 전에 사람을 대상으로 평가하는 절차를 가리킵니다. 의약품, 의료기기의 효능과 안전성을 사전에 검증하는 단계죠. 임상시험의 진행과 성과에 따라 바이오 기업들의 주가가 크게 널뛰기도 합니다. 하나의 파이프라인이 임상 1~3상을 거쳐 판매 허가를 받을 확률은 10%가 되지 않는 것으로 알려져 있습니다.

임상 시험의 각 과정을 알아보겠습니다. 우선 임상시험에 앞서 전임상 단계가 있습니다. '비임상'이라고도 부릅니다. 시험관 속 세포를 대상으로 하는 실험인 인비트로(in vitro) 시험과 동물을 대상으로 하는 인비보(in vivo) 시험이 전임상 단계에 포함됩니다. 통상 신약으로 개발할 후보 물질을 선정한 바이오 기업들은 세포 단위로 시험을 한 뒤 쥐, 패럿 등 설치류와 원숭이, 침팬지 등 영장류를 대상으로 시험을 하게 됩니다. 여기서 효능과 안전성이 확인돼야 사람을 대상으로 임상이 가능합니다.

사람을 대상으로 한 본 임상의 첫 단계는 임상 1상입니다. 새 치료법의 적절한 방법과 약물 투여 용량, 안전성을 확인하는 단계입니다. 통상 20~80명의 건강한 성인을 대상으로 이뤄집니다. 임상 2상은 이 치료법이 얼마나 효과가 있는지를 확인하고 안전성에 대한 정보를 확충하는 과정입니다. 100~300명을 대상으로 시행됩니다.

임상 3상은 보통 300명 이상의 환자를 대상으로 기존 치료법과 비교해 새 치료법이 우위가 있는지를 확인하는 절차입니다. 치료법을 설명할 때 쓰일 모든 정보를 수집하는 단계죠. 코로나19 백신같이 다수에게 긴급하게 쓰여야 할 의약품의 경우 수만 명을 대상으로 임상이 이뤄지기도 합니다. 대부분의 경우 임상 3상까지 통과해야 신약 허가 신청(NDA/BLA)이 가능합니다. 상용화된 약의 위험성이나 최적 사용법을 장기적으로 확인하기 위한 절차인 임상 4상도 있습니다.

각 단계별 임상을 진행하기 위해선 각국 허가 기관에 임상시험 계획 (IND) 승인서를 제출해야 합니다. 임상시험 계획 승인 외에도 거쳐야 할 단계가 많습니다. 임상 절차를 구체적으로 정리한 프로토콜을 완성하면 이 프로토콜을 바탕으로 임상시험을 담당할 CRO를 선정해야 합니다. 이후 임상시험이 진행되는 의료 기관(사이트)에 소속된 기관생명윤리위원회(IRB)의 검토를 받게 됩니다. 임상 지원자들에 대한 선별 과정, 의료진과 환자를 대상으로 한 시험 교육 등도 이뤄져야 투약이 가능합니다. IND 승인 이후 첫 환자 투약까진 3~6개월 가량이 소요됩니다. 임상 1~3상을 모두 마치는 데는 저마다 다르지만 5~10년이 걸립니다.

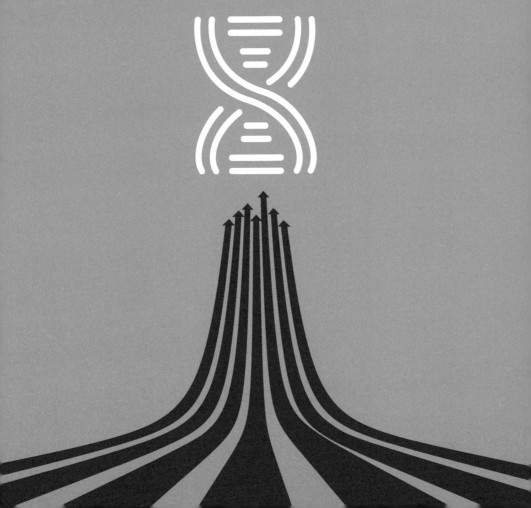

• 2장 •

플랫폼
바이오가 뜬다

2020년 한국 바이오산업에 나타난 가장 큰 특징은 약물을 원하는 부위에 배달해주는 약물 전달 기술(플랫폼) 기업의 대약진입니다. 그동안 바이오 기업 성공 공식은 신약 후보 물질, 특히 항암 신약 후보 물질을 글로벌 제약사에 넘기는 기술 수출이었습니다.

하지만 2019년과 2020년 한미약품이 수출한 신약 후보 물질이 잇따라 반환되면서 기대치가 낮아졌죠. 대안으로 떠오른 것이 바로 플랫폼 기술 수출입니다. 단일 기술로 여러 건의 기술이전을 할 수 있는 플랫폼 기술의 장점도 부각됐습니다.

플랫폼 수출, 5조 원 넘어서

한국제약바이오협회에 따르면 2020년(11월 말 기준) 국내 바이오 기업의 기술 수출 12건 중 4건이 약물 전달을 도와주는 플랫폼 기술이었습니다. 금액으로 보면 기술 수출 총 계약금 9조 5,962억 원 중 5조 8,440억 원으로 60.9%를 차지했습니다. 약물 전달 플랫폼이란 약물

도표 2-1 국내 제약바이오사 2020년 기술 수출 현황

일자	기업	제품	기술이전 상대	계약금
4월	레고켐	항체약물복합제 원천 기술·신약	익수다	4,963억 원
5월			테라퓨틱스	2,722억 원
5월	퓨쳐켐	전립선암 진단 신약	이아손	16억 원
6월	알테오젠	히알루로니다제 원천	10대 다국적사 중 1곳	4조 6,770억 원
8월	한미약품	NASH 신약	MSD	1조 273억 원
8월	유한양행	기능성 위장관 신약	프로세사 파마슈티컬스	5,000억 원
9월	퓨쳐켐	전립선암 진단 신약	HTA	6,500억 원
10월	올릭스	습성황반변성 치료제	떼아 오픈 이노베이션	2,289억 원
10월	SK바이오팜	뇌전증 신약	오노약품공업	5,788억 원
10월	보로노이	폐암 치료제	오릭	7,200억 원
10월	JW홀딩스	위너프(수액제)	산동뤄신 제약그룹	440억 원
10월	레고켐	항체약물복합제 신약	시스톤	4,000억 원
합계: 9조 5,962억 원				

자료: 한국제약바이오협회

을 원하는 표적(질병)에 잘 보내는 기술을 말합니다. 넓은 의미에서 약물의 제형을 바꾸는 것도 여기에 속합니다. 예를 들어 주사로 맞던 것을 알약 형태로 바꿀 수 있다면 환자의 편의성이 높아지겠죠.

약물 전달 플랫폼 수출은 2020년부터 급증하기 시작했습니다. 대표 기업은 알테오젠입니다. 정맥주사를 피하주사로 대체하는 기술을 개발한 회사죠. 핏줄에 주사 바늘을 넣어 한 시간 이상 맞던 것을 집에서 편하게 배나 허벅지 등에 주사를 놓는 것입니다. 2020년 6월 다국적 제약사 중 한 곳에 4조 6,770억 원에 기술 수출을 했습니다. 이전에 올린 2조 8,824억 원의 수출액을 더하면 약 7조 원 이상의 기술 수출 계약을 체결한 겁니다. 레고켐바이오사이언스 역시 2020년

1~10월에만 총 3건, 1조 1,685억 원의 계약을 체결했습니다. 플랫폼 기술 수출은 2018년엔 단 한 건도 없었습니다. 12건의 수출 계약 모두 신약 후보 물질 등을 수출한 겁니다.

플랫폼 기술 수출의 본격적인 시작을 알린 건 한미약품의 '랩스커버리' 기술입니다. 이 기술은 당뇨병 치료를 위해 매일 맞아야 하는 인슐린 주사의 간격을 주 1회나 월 1회로 늘렸죠. 당시 당뇨와 비만을 동시에 치료할 수 있는 신개념 바이오 의약품인 'HM12525A'에 적용해 총 계약 규모 1조 1,007억 원에 미국 얀센에 넘겼습니다.

하지만 당시만 해도 플랫폼 기술은 신약 후보 물질의 기술이전 과정에서 끼워 파는 형식의 계약이 많았습니다. 순수한 플랫폼 기술 수출이 이뤄진 건 바이오 벤처 레고켐바이오사이언스의 약물-항체 결합(ADC) 기술이 시초입니다.

보통 바이오 의약품은 약물 단백질과 항원(질병)을 표적으로 하는 항체로 구성됩니다. 이 둘을 연결해주는 기술이 쉽지 않습니다. 약물이 효능을 발휘하기 위해선 암세포 등 특정 항원에서 둘의 연결이 끊어져 약물이 제때 방출돼야 하기 때문입니다. 레고켐바이오사이언스는 엉뚱한 곳에서 약물이 방출되지 않고 질환 유발 단백질과 달라붙도록 하는 기술을 보유하고 있습니다. 원천 기술을 보유하고 있다 보니 이론적으로 어떤 바이오 의약품에도 적용이 가능합니다.

즉 이 기술을 바탕으로 여러 적응증별 수출이 가능합니다. 예를 들어 간암 기술 수출을 하고 대장암에 대해선 다른 회사에 기술 수출을 할 수 있는 겁니다. 보통 신약 개발 회사들이 하나의 적응증을 대상으로 임상시험을 하다 이를 기술 수출하고 다시 원점으로 돌아가 다른 신약을 개발하는 시스템을 갖고 있죠.

✿ 비즈니스 모델 바꾸는 바이오 벤처

바통은 제형(劑形) 전환 기술에 강점이 있는 알테오젠이 이어받았습니다. 알테오젠은 2019년 11월 정맥주사용 의약품을 피하주사용 의약품으로 대체할 수 있는 분해 효소를 만드는 기술(히알루로니다제)을 해외 바이오 기업에 이전했습니다. 혈관에 주사를 맞지 않고 당뇨 주사처럼 피부에 주사해도 약효를 내는 기술입니다. 정맥주사로 맞아야 하는 대부분의 바이오 의약품에 적용할 수 있어 기술이전 계약이 더 이뤄졌습니다. 2020년 6월 4조 6,770억 원의 대형 계약이 이뤄진 배경입니다. 이 기술을 먼저 개발한 미국 할로자임은 연간 3,000억 원 이상의 로열티 수익을 얻고 있습니다. 알테오젠 역시 대규모의 로열티를 받을 수 있습니다. 업계 관계자는 "알테오젠의 성공 이후 여러 기업이 플랫폼 수출 여부를 타진하고 있다"며 "플랫폼 수출만으로도 돈을 벌 수 있다는 확신이 섰다"고 말했습니다.

플랫폼 수출 중심으로 비즈니스 모델을 바꾼 기업도 나오고 있습니다. 바이오 업계의 달라진 분위기를 반영한 것입니다. 2018년에만 5건에 걸쳐 1조 4,364억 원 규모의 신약 후보 물질을 이전한 에이비엘바이오가 대표적입니다. 이상훈 에이비엘바이오 대표는 "플랫폼 기술 하나를 여러 질병과 적응증에 이전하는 게 사업상 낫다고 판단했다"고 말합니다.

에이비엘바이오가 보유한 원천 기술은 뇌 질환 치료에 쓰이는 이중항체 플랫폼 기술입니다. 파킨슨병 등 뇌 질환을 치료할 때는 외부 물질로부터 뇌를 보호하는 혈뇌장벽(BBB)을 뚫고 약물을 전달하는 게 핵심 기술이죠. 혈뇌장벽 안으로 들어가는 우회 통로 역할을 하는 단백질(IgF1R)을 붙인 이중항체를 확보했습니다. 이중항체의 한쪽은 혈뇌장벽을 뚫고, 다른 한쪽은 파킨슨병이나 치매를 일으키는 질병을 막는 시스템입니다. 셀리버리 역시 약물을 세포막 안으로 침투시키는 기술 수출을 논의 중입니다.

바이오 업계에선 플랫폼 기술이전 방식으로 급성장하는 회사가 다수 나올 것으로 보고 있습니다. 최근 글로벌 제약사 사이에선 신약 개발 경쟁이 치열해지면서 전달 체계를 효율화해 효능을 높이려는 분위기가 강하기 때문이죠. 이상훈 대표는 "약물 효능에 차이가 크지 않다 보니 약물 전달 기술에서 차별화하려는 움직임이 많다"고 말했습니다.

신약 개발 자금은 글로벌 기업과 비교하면 부족하지만 기술력이 높은 한국 기업에 맞는 성장 전략이란 분석도 나옵니다. 조대웅 셀리버리 대표는 "10년 이상 임상을 해 신약을 개발하더라도 이를 팔 때엔 어차피 글로벌 제약사에 판권을 넘겨야 한다"며 "임상 3상을 마치는 데 드는 시간과 리스크를 감수하기보다는 플랫폼 기술을 적응증별로 수출하는 게 한국 바이오 기업에 유리하다"고 말합니다.

또 한미약품이 글로벌 제약사에 넘긴 신약 후보 물질 계약이 줄줄이 파기되는 등 신약 기술이전에 대한 의구심이 높아진 영향도 있습니다. 신약 개발로 홈런을 치기보다는 여러 개의 안타를 내는 게 낫다는 분위기죠. 최호일 펩트론 대표는 "글로벌 제약사들이 경쟁 신약 후보 물질을 통째로 사서 방치하는 등 문제가 있다"며 "신약 후보 물질이 몇 개 안 되는 회사는 타격이 더 클 수밖에 없어 신중해야 한다"고 조언했습니다.

이번 장에선 플랫폼 바이오의 선두주자 레고켐바이오사이언스와 2020년 무섭게 치고 올라온 셀리버리를 살펴보겠습니다. '아직 저평가 구간'(노승원 펀드매니저)이란 평가가 있는 나이벡 역시 투자 유망 기업으로 꼽았습니다.

 용어 설명   **단백질과 펩타이드**

우리 몸을 구성하는 단백질과 펩타이드는 모두 아미노산으로 이뤄진 물질입니다. 아미노산은 질소, 수소로 이뤄진 아미노기와 탄소, 산소, 수소로 이뤄진 카복실기로 구성된 분자를 가리킵니다. 아미노산 2~100개가 결합되면 펩타이드, 두 개 이상의 펩타이드가 결합되면 단백질로 불립니다. 단백질이 펩타이드보다 분자량이 더 많아서 크기도 더 큽니다. 아미노산의 조합 형태에 따라 펩타이드와 단백질의 종류도 달라집니다.

단백질과 펩타이드는 우리 몸에서 다양한 역할을 맡고 있습니다. 단백질은 근육, 손·발톱, 효소, 콜라겐으로 주로 쓰인다면 펩타이드는 신경 전달 물질, 호르몬, 항체로 쓰입니다. 단백질이 바이오 의약품으로 개발되는 것처럼 펩타이드도 의약품 원료로 개발되고 있습니다. 펩타이드는 단백질처럼 분자량이 높은 물질과 달리 간에서 축적되지 않고 체내 작용 후 체외로 배출된다고 합니다. 단백질로 만든 바이오 의약품보다 독성에 대한 부담이 적은 것이죠. 세포를 통해서 만드는 바이오 의약품과 달리 합성을 통해서도 제조가 가능해 대량 생산이 더 쉽죠.

펩타이드는 골이식재나 다른 바이오 의약품의 원료로 쓰이기도 합니다. 펩트론, 케어젠, 나이벡은 신약 개발과 펩타이드 소재 판매를 병행하고 있습니다. 케어젠은 2020년 12월 경기 화성시에 펩타이드를 연간 10톤 합성할 수 있는 생산 공장을 완공했습니다. 셀리버리와 나이벡은 펩타이드를 활용해 세포 내 약물 전달 효과를 높이는 기술을 갖고 있습니다.

셀리버리

세계 유일의 세포 연속 투과 기술

셀리버리는 세포 안에 약물을 전달할 수 있는 기술을 바탕으로 다양한 신약 후보 물질을 개발하고 있는 회사입니다. 조대웅 셀리버리 대표는 이 기술만 23년 동안 연구했습니다.

조 대표가 첫 유명세를 탄 건 2001년 미국 밴더빌트대학교 의대에서 박사과정을 하던 중 생명공학 분야 세계적 학술지인 〈네이처 바이오테크놀로지〉에 논문을 발표한 이후입니다. 줄기세포 등 모든 종류의 세포 안에 기능성 효소(active enzyme)를 자유롭게 넣을 수 있는 유전공학 기술을 세계 처음으로 개발한 것이죠. 당시 네이처는 '창조적 발명'이라고 평가했습니다.

이후 전남대학교 의대 교수 등을 거치면서 관련 연구를 끊임없이 해왔습니다. 세포 투과 기술에 있어서 전 세계에서 손꼽히는 연구자입니다.

인터뷰를 진행한 조 대표는 "비슷한 연구를 하는 수많은 연구자와

논문을 봤지만 대부분 기술력 부족을 이유로 개발을 포기했다"며 "외길을 걸어온 셀리버리가 다른 회사에 비해 비교우위가 있을 수밖에 없다"고 자신했습니다.

⚙️ 세계 유일의 세포 연속 투과 기술

2,000억 원대였던 셀리버리의 시가총액이 한때 2조 원(2020년 11월 말 기준 1조 5,000억 원 안팎)을 넘겼던 건 약리 물질 생체 내 전송 기술(TSDT) 기술이 결정적 역할을 했습니다.

　일반적으로 항체 바이오 의약품은 세포 안으로 들어가기 어렵습니다. 복잡한 구조로 만들어져 덩치가 너무 크기 때문입니다. 대부분의 항체 바이오 의약품이 세포 밖에서 질병과 싸우는 이유입니다. 조대표는 세포 안에서 질병과 싸운다면 더 효과적일 것으로 보고 있습니다. 이를 위해선 세포 안에 약물을 넣는 게 중요합니다. 이를 TSDT 플랫폼으로 해소했습니다.

　조 대표는 "여러 세포를 돌아다니며 약리 작용을 하는 세계에서 유일한 기술"이라고 소개합니다. TSDT와 여기에 달린 약물을 세포 안으로 끌고 간 뒤 정상 세포는 그대로 통과하고, 문제가 있는 세포에선 머무르면서 약물이 효능을 내는 형태입니다.

　이 기술에 대해서 더 자세히 알아보겠습니다. 〈도표 2-2〉에서 보는 것과 같이 TSDT 플랫폼은 V자 모형의 펩타이드와 여기에 연결된

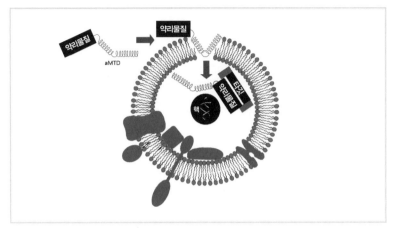

자료: 셀리버리

약물로 구성돼 있습니다. 펩타이드란 단백질의 기능적 최소 단위입니다. 생체 신호 전달 및 기능 조절에 기여하는 물질입니다. 셀리버리는 이를 잘 조합해 약물 전달 물질로 만들었습니다.

V자 모형의 펩타이드는 세포 표면에서 세포막에 결합합니다. 좀 더 자세히 말하자면 그림에서 보는 바와 같이 올챙이처럼 생긴 세포막의 인지질 이중막과 결합하는 겁니다. 인지질은 당지질, 콜레스테롤, 단백질과 함께 생체막의 주요 성분입니다. 모든 세포가 인지질 이중막을 형성하고 있습니다.

V자 모형의 펩타이드는 인지질 이중막에 일시적으로 작은 구멍을 냅니다. V자 모형의 끝 부분(아미노산의 일종인 프롤린)이 갈고리 역할을 해 세포를 뚫습니다. 구멍이 잠깐 넓어지면 그 안에 항체 의약품이나 단백질, DNA와 리보핵산(RNA)과 같은 핵산도 끌고 들어갈 수 있습니다.

셀리버리 플랫폼엔 장점이 하나 더 있습니다. V자 모형의 펩타이드를 구성하는 성분이 소수성(hydrophobic)을 띠고 있는 아미노산이라는 겁니다.

'hydrophobic'이란 단어 자체가 '물을 두려워하는'이란 뜻을 갖고 있습니다. 물(친수성)과 기름(소수성)으로 비유할 수 있습니다. 기름인 소수성 물질은 물로 볼 수 있는 친수성 물질과 잘 섞이지 않습니다. 다시 말해 소수성 물질은 소수성 물질끼리, 친수성 물질은 친수성 물질끼리 잘 달라붙습니다.

〈도표 2-3〉에서 볼 수 있듯 올챙이 모양의 인지질 이중막은 머리 부분이 친수성을, 꼬리 부분이 소수성을 띠고 있습니다. V자 모형의 펩타이드가 세포막에 구멍을 내는 순간 소수성을 띤 TSDT 플랫폼이 올챙이의 꼬리 부분과 결합하는 것이죠. 세포 밖으로 나갈 때도 같은 원리입니다.

소수성과 친수성의 성질을 이용해 세포 안으로 들어가고, 다시 밖으로 나가는 걸 반복합니다. 이때 TSDT 플랫폼에 담긴 약물은 암세포와 같은 질병이 발견될 때까지 보존돼 있다가 문제가 있는 세포에서 효과를 발휘합니다.

조 대표는 "펩타이드를 활용한 약물 전달 플랫폼 대부분이 친수성과 소수성이 혼재돼 있어 세포 안으로 들어간 뒤엔 제대로 빠져나오지 못한다"고 지적합니다. 기존 펩타이드 기반의 세포 투과 플랫폼이 실패한 이유도 여기에 있습니다.

도표 2-3 세포막 구성 성분

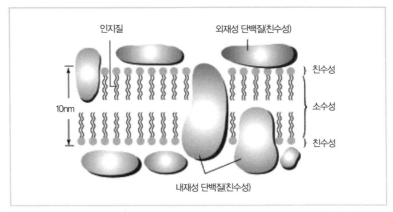

자료: 네이버 지식백과

🔬 다케다제약과 공동 연구 마무리 단계

셀리버리의 의약품은 정맥주사 형태로 주입이 됩니다. 당연히 이 물질은 혈관 속을 돌아다닙니다. 혈관 통로인 내피 세포 역시 인지질 이중막으로 구성돼 있습니다. 혈관을 빠져나와 세포로 향할 때에도 비슷한 작용 기전이 일어납니다. 조 대표는 "펩타이드 기반 약물들 상당수가 정맥에서 대부분 사라지는 경우가 많다"며 "우리는 이런 부작용들을 모두 없앴다"고 자신했습니다.

셀리버리는 TSDT에 대한 기술 수출을 진행하고 있습니다. 일본 제약사인 다이이찌산쿄와 유전자간섭 치료제를 공동 개발하는 계약을 2020년 1월 맺은 것이 대표적입니다. 셀리버리의 TSDT 플랫폼에 다이이찌산쿄가 개발 중인 유전자간섭 치료제를 붙이는 방식입니다.

유전자간섭 치료제는 질병을 일으키는 유전자의 발현이나 단백질의 생성을 억제하는 약물입니다. RNA 치료제라고도 합니다. 암, 당뇨, 파킨슨병 등 다양한 난치성 질환에 적용될 수 있죠. 미국 바이오젠이 개발한 척수성 근위축증 치료제 '스핀라자'는 2016년 FDA 허가를 받은 뒤 지금까지 17억 달러어치가 팔렸습니다.

조 대표는 "유전자간섭 치료제는 세포막을 투과해 핵 내부의 유선자 발현을 간섭해야 효과가 있다"며 "약물이 세포막을 연속적으로 투과할 수 있게 하는 TSDT가 유전자간섭 치료제 개발의 한계를 극복하는 데 도움이 될 것"이라고 설명합니다.

이 밖에 일본 다케다제약과는 운동실조증 치료제에 TSDT를 적용하는 연구 개발을 3단계로 나눠 진행하고 있습니다. 현재는 마지막 단계입니다. 다케다제약이 외부 임상시험수탁기관(Contract Research Organization, CRO)에 효력 시험을 진행하고 있고, 결과가 잘 나왔습니다. 그 실험이 끝나고 현재 결과를 정리하고 마지막 논의 단계에 있습니다. 조 대표는 "금액만 맞는다면 (결과가 잘 나왔으니) 기술 수출이 이뤄질 것"이라고 자신했습니다.

BBB 직접 통과하는 플랫폼 개발

셀리버리는 TSDT 플랫폼을 기반으로 여러 파이프라인을 보유하고 있습니다. 파킨슨병 치료제, 췌장암 치료제, 고도비만 치료제, 골형성

촉진제 등이 대표적인 파이프라인입니다.

시장의 관심을 끄는 것은 뇌 질환 치료제(iCP-Parkin)입니다. TSDT
가 뇌 질환 치료제의 가장 높은 장벽으로 여겨지는 혈뇌장벽(BBB) 투
과에 효과적인 것으로 나타났기 때문이죠.

조 대표는 사람의 뇌를 야구공에 비유합니다. 야구공은 하얀색 가
죽 표면 안에 무수한 실타래를 연결해 딱딱하게 만든 물질입니다. 가
죽(두개골) 속 실타래는 BBB이고 그 안에 들어 있는 고무공은 뇌조직
으로 비유합니다.

BBB는 뇌를 보호하는 막중한 임무를 갖고 있습니다. 바이러스 등
외부 침입자들이 들어오지 못하게 하는 게 BBB의 역할입니다. 당연
히 약물 침투도 어렵습니다. 치매나 파킨슨병 등에 제대로 된 약이 없
는 이유도 여기에 있습니다. 현대 과학으로 쉽지 않은 과제인 셈입니
다. 근본적 치료 대신 진행을 늦추거나 증상을 완화하는 게 최선인 이
유죠.

하지만 셀리버리는 TSDT란 플랫폼을 보유하고 있습니다. BBB 역
시 세포로 구성돼 있습니다. 인지질 이중막이 세포를 덮고 있는 것이
죠. 소수성과 친수성을 이용해 직접 BBB를 통과한다고 합니다.

셀리버리에 따르면 BBB를 통과해 곧바로 문제가 되는 부위에 도
달할 수 있습니다. 동물실험 결과 파킨슨병의 주요 증상인 떨림, 경직,
서동증(몸의 움직임이 느려지는 것) 등이 개선됐다고 셀리버리는 설명합
니다. 퇴행성 뇌 질환을 발병 이전 수준으로 치료할 수 있음을 보여준
겁니다. 이를 입증하는 논문이 세계적인 과학저널 〈사이언스 어드밴

시스〉 2020년 4월호에 실렸죠.

TSDT에 붙인 약물은 재조합 단백질입니다. 뇌 질환이 특정 단백질 부족 탓이라고 몸에 필요한 단백질을 인위적으로 만들어 넣는 것이죠. 몸에서 유래된 단백질을 넣는 것이기 때문에 부작용도 없습니다. 조 대표는 "나쁜 단백질을 제거하는 청소 단백질을 넣는 것"이라고 설명합니다. 이어 조 대표는 "퇴행성 뇌 질환은 뇌세포에서 생긴 나쁜 단백질이 세포 밖으로 퍼져나가면서 발병한다"며 "현재 개발 중인 치료제 대다수가 세포 바깥의 나쁜 단백질만 없앨 수 있어 근본적인 치료제가 되지 못한다"고 했습니다.

TSDT가 약물 전달 플랫폼이라면 여기에 붙는 약물을 만드는 데에도 공을 들였습니다. 재조합 단백질 형식인데요. 여러 위탁개발생산(CDMO) 회사에 의뢰를 했지만 이를 제대로 조합할 수 있는 회사가 없었습니다. 개발을 했는데 대량 생산이 안 되면 약물의 가치가 떨어지죠. 최근에 이를 만들어줄 회사를 찾아서 생산을 의뢰했습니다. 개발 장벽이 하나 더 없어진 겁니다.

⚛ 신개념 코로나 치료제도 개발

코로나19 치료제(iCP-NI)도 주요 파이프라인 중 하나입니다. 사이토카인 폭풍의 정식 명칭은 사이토카인 방출 증후군(CSR)입니다. 코로나19로 인한 사망을 일으키는 주요 증상 중 하나죠.

사이토카인은 면역체계를 조절하는 신호 전달 물질입니다. 인체에는 T세포 B세포 NK세포 대식세포 등 다양한 면역세포가 있습니다. 이들은 인체에 바이러스가 들어오는 등 문제가 생겼을 때 따로 작동하지 않고 사이토카인을 보내며 서로를 활성화하거나 제어합니다.

CSR은 조직과 장기에 발생한 심각한 염증에 동반되는 증상이죠. 쉽게 말해 면역 반응을 과도하게 증폭시키는 사이토카인이 혈류에 방출돼 면역세포가 정상 세포를 공격하게 되는 겁니다. 바이러스를 죽여야 하는 면역세포가 정상 세포를 공격해 조직, 장기가 망가집니다.

셀리버리의 iCP-NI는 사이토카인과 관련된 유전자를 조절합니다. 작용 기전을 간단히 보겠습니다. 코로나19 바이러스는 몸 안에 진입해 정상 세포에 달라붙습니다. 바이러스는 자신의 RNA를 정상 세포 안으로 들여보냅니다.

바이러스가 세포 안으로 들어오면 전사인자가 바빠집니다. 바이러스가 침입했으니 면역력을 높이기 위해 사이토카인을 활성화시키자고 핵 안에 신호를 보내는 겁니다. 일종의 전령과 같은 역할을 합니다. 전령이 핵 안으로 들어가기 위해선 셔틀버스가 필요합니다. 이 셔틀버스가 임포틴(importin)이라고 하는 단백질입니다.

iCP-NI는 셔틀버스인 인포틴과 결합합니다. 전사인자가 핵 안으로 갈 수 있는 수단을 완전히 막는 것이죠. 조 대표가 이를 "근본적인 사이토카인 폭풍 치료제"라고 설명하는 이유입니다. 문제가 생기기 전 길목을 차단하는 방식입니다. 일단 전령인자가 DNA에 신호를 보내면 69가지 사이토카인 신호를 보냅니다. 신호가 나온 다음에 사이

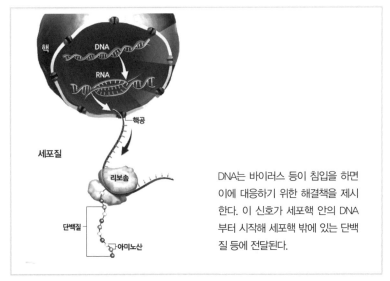

핵

DNA

RNA

핵공

세포질

리보솜

단백질

아미노산

DNA는 바이러스 등이 침입을 하면 이에 대응하기 위한 해결책을 제시한다. 이 신호가 세포핵 안의 DNA부터 시작해 세포핵 밖에 있는 단백질 등에 전달된다.

자료: doopedia.co.kr

토카인을 막는 게 쉽지 않습니다. 처음부터 DNA에 신호를 보내지 못하도록 하는 방식입니다.

셀리버리는 iCP-NI가 사이토카인 폭풍 치료제이지만 바이러스를 제거하는 효과도 있다고 보고 있습니다. 면역세포를 파괴하는 사이토카인을 줄여 면역체계가 바이러스를 공격하게 하기 때문이라는 게 조대표 설명이죠. 미국에서 수행한 영장류 실험에서 데이터도 확보했습니다.

셀리버리는 아프리카 그린 원숭이를 대상으로 미국의 CRO 회사 서던리서치에서 이 실험을 진행 중입니다. 실험 결과를 보면 위약군의 바이러스 양은 평균 124% 증가한 반면 iCP-NI를 투여한 원숭이들은 8일 만에 바이러스 양이 평균 82.4% 감소했습니다. 산소포화도와 분당 심장 박동 수가 정상화하는 등 폐와 호흡기, 심장의 기능도 개선됐죠.

조 대표는 "과도한 사이토카인은 면역세포까지 파괴해 바이러스를 제거하는 인체의 능력을 저하시킨다"며 "iCP-NI는 사이토카인 방출량을 감소시켜 전반적인 면역체계를 보호함으로써 바이러스에 대한 저항력을 유지시킨다"고 설명합니다.

공모가 2만 5,000원에서 한때 10배 오른 셀리버리

2018년 11월 상장할 당시 이 회사의 공모가는 2만 5,000원이었습니다. 이익을 내지 못하는 적자 기업이지만 거래소가 만든 '성장성 특례 기업' 1호였죠. 갓 2년도 안 된 2020년 9월 이 회사 주가는 10배가 오른 25만 원을 넘었습니다.

주가가 많이 오른 만큼 화제도 많았습니다. 2020년 8월엔 여의도 주식 시장에서 사진 한 장이 화제였습니다. "셀리버리 대주주입니다. 주가 폭등으로 폐업합니다"라는 글이 올라왔습니다. 이 주주는 평소 주주들과 소통을 잘 하는 조 대표에게 문자를 보내 폐업 사실을 알리기도 했다고 합니다.

셀리버리는 평소 주주들과 소통을 잘 하는 기업으로 정평이 나 있습니다. 회사 내 게시판도 활발합니다. 조 대표 역시 수시로 회사 정

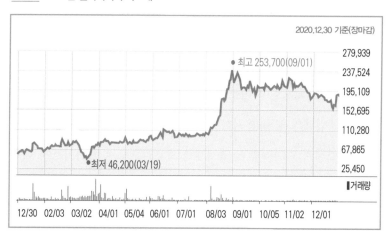

도표 2-5 2020년 셀리버리 주가그래프

2020.12.30 기준(장마감)

최고 253,700(09/01)

최저 46,200(03/19)

279,939
237,524
195,109
152,695
110,280
67,865
25,450

▮거래량

12/30 02/03 03/02 04/01 05/04 06/01 07/01 08/03 09/01 10/05 11/02 12/01

보를 공지 형태로 올립니다. 개인 투자자의 관심과 충성도가 높은 주
식인 이유입니다. 일각에선 '제2의 셀트리온'이라고 말하기도 합니다.

2021년 주가 방향은 다케다제약과 진행 중인 공동 연구 등 기술 수
출 기대를 얼마나 충족시키느냐에 달려 있습니다. 2021년 상반기에
는 결과가 나올 것으로 보입니다. 기관 비중이 낮은 편인데, 임상 결
과나 기술 수출 등에 따라 기관 자금 유입도 가능합니다.

투자자들은 TSDT의 검증에 2년 이상의 시간과 인적, 물적 자원을
투입한 만큼 그에 걸맞은 성과를 보여주기를 원하고 있죠. 회사 측은
미국 디날리(계약금 1억 5,000만 달러, 마일스톤 12억 달러)와 스트라이드바이
오(계약금 3,000만 달러, 마일스톤 6억 8,000만 달러)의 기술이전 계약을 비교
군으로 잡고 있습니다. 다케다 측과 좋은 결과를 만들어낸다면 TSDT
플랫폼 기술로서 다른 글로벌 빅파마(대형 제약사)들과의 기술이전 계
약도 진척을 보일 것입니다. 좋은 결과를 만들어낸다면 플랫폼 기술

비교 기업인 알테오젠의 시가총액을 뛰어넘을 가능성도 있습니다.

　반대로 다케다와의 기술이전 계약이 불발될 시에는 큰 폭의 조정
도 감내해야 할 것입니다.

🔍 용어 설명   기술이전

바이오 기업이 갖고 있는 기술이나 신약 후보 물질에 대한 개발 권
한, 판권 등을 다른 기업에 양도하는 행위를 가리킵니다. 기술이전은
바이오 기업의 성과를 확인하는 지표로 쓰이기도 합니다.

신약 판매로 매출을 얻기까진 후보 물질 도출부터 통상 10~15년의
긴 시간이 소요됩니다. 자금력이 충분치 않은 기업으로선 신약 매
출이 나오기 전에 수입을 확보할 수단을 찾아야 합니다. 바이오 기
업은 신약 후보 물질과 관련된 건강기능식품이나 화장품, 의약품
원료 물질을 판매하는 식으로 매출을 확보하며 영업 적자를 메꾸기
도 합니다.

신약 개발에 '올인' 하는 기업 입장에선 기술이전이 매출 확보 기간
을 단축하는 빠른 길이 됩니다. 전임상~임상 3상 단계에 있는 약물
을 비용이 많이 드는 임상 3상 단계에 진입하기에 앞서 전임상~임상
2상 단계에서 약물을 다국적 제약사 등 몸집이 큰 기업에 판매하는
것이죠. 기술이전은 보통 계약 체결 시 받는 선급금과 임상·상업화
단계에 따라 지급되는 단계별 성과금(마일스톤)으로 구성됩니다. 기

술이전에 성공한 기업은 선급금으로 가까운 시일 내 자금을 확보하고 신약 개발 성과에 따라 막대한 수익을 챙길 수 있습니다.

기술이전 내용은 계약마다 제각각입니다. 특정 국가, 지역을 대상으로만 개발 권한이나 판권을 넘기거나 해당 후보 물질의 일부 적응증에 한해서만 권한을 넘기는 식으로 계약이 가능합니다. 기술이전을 활용하면 임상 진입으로 인한 비용 부담을 덜면서 개발 실패로 인한 위험도 분산할 수 있습니다.

기술이전을 통해 다른 기업들의 유망한 신약 후보 물질을 적극적으로 사들인 뒤 이를 개발해 해외 제약사에 더 비싸게 기술이전하는 전략을 구사하는 기업도 있습니다. 브릿지바이오테라퓨틱스는 레고켐바이오사이언스로부터 2017년 BBT-877의 독점실시권을 확보했습니다. 이후 미국 임상 1상을 진행한 뒤 2019년 베링거인겔하임에 1조 5,000억 원 규모 기술 수출에 성공했습니다.

다만 기술을 사들인 해외 기업이 개발을 중단하면서 권리를 반환할 수도 있습니다. 브릿지바이오는 2020년 11월 베링거인겔하임에게 BBT-877에 대한 권리를 반환받았습니다.

하지만 기술이 반환되더라도 끝은 아닙니다. 브릿지바이오는 직접 미국 임상 2상에 진입할 계획입니다. 한미약품은 한 번 퇴짜 맞았던 신약 후보 물질을 다른 적응증으로 개발해 2020년 8월 얀센과 1조 391억 원 규모의 기술이전 계약을 체결하는 데 성공했습니다.

나이벡

세포 전달 플랫폼과 펩타이드 통한 신약 개발

나이벡은 세포 안에 약물을 잘 전달할 수 있는 플랫폼 기술을 갖고 있는 회사입니다. 플랫폼 기술을 살펴보기 전에 이 회사의 사업 구조를 간단히 봐야 할 것 같습니다.

⚙️ 안정적인 신약 개발 자금 확보

이 회사의 출발이자 현금 창출원(캐시카우)은 치과용 골이식재 부문입니다. 임플란트를 심을 수 있는 뿌리를 단단하게 만들어주는 게 골이식재입니다. 세계 1위 임플란트 전문 회사인 스위스 스트라우만 등에 납품하고 있습니다. 여기에 골이식재와 함께 쓰이는 콜라겐도 시판을 앞두고 있습니다. 골이식재와 함께 치과용 콜라겐 재료를 함께 만드는 회사는 세계에서 유일하다고 합니다.

정종평 나이벡 대표는 "치과용 재료 부문에서 3~4년 뒤엔 연 300억~400억 원의 매출을 올릴 것"이라며 "영업이익률도 30% 안팎에 달해 안정적으로 신약 개발 자금을 댈 수 있을 것"이라고 말했습니다. 특히 수년 동안 치과 부문에서 최대 규모의 임상을 진행했던 중국 시장 시판 허가를 마쳤습니다.

중국 임플란트 시장은 규모를 제대로 추산할 수 없지만 현재 연 30~40%씩 성장하고 있습니다. 특히 골이식재와 콜라겐 등을 넣는 방식은 고도의 기술력이 필요한 시장입니다. 뼈가 없는 사람에게 뼈를 채워주는 기술이죠. 콜라겐은 골이식재와 같이 사용해서 뼈를 만드는 데 도움을 줍니다.

한국의 치과 의료 기술은 세계 최고 수준입니다. 보통 10건의 임플란트 시술 중 30~40%는 골이식재를 넣습니다. 반면 중국 임플란트 시장은 아직 제대로 자리를 잡지 못했습니다. 골이식재를 넣는 시술은 10~20%도 안 되는 수준이죠. 시장이 이제 커지기 시작한다는 겁니다.

본업은 플랫폼 기술

현재 회사가 심혈을 기울이고 있는 분야는 신약 개발입니다. 정 대표는 "신약 개발이 회사의 최우선 순위여서 골이식재 판매를 위해 현지 영업직원을 둘 생각은 하지 않고 있다"고 말합니다. 회사의 전력을 분산시키지 않기 위해서라고 합니다. 그만큼 신약 개발에 대한 의지가 강합니다.

나이벡은 세포 안으로 들어갈 수 있는 약물 전달 기술을 갖고 있습니다. 잘 알려져 있지는 않지만 이 회사는 대부분의 펩타이드 신약을 경구용으로 바꿀 수 있는 플랫폼 기술도 갖고 있습니다. 항체 바이오 의약품이나 합성 의약품을 고분자 물질로 둘러싸 보호하는 겁니다. 위산에 강해 위를 그냥 지나친 뒤 대장에서 고분자가 녹는 형식입니다. 이와 관련한 특허도 여러 개 갖고 있습니다. 글로벌 제약사의 기술 수출 요청이 적지 않습니다.

노승원 펀드매니저는 "신약 개발 이외의 사업으로 안정적인 수익을 올리고 있다는 점에서 오스코텍과 닮았고, 약물 전달 기술의 기술력 측면에선 셀리버리와 유사한 기업"이라고 설명합니다. 이어 "주사제를 경구제형으로 바꿨다는 점에서 알테오젠과도 비슷하다"고 말했습니다.

펩타이드만 16년째 개발한 회사

나이벡은 정 대표가 서울대 치대 교수 시절인 2004년에 설립한 펩타이드 전문 기업입니다. 시작은 서울대 벤처였습니다. 펩타이드란 단백질의 기능적 최소 단위입니다. 생체 신호 전달 및 기능 조절에 관여하는 물질이죠. 우리의 몸에서 유래한 것이어서 부작용이 적습니다.

치과 부문에서 매출이 나오다 보니 주가를 위해 신약 개발에 나선 것 아니냐는 시장의 오해가 있습니다. 하지만 이 회사는 처음부터 펩타이드를 통한 신약 개발을 해온 회사입니다. 2011년 기술특례상장 당시에도 이 기술력을 인정받아 상장할 수 있었습니다. 연구 총책임자(CTO)인 박윤정 전무 역시 서울대학교 벤처 시절 합류한 멤버입니다. 서울대학교 치대 교수, 미국 미시간대학교 연구교수 출신입니다.

박 전무가 세포 전달 플랫폼과 펩타이드 신약 부문을 총괄하고 있습니다. 펩타이드와 약물 전달 시스템 등으로 박사학위를 땄죠. 국내에서 펩타이드에 대해 최고 전문가입니다.

세포 안으로 들어가는 항체 의약품

이 회사가 주목받는 이유는 세포투과전달 플랫폼(cell penetrating peptides, CPPs)이란 기술 때문입니다. 어떻게 약물이 암세포까지 도달하고, 나아가 암세포 안으로 들어가는 기술을 갖고 있는지 좀 더 자세히 알아보겠습니다.

일반적으로 항체 바이오 의약품은 세포 안으로 들어가기 어렵습니다. 덩치가 너무 커서입니다. 이 회사의 기술인 NIPEP-TPP는 이런 바이오 의약품의 단점을 없애는 플랫폼입니다. 다시 말해 바이오 의약품을 세포 안으로 끌고 들어갈 수 있도록 도와주는 겁니다.

⚛ 세포 안으로 약물을 넣는다

NIPEP-TPP는 〈도표 2-6〉에서 보는 바와 같이 세 가지로 구성이 돼 있습니다. 암세포에 선택적으로 갈 수 있기 위한 표적활성성분(targeting moiety)과 세포 투과 펩타이드, 그리고 항체 바이오 의약품 등입니다. 항체 바이오 의약품은 합성 의약품 등으로 교체가 가능합니다.

NIPEP-TPP의 가장 큰 장점은 표적활성성분이 암세포에 잘 정착할 수 있다는 겁니다. 표적활성성분이 내비게이션 역할을 하는 것이죠. 표적에 나와 있는 생체표지자(바이오마커)와 잘 달라붙습니다. 암세포 표면엔 특정 분자들이 있습니다.

표적활성성분이 이들 분자에 착 달라붙는 것이죠. 암 세포 표면에 있는 특정 분자들을 발견하고 이에 붙는 물질을 만든 겁니다. 해당 분

도표 2-6 NIPEP-TPP와 수송 물질의 연결 모식도

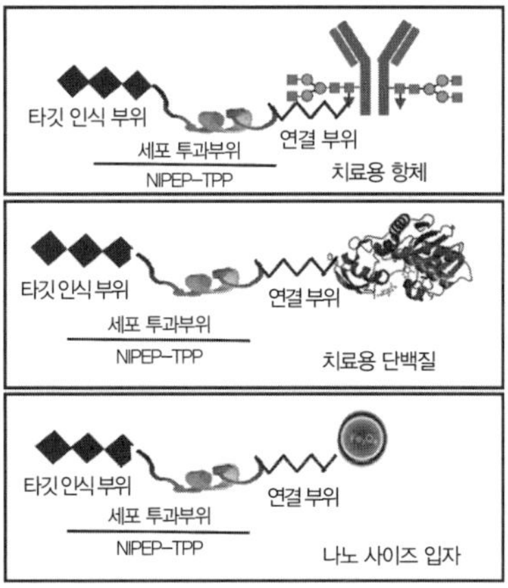

자료: 나이벡

자의 이름을 따로 밝히기 어렵다고 합니다. 특허로 묶여 있기도 합니다. 박 전무는 "이로 인해 NIPEP-TPP는 적은 용량으로도 암세포에 달라붙는 게 가능하다"고 말했습니다.

암세포 표면에 표적활성성분이 도착하면 다음엔 세포 투과 펩타이드가 일을 합니다. 펩타이드는 크기가 작아 세포 안으로 들어갈 수 있습니다. 세포 안으로 문을 열고 들어가는 과정에서 여기에 연결된 의약품이 안으로 들어오는 방식입니다. 세포 투과 펩타이드가 일종의 '트로이목마' 역할을 하는 것이죠.

CPPs 기반 치료제는 경쟁사가 여럿 있습니다. 한국의 셀리버리와 호주에 본사를 둔 PYC 테라퓨틱스(PYC Therapeutics) 등이 상장돼 있습니다.

박 전무는 "일반적인 세포 투과 플랫폼은 자기 표적이 아닌 혈관 등에 들어가 부작용이 일어난다"며 "또 고용량의 약물을 넣어야 하기 때문에 문제가 있다"고 설명합니다.

🜲 우리 몸에 어떻게 작용할까

나이벡은 'NIPEP-TPP'란 플랫폼을 보유하고 있다고 말씀드렸습니다. 여기에 항체 바이오 의약품을 붙인 항암제 'NIPEP ACE-Tide1' 과 'NIPEP ACE-Tide 2'가 주요 신약 후보 물질입니다.

플랫폼 기술이어서 여기에 항체 바이오 의약품이나 합성 의약품을 붙일 수 있어 적용 범위가 넓습니다. 다른 회사의 항체 바이오 의약품을 붙이는 것도 가능하죠. 가장 관심을 받고 있는 물질은 전이성 유방암 치료제 NIPEP ACE-Tide1입니다. 암세포 주변에 만들어지는 암 줄기세포들은 더 많은 영양분과 산소를 흡수하기 위해 자기 주변에 혈관을 만듭니다. 화학 요법 등을 하더라도 완전히 없어지지 않고 언젠간 다시 폭증하는 모습을 보입니다.

이 과정에서 역할을 하는 바이오마커가 'Fer T'입니다. Fer T 때문에 전이가 일어난다는 겁니다. 나이벡은 Fer T를 억제하는 항체 바이오 의약품을 NIPEP-TPP에 달았습니다. 현재 Fer T를 표적으로 한 항암제는 나와 있지 않습니다. '퍼스트인클래스' 의약품입니다.

현재 전임상 단계입니다. 한 글로벌 제약사와 물질이전계약(MTA) 전 단계인 MDA를 맺었습니다. MTA를 발표하기 전에 서로 계약에 대해 비밀을 유지한 채 논의를 하는 것이죠.

NIPEP-TPP 플랫폼을 활용한 다른 파이프라인도 있습니다. 대장암과 폐암 등을 대상으로 한 치료제입니다. KRAS 돌연변이 단백질을 직접적으로 표적할 수 있는 항암제입니다.

현재 KRAS 돌연변이 단백질을 정확하게 표적하는 약물은 없습니다. 대장까지 약물이 전달되는 과정에서 목표점에 정확하게 도달하지 못하기 때문입니다. 항체 바이오 의약품의 경우 운이 좋으면 대장에 도달하기도 하지만 암 세포에 정확하게 닿지 못합니다.

박 전무는 "NIPEP-TPP는 대장까지 남아 대장에서 활성화할 수 있다는 걸 증명했다"며 "선택적으로 들어가다 보니 다른 조직에 염증이나 이상 반응을 일으키지 않는다"고 설명합니다.

나이벡은 2020년 5월과 9월에 이런 검증 결과를 기술이전을 논의 중인 글로벌 제약사에 보냈습니다. 2021년 하반기엔 NIPEP-TPP의 기술 수출이 성사될 것이란 게 회사 측의 자신감입니다. 현재 이 약물은 주사제와 경구제 모두 개발을 하고 있습니다.

이 플랫폼은 혈뇌장벽(BBB) 투과 플랫폼으로도 확장이 가능합니다. 현재 전임상 단계입니다. 글로벌 제약사 중 한 곳이 기술이전에 관심이 있습니다. MTA를 체결한 상황인데요. 실제 쥐를 대상으로 한 실험에서 효과를 보였습니다. 어떻게 BBB를 통과하는지 작용 기전을 과학적으로 풀고자 노력 중에 있습니다. 기술 수출도 이런 작용 기전이 명확해지면 곧바로 나설 예정입니다.

✿ CMO 회사로 성장 가능성

이 회사의 장점 중 하나는 충북 진천의 나이벡 공장에서 펩타이드 의약품과 NIPEP-TPP 등을 생산할 수 있다는 겁니다. 골이식재 등도 생산이 가능하죠. 기술이전을 하더라도 해당 품목을 가장 잘 만들 수 있는 곳이기 때문에 CMO 매출이 일어날 수 있다는 겁니다. 공장 증설 등을 한다면 CMO 매출이 늘어날 수도 있습니다.

박 전무는 "전임상부터 시료 등을 공급할 수 있어 기술이전을 논의하는 회사들이 좋아한다"고 말했습니다. 별도의 시료 생산 회사를 찾을 필요가 없기 때문이죠.

이와 함께 이미 고혈압 치료용 단백질 공급 계약을 글로벌 3대 제약사와 체결했습니다. 공급가는 이미 정해져 있고, 생산 기간에 대해선 따로 조항이 없습니다. 나이벡은 나아가 시설 증축도 고려하고 있습니다.

대장암 표적하는 항암제도 개발

앞서 설명한 대장암 적응증(적용 질환)의 'NIPEP ACE-Tide2'는 독특한 신약 후보 물질입니다. 이 약물은 주사제형과 경구제형으로 함께 개발되고 있습니다. 주사제형엔 약효가 작용하는 세포의 선택성을 높인 'NIPEP-TPP'란 플랫폼 기술이 적용됩니다. 표적활성성분이 대장암에 있는 특정 분자들에 붙는 형태입니다.

이 파이프라인은 경구형으로도 만들어집니다. NIPEP ACE-Tide2를 고분자 화합물로 싼 다음에 경구형으로 먹는 것이죠. 이 고분자 화합물은 위나 소장 등에서 분해되지 않도록 설계돼 있습니다.

고분자 용액에 펩타이드를 혼합한 다음에 기계에 넣어서 수분을 한 번에 빼내는 방식으로 만들어집니다. 나이벡은 대장에서 녹을 수 있는 고분자 화학식을 만들었습니다. 이와 관련한 특허도 보유하고 있습니다. 액체인 용매를 날리면 가루 형태가 되는데, 이를 캡슐 안에 넣는 형식입니다. 충북 제천 공장에 기계와 시설이 있습니다.

박윤정 나이벡 전무는 "대장에 들어가서 분해가 된다는 걸 임상 등을 통해 밝혀냈다"며 "여기엔 NIPEP ACE-Tide2뿐 아니라 합성 의약품 등도 넣을 수 있다"고 말했습니다. 일종의 플랫폼 기술이죠. 최근 바이오 업계 트렌드가 정맥주사를 피하주사로 바꾸는 것인데, 이를 다시 경구형으로 바꿀 수 있다면 충분히 매력적입니다. 나이벡은 경구제형 기술을 활용해 대부분의 파이프라인을 경구형과 주사형 두 가지로 만들고 있습니다.

펩타이드 기반의 염증성 장 질환 치료제 'NIPEP-IBD'도 마찬가지입니다. 염증성 장 질환은 자가면역 질환의 일종입니다. 궤양성 대장염, 크론병 등이 대표적입니다. 소화기관의 점막이 괴사해 염증이 반복적으로 발생합니다. 체중 감소, 복통, 소화기관 경련 등의 증상이 나타나죠.

궤양성 대장염은 시장이 큽니다. 나이벡의 기술은 특정 약물을 감싼 고분자 화합물이 대장에서 녹는 것입니다. 궤양성 대장염에 효과가 있을 것으로 보입니다. 관련 시장은 2018년 68억 달러에서 매년 4.6% 성장해 2027년 100억 달러에 이를 전망입니다. 크론병 시장 규모는 2025년 47억 달러로 추산됩니다. 이 약물엔 NIPEP-TPP가 적용되지 않습니다. 다만 대장까지 약물을 끌고 갈 표적활성성분이 치료제 역할을 하는 펩타이드와 함께 붙습니다.

염증성 장 질환은 면역세포가 지나치게 활발해지면서 생기는 병입니다. 기존 치료제는 주요 염증성 사이토카인인 'TNF-알파'를 억제합니다. 이럴 경우 면역세포의 활성도를 크게 개선하지 못합니다. 증상이 다소 나아져도 치료 효능을 오랫동안 유지할 수 없는 것이죠.

NIPEP-IBD는 손상된 점막에 붙어서 점막의 재생을 촉진시키는 치료제입니다. 박 전무는 "재생 기능이 있는 데다 경구제형으로 만들기 때문에 기술 수출에 대한 관심이 높다"고 설명했습니다. 애브비를 포함해 유럽 제약사들과 공동 연구 개발 또는 기술이전 방식으로 기술 수출을 논의하고 있습니다.

❖ 부작용 없는 골다공증 치료제 개발

다른 펩타이드 서열로 만든 골다공증 치료제도 있습니다. 이와 관련해선 이미 신약이 출시됐습니다. 일본 등에서 출시됐을 때 한 해에 수천억 원의 매출이 일어났죠. 하지만 1년 이상 쓰면 골 조직에 암을 일으키는 부작용이 나타났습니다.

나이벡의 후보 물질은 약물을 투여하면 펩타이드가 뼈 구멍에 자리를 잡아 뼈 형성을 돕습니다. 전임상에서 뼈가 메워지는 것을 확인할 수 있었다고 합니다. 서울 아산병원에서 임상 1상 진행 중입니다. 마찬가지로 표적활성성분이 있어 골다공증 부위에 잘 찾아갈 수 있다고 합니다. 1상 결과는 2021년 상반기께 나옵니다.

도표 2-7 NIPEP-IBD의 작용 기전

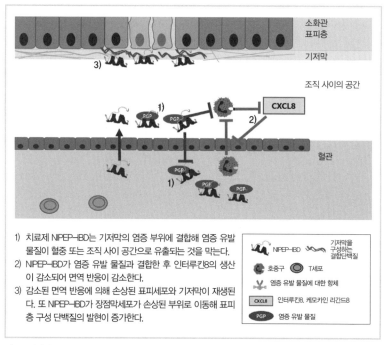

1) 치료제 NIPEP-IBD는 기저막의 염증 부위에 결합해 염증 유발 물질이 혈중 또는 조직 사이 공간으로 유출되는 것을 막는다.
2) NIPEP-IBD가 염증 유발 물질과 결합한 후 인터루킨8의 생산이 감소되어 면역 반응이 감소한다.
3) 감소된 면역 반응에 의해 손상된 표피세포와 기저막이 재생된다. 또 NIPEP-IBD가 장점막세포가 손상된 부위로 이동해 표피층 구성 단백질의 발현이 증가한다.

자료: 나이벡

도약의 2020년, 성장의 2021년

이 회사 주가는 10년 동안 5,000~1만 5,000원을 오갔습니다. 말했듯이 '치과가 본업이고 주가를 띄우기 위해 신약 개발에 나선다'는 시장의 오해가 있었지만, 2020년에는 상당한 재평가가 이뤄졌다는 평입니다. 여기에다가 플랫폼 바이오가 관심을 받으면서 주가가 탄력을 받은 측면도 있습니다.

대표적인 플랫폼 바이오 기업은 알테오젠이나 셀리버리, 레고켐바

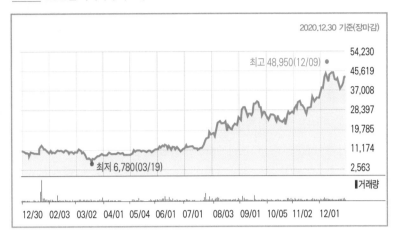

이오사이언스 등이 있습니다. 이들 기업의 시가총액은 2020년 1조 원을 넘어 대부분 2조 원 이상이 됐습니다. 투자자들은 이들을 대체할 수 있는 저평가 회사를 찾았고, 기술력을 갖춘 나이벡이 레이더망에 들어왔습니다.

시가총액이 2020년 12월 초 기준으로 1,000억 원대에 머무르는 데다 치과 부문에서 안정적인 수입이 나오는 회사란 장점이 부각된 겁니다.

2021년은 한 단계 더 도약할 가능성이 높습니다. 우선 세포투과전달 플랫폼과 전이성 유방암 치료제 NIPEP ACE-Tide1 등의 2021년 기술 수출 가능성이 상당히 높습니다. 구체적인 계약 내용도 오가고 있습니다. 한 펀드매니저는 "아직 기술 수출이 나오지 않아 의구심을 갖고 있는 투자자들이 많다"며 "기술 수출을 전후로 회사에 대한 재평가가 확실히 이뤄질 것"이라고 말합니다.

사이토카인 폭풍은 코로나19로 유독 조명을 많이 받았던 용어입니다. 이 용어를 이해하기 위해선 사이토카인이 무엇인지를 살펴봐야 합니다. 사이토카인 단백질은 면역세포에서 분비되는 신호 전달 물질입니다. 세포의 증식, 분화, 사멸 등과 관련된 신호를 담고 있는데요. 이 물질이 표적으로 하는 세포의 수용체와 붙으면 해당 세포에서 신호에 맞는 작용이 일어나게 됩니다.

우리 몸속 면역세포는 바이러스가 침입했을 때 "면역 반응을 일으켜라"는 신호가 담긴 사이토카인 물질을 분비하게 됩니다. 바이러스를 죽일 수 있도록 염증을 일으키는 것이죠. 염증을 일으키는 사이토카인 물질로는 TNF-알파, 인터루킨1, 인터루킨6, 인터루킨8 등이 있습니다.

문제는 감염이 심각해 이 사이토카인이 과다 분비됐을 때입니다. 감염 부위에 모인 면역세포들은 사이토카인을 방출하게 되고 이 사이토카인은 더 많은 면역세포들을 불러모읍니다. 다시 이 면역세포들이 염증성 사이토카인을 내보내는 악순환이 폭풍이 지나가듯 단기간에 일어납니다. 이 현상을 사이토카인 폭풍이라고 합니다.

사이토카인이 과다하게 분비되면 정상 세포들의 DNA가 손상될 수 있습니다. 심각해지면 42도의 고열과 함께 전신에 이상을 일으킵니다. 42도면 병원체의 활동도 어려워지지만 신체도 회복 불가능한 수준으로 '데워질' 수 있습니다. 사이토카인 폭풍은 코로나19로 인한 사망 원인 중 하나로 알려져 있죠. 노년층보다는 면역력이 높은 젊은 층에서 발생할 가능성이 더 높다고 합니다.

코로나19 치료제는 크게 보면 항바이러스제, 면역 조절제로 나눌 수 있습니다. 항바이러스제가 바이러스의 번식이나 감염을 억제하는 것이라면 면역 조절제는 사이토카인 폭풍을 억제하는 데 초점을 두고 있습니다. 코로나19 치료제로 사용되는 덱사메타손도 면역 조절제입니다. 셀리버리, 엔지켐생명과학, 진원생명과학, 코미팜, 큐리언트, 크리스탈지노믹스 등도 사이토카인 반응을 억제하는 기전의 치료제를 개발하고 있습니다. 덱사메타손은 스테로이드 제품으로 전신에 작용해 부작용을 일으킬 수 있는데, 이러한 단점을 개선하는 쪽으로 면역 조절제 개발이 이뤄지는 중입니다.

레고켐바이오사이언스

ADC 원천 기술 '콘쥬올'

레고켐바이오사이언스는 합성신약과 항체약물접합체(ADC)를 개발하는 바이오 기업입니다. 2006년 설립돼 2013년 코스닥 시장에 상장했습니다.

바이오니아가 1992년 국내 바이오 벤처 1호로 주식 시장에 상장한 이후 수백 개의 바이오 벤처가 등장했습니다. 이 가운데 실질적인 성과를 올리면서 안정적인 수익 모델을 확보하고 있는 바이오 기업을 찾기란 쉽지 않습니다. 레고켐바이오사이언스는 코스닥 상장 이후 2020년까지 아홉 차례나 기술 수출을 달성하는 실적을 냈습니다. 신약 개발이라는 꿈을 실제 계약 성사로 발전시킨 경험이 가장 많은 바이오 벤처라고 할 수 있습니다.

레고켐바이오사이언스는 바이오 업계에 플랫폼을 통한 신약 개발 모델을 성공적으로 정착시킨 회사로 평가받고 있습니다. 직접 임상 2~3상을 추진하는 대신 전임상, 임상 1상 단계를 마친 ADC를 해외 바이오 기업에 기술이전하는 전략을 펼쳐왔습니다. 김용주 레고켐바이오사이언스 대표는 "아직까진 국내 바이오 기업이 글로벌 임상 3상을 직접 추진하는 게 쉽지 않다"며 "신약을 상용화할 수 있는 역량이 있는 빅파마에게 기술이전한 뒤 신약 개발에서의 역할을 분담할 필요가 있다"고 말합니다.

"기술이전을 통해 막대한 로열티를 확보했던 길리어드사이언스의 사례를 참고해 신약 개발 영역을 지속적으로 확장할 수 있는 사업 모델을 구축했다"는 게 김 대표의 설명입니다.

2세대 ADC 기술, 콘쥬올

레고켐바이오사이언스의 장점은 이익이 나오는 바이오 회사란 겁니다. 2015년부터 한 해도 빠짐없이 기술이전 계약을 체결해오고 있습니다. 계약금과 임상 단계마다 들어오는 단계별 성공 보수(마일스톤)가 수입원이 되고 있습니다. 막대한 연구 개발 비용을 쓰고도 이익이 난다는 겁니다.

상장 이후 체결된 9건의 전체 계약 규모는 2조 6,896억 원에 달합니다. 9건 중 6건이 ADC 기술을 이용한 신약 후보 물질의 이전계약입니다. 2020년 체결된 계약 4건도 모두 ADC 기술 신약과 관련된 것입니다.

이 회사는 2020년 연초 목표로 했던 기술이전 계약 3건 체결이라

도표 2-9 레고켐바이오사이언스 기술이전 계약 규모

(단위: 억 원)

시기	계약사	내용	계약 금액
2015년	포순제약(중국)	ADC 기술	208
2016년	하이헤바이오(중국)	그람양성균 항생제	240
2017년	베링거인겔하임(독일)	폐섬유증 치료제	6,800
2018년	녹십자(한국)	항응혈제	비공개
2019년	밀레니엄파마슈티컬스(미국)	ADC 기술	4,548
2020년 4월	익수다테라퓨틱스(영국)	ADC 기술	4,963
2020년 5월	익수다테라퓨틱스(영국)	ADC 기술	2,784
2020년 10월	시스톤파마수티컬스(중국)	ADC 기술	4,099
2020년 12월	픽시스온콜로지(미국)	ADC 기술	3,255

자료: 레고켐바이오사이언스

도표 2-10 레고켐바이오사이언스 연도별 매출과 영업이익

(단위: 억 원)

연도	매출	영업이익
2016년	167	−102
2017년	221	−98
2018년	252	−160
2019년	575	84
2020년 1~9월	230	−62

자료: 레고켐바이오사이언스

는 목표를 달성했습니다. 2020년 4월과 5월 영국 익수다테라퓨틱스
와 각각 4,963억 원, 2,784억 원 규모의 기술이전 계약을 맺었습니다.
같은 해 10월엔 중국 시스톤파마수티컬스에 4,099억 원 규모 계약
을 성사했습니다. 바로 그 다음 달인 11월엔 미국 픽시스온콜로지와

3,150억 원의 기술이전 계약을 체결했습니다. 한 해 한 건도 성사되기 어려운 수천억 원대 기술이전 계약을 이끌어낸 원동력은 이 회사만의 ADC 기술에 있습니다.

우선 ADC에 대해 짚고 넘어가겠습니다. ADC는 약효를 내는 약물과 암세포를 찾아가도록 돕는 역할을 하는 항체를 결합하는 기술입니다. 항암제를 만들기 위해선 넘어야 할 세 개의 큰 관문이 있습니다. 첫 번째 관문은 약물이 암세포를 죽일 수 있는 독성(약리 물질)을 갖고 있어야 합니다. 두 번째 관문은 약물이 암세포만 골라 공격할 수 있도록 해야 합니다. 그렇지 않으면 멀쩡한 세포들이 약물의 공격을 받게 되는 치명적인 부작용이 생길 수 있습니다. 마지막으론 이 약물이 암세포에 도달할 때까지 일정량이 유지돼야 합니다. 체내에 투여했는데 약물이 암세포에 닿기 전에 항체와 약물의 결합이 끊어져버리면 소용이 없겠죠.

ADC(항체약물접합체)는 항체(antibody)와 약물(drug)을 활용하는 (conjugate) 기술입니다. 항암제 개발의 첫 관문인 독성, 다시 말해 약효를 낼 수 있는 부분은 약물에서 나옵니다. 항체는 두 번째 관문을 넘는 역할을 합니다. 특정한 암세포의 표면 항원 단백질에서만 결합할 수 있는 항체를 약물에 붙이면 어떻게 될까요. 항체라는 내비게이션이 장착된 약물이 암세포만 골라 공격할 수 있게 됩니다.

미국 바이오 기업인 이뮤노젠과 시애틀제네틱스는 1세대 ADC 기술을 갖고 있습니다. 글로벌데이터에 따르면 ADC 시장은 2019년 26억 달러에서 2025년 136억 달러로 성장할 전망입니다. 2020년 길리

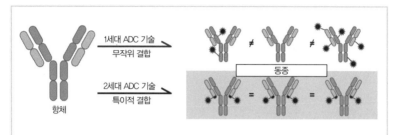

레고켐바이오사이언스의 콘쥬올 기술. 1세대 ADC 기술에선 항체마다 붙여지는 약물의 수가 제각 각이다. 반면 2세대 ADC 기술인 콘쥬올 기술에선 항체마다 같은 수의 약물을 안정적으로 붙일 수 있다.

자료: 레고켐바이오사이언스

어드가 미국 ADC 기술 개발사인 이뮤노메딕스를 210억 달러에 인수하기도 했습니다. 이뮤노메딕스는 삼중음성 유방암 치료제에 대한 ADC 신약 최초로 FDA 신약 허가를 받은 트로델비를 개발한 기업입니다.

레고켐바이오사이언스가 가진 ADC 원천 기술 '콘쥬올'(conjuall)은 1세대 ADC 기술의 문제점을 극복한 2세대 ADC입니다. ADC 항암제는 약물과 항체 단백질, 그리고 이 둘을 이어주는 링커(linker)로 구성돼 있습니다. 1세대 ADC 항암제들은 이 링커에서 난관에 봉착했습니다. ADC 항암제를 실제 사람의 혈관에 투여했더니 링커가 불안정해 독성을 가진 약물과 길잡이인 항체의 연결이 끊어지는 사례가 나온 것이죠. 갈 길을 잃은 약물들이 혈관을 돌면서 전신을 공격하게 되는 독성 문제가 나오면서 이 링커의 안전성을 유지하는 게 중요해졌습니다.

그렇다고 링커를 너무 단단하게 만들어버리면 암세포를 만났을 때

연결이 끊어져야 하는 약물이 계속 항체에 붙은 채 암세포를 공격하지 않는 문제가 생길 수도 있습니다. '적당한' 링커를 만드는 데 레고켐바이오사이언스의 기술이 있는 겁니다. 레고켐바이오사이언스는 1세대 ADC 기술에서 항체마다 달라붙는 약물의 개수가 제각각이라는 문제도 해결했습니다.

레고켐바이오사이언스의 콘쥬올은 혈액 속에선 링커의 안전성을 유지하면서 암세포 항원에선 링커 결합이 해제되는 2세대 ADC 기술입니다. 암세포에만 특이적으로 존재하는 효소에 의해서 평소 안정적으로 약물과 항체를 이어주던 링커가 끊어지도록 하는 방식입니다. 혈중에서 안전성을 확보하고 암세포만 공격하면서 필요할 때 약물을 방출하도록 하는 게 콘쥬올의 장점입니다. 혼합 물질을 항체, 약물 결합에 활용하는 1세대 ADC와 달리 단일 물질로 결합해 불순물 생성을 최소화했다는 것도 장점입니다.

플랫폼 기술로 신약 개발 부담 덜다

경쟁사와 비교해도 기술 강점이 있습니다. 길리어드사이언스가 인수한 이뮤노메딕스의 트로델비는 항체에 붙이는 약물의 개수가 7~8개 이상 필요한 것으로 알려져 있습니다. 약물과 항체를 이어주는 링커의 결합력이 약한 탓에 약물의 양을 늘린 것이죠. 결합력을 강하게 만들기 위해 약효가 센 약물을 쓰다 보면 독성도 강해지는 부작용이 생깁니다. 이 때문에 독성이 낮은 약물을 쓰는 대신 약물의 수를 늘리는 전략을 택하는 게 일반적인 ADC 기술 방식입니다. 콘쥬올 기술은 링커 결합력에 강점이 있는 만큼 약물을 2개 또는 4개를 붙이는 것만으로도 기존 기술에서 8개 이상 약물을 붙인 것과 비슷한 효과를 낼 수 있습니다.

업계에선 콘쥬올 기술이 무수한 신약을 만들어낼 수 있는 플랫폼 기술이라는 점에 주목하고 있습니다. 레고켐바이오사이언스는 항체와 약물을 연결시키는 데 강점이 있는 만큼 이 항체와 약물의 종류만 바꾸면 얼마든지 다양한 신약을 개발할 수 있습니다. 콘쥬올 기술 자체를 기술이전하는 게 아니라 콘쥬올을 적용한 특정 항체와 약물에 대해서만 기술이전을 하는 것이죠. 1~2개 파이프라인 개발에 '올인' 했다가 임상 3상에서 실패하면서 경영에 어려움을 겪게 되는 사례가 이 회사에서 일어나기란 쉽지 않은 일입니다. 임상 3상보다 비용 부담이 적은 임상 1·2상 단계에서 개발을 마친 뒤 기술이전하거나 전임상 단계부터 공동 연구를 통해 물질 개발을 해도 되니까요.

일본 다케다제약 등 제 3자의 손을 통해 콘쥬올의 장점이 입증됐다는 게 김 대표의 설명입니다. 레고켐바이오사이언스는 2019년 다케다제약의 자회사인 미국 밀레니엄파마슈티컬스와 4,548억 원 규모의 기술이전 계약을 체결했습니다. 밀레니엄파마슈티컬스는 콘쥬올 기술을 활용해 면역항암제 후보 물질을 발굴하면 해당 물질의 개발, 상업화 권리를 갖게 됩니다. 김 대표는 "다케다제약에서 직접 실험을 거쳐 콘쥬올 기술을 검증하는 절차를 거쳤다"며 "기업 위상이 높아지면서 빅파마에서 먼저 연락이 오는 경우가 늘어나고 있다"고 말했습니다.

학회에서도 ADC 기술에 대한 레고켐바이오사이언스의 강점이 확인되고 있습니다. 레고켐바이오사이언스는 ADC 분야 세계 최대 학회로 꼽히는 '월드ADC서밋'에서 2018년부터 3년 연속으로 '최고 ADC 플랫폼 기술' 부문에 선정되고 있습니다. 2020년엔 1차 후보로 오른 32개 기업 중 이 회사를 포함해 단 2개 기업만 수상의 영예를 안았습니다.

프로젝트 시작부터 글로벌 수준 데이터 준비

10건에 가까운 기술이전을 이뤄낸 데는 이 회사만의 독특한 사업 모델도 큰 도움이 됐습니다. 김 대표는 LG생명과학 기술연구원에서 23년간 재직하며 신약연구소장으로 이미 1991년 신약 후보 물질을 기술 수출한 경험을 갖고 있습니다. 당시 개발했던 퀴놀론계 항생제인 팩티브는 우리나라 신약 최초로 FDA에서 허가를 받기도 했습니다. 이러한 경험을 바탕으로 김 대표는 신규 파이프라인을 도입하기에 앞서 시장 조사부터 진행하고 있습니다. 물질 탐색에 집중하는 다른 바이오 기업들과 달리 경쟁사, 시장 규모 등의 상황을 먼저 보고 시장성이 확인된 쪽으로만 새 프로젝트를 진행하는 것이죠.

이러한 절차를 레고켐바이오사이언스는 '게이트 디시전시 시스템'으로 부르고 있습니다. 각 관문(게이트)별로 신약 개발을 위해 필요한 수백 개의 항목을 검증하는 시스템입니다. 이 관문들을 거친 자료는 200여 개 항목으로 정리돼 있어 해외 기업들의 요구에 맞게 서류를 신속하게 준비할 수 있다고 합니다. 다국적 제약사가 기술이전에서 요구했던 사항에 따라 데이터를 준비했던 경험이 만들어낸 결과물입니다. 김 대표는 "신약 개발은 한 번 실패하면 출발선에서부터 다시 시작해야 하는 장애물 달리기와 같다"며 "처음부터 글로벌 시장 진입을 고려해 프로젝트에 대한 데이터 구축을 준비해야 하고 다른 후보 물질들을 백업으로 갖고 있어야 한다"고 말합니다.

글로벌 수준에 맞는 데이터를 확보하기 위해 레고켐바이오사이언스는 기술이전 계약도 다른 회사와는 다르게 접근하고 있습니다. 단계별 성과급을 덜 받더라도 기술이전한 상대 회사로부터 임상 데이터와 임상시험 계획(IND) 패키지를 확보하는 전략도 펼치고 있습니다. 이 데이터와 패키지를 받아 다른 국가에서 임상을 자체 진입할 수 있는 역량을 확보하겠다는 구상입니다. 2015년 체결한 중국 포순제약과의 계약 사례가 대표적입니다. 포순제약이 중국에서 진행한 임상 자료를 바탕으로 레고켐바이오사이언스는 시행착오를 최소화한 채 미국에서 임상을 진입하는 게 가능해졌습니다.

🧬 계약금 수령으로 적자 우려 해소

주목할 만한 점은 콘쥬올이 플랫폼 기술이라는 점입니다. 적응증에 따라서 항체와 약물을 바꾸면 이론적으로는 무한한 신약 후보 물질을 만드는 게 가능합니다. 다른 바이오 기업과 협업이 수월한 구조입니다. 2020년 10월 시스톤파마수티컬스에 기술이전한 'LCB71'은 에이비엘바이오가 보유한 ROR1 항체를 레고켐바이오사이언스의 ADC 기술로 약물에 결합한 파이프라인입니다. 시스톤파마수티컬스는 LCB71을 삼중음성 유방암, 폐암 등 고형암과 급성림프구백혈 같은 혈액암의 치료제로 개발할 것으로 알려져 있습니다.

2020년 12월엔 이름을 밝히지 않은 일본 제약사와 ADC 신약 후보 물질 발굴을 위한 공동 연구 계약을 체결하기도 했습니다. 회사 측에 따르면 이 계약엔 추후 기술이전과 관련한 옵션 계약도 포함돼 있다고 합니다. 매년마다 항체 치료제 개발 기업과 협업을 통해 2개 정도의 파이프라인을 확보한다는 계획입니다.

기술이전 계약금으로 파이프라인을 확장하는 선순환 구조도 만들어졌습니다. 2020년 레고켐바이오사이언스가 받은 계약 수령금만 170억 원 규모입니다. 2019년 영업이익인 84억 원의 두 배가 넘는 양입니다. 기술이전 사례가 누적되면 임상 단계별 진입에 따라 받는 계약금들도 함께 쌓이기 쉽죠. 매출이 없어 임상 비용 확보가 쉽지 않은 대부분의 바이오 기업과는 달리 계약금 수령 사례가 누적되면서 안정적인 흑자 운영이 가능한 시스템입니다.

이 회사가 보유 중인 ADC 파이프라인은 10개가 넘습니다. 기술이전을 하지 않고 자체 보유한 파이프라인을 10개 수준으로 유지하겠다는 게 이 회사의 구상입니다. 일부를 기술이전하더라도 표적으로 삼는 적응증이나 항원만 바꿔 새 파이프라인을 만들 수 있습니다. 자금력이 확보되면 일부 파이프라인은 직접 임상 2상 등 후기 임상까지 진행할 계획입니다.

여기에 2016년 중국 하이허바이오에 기술이전한 그람양성균 항생제 '델파졸리드', 2017년 독일 베링거인겔하임에 기술 수출한 폐섬유증 치료제 등 합성신약 파이프라인도 있습니다. 레고켐바이오사이언스는 델파졸리드에 대해 2020년 11월 남아프리카공화국에서 임상 2b상 IND를 승인받았습니다. 이미 미국 FDA로부터 희귀 의약품과 패스트트랙 대상 의약품으로 지정도 마쳤습니다.

2021년 기술이전 성과 계속될 것

레고켐바이오사이언스는 2020년 주식 시장에서 큰 주목을 받았던 바이오 기업입니다. 2020년 3월 1만 6,000원대에 머물렀던 주가는 6월 이후 급등해 5만~7만 원대에서 등락을 오가며 안정적인 하방을 형성했습니다. 12월 초에는 시가총액이 1조 7,000억 원을 넘어서기도 했습니다.

주가에 가장 크게 영향을 미친 건 4건의 기술 수출 성과입니다. 4월 기술 수출 성과 발표 이후엔 시장이 크게 반응하지 않았지만 다음 달 추가 기술 수출을 발표한 뒤 신약 개발 플랫폼 기술의 장점이 부각되면서 주가가 한 달 새 3배 수준으로 뛰었습니다. 4분기에도 2분기

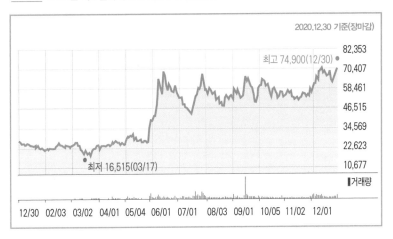

도표 2-12 2020년 레고켐바이오사이언스 주가그래프

2020.12.30 기준(장마감)

최고 74,900(12/30)

최저 16,515(03/17)

82,353
70,407
58,461
46,515
34,569
22,623
10,677

▮거래량

12/30 02/03 03/02 04/01 05/04 06/01 07/01 08/03 09/01 10/05 11/02 12/01

와 비슷한 상황이 나왔습니다. 10월 기술이전 계약이 발표됐을 때는 시장이 잠잠했지만 한 달여 만인 12월 초 기술 수출 성과가 추가 공개되면서 주가가 급등해 연고점을 찍었습니다.

이 회사는 2021년에도 3건 이상의 기술이전 계약을 내겠다는 성과를 내겠다는 목표를 설정했습니다. 2020년 이후 해마다 기술이전 계약을 3건 이상씩 꾸준히 하겠다는 구상이죠.

다른 이벤트도 있습니다. 2020년 기술 수출을 했던 파이프라인들의 임상 1상 진입이 예상됩니다. 우선 익수다테라퓨틱스에 기술이전했던 항CD19 항체 기반 ADC 치료제(LCB73)에서 2021년 3분기 중 미국 임상 1상이 신청이 이뤄질 전망입니다. 4분기엔 시스톤파마수티컬스가 사들인 ROR1 항체 기반 ADC 치료제(LCB71)가 임상 1상에 진입할 예정입니다.

임상 중간 결과도 나옵니다. 포순제약은 2015년에 레고켐바이오사이언스에서 사간 HER2 항체 기반 ADC 치료제의 임상 1a상 중간 결과를 상반기 중 공개할 예정입니다. 긍정적인 결과가 나오면 다른 파이프라인의 기술 수출도 한층 수월해질 수 있습니다. 2019년부터 흑자 전환에 성공하면서 비용 증가에 대한 부담이 줄었다는 점도 긍정적입니다.

• 3장 •

K방역의 현재와 미래: 코로나19 백신 및 치료제

'리보핵산'(RNA)이란 단어가 우리 실생활에 이렇게 많이 회자된 적은 없을 겁니다. 특히 메신저(m)RNA 백신은 코로나19로부터 해방시켜 줄 것이란 기대를 갖게 했죠.

RNA는 치료제와 백신으로 쓰입니다. RNA 시장의 약 25%를 차지하는 것이 mRNA 백신입니다. mRNA 백신은 항원의 정보를 가진 mRNA를 체내에 주입해 면역 반응을 일으키는 치료법입니다. mRNA 시장을 주도하는 미국의 모더나와 독일의 바이오엔테크, 큐어백이 2015년부터 민간에서 투자받은 금액만 28억 달러(3조 3,236억 원)에 달합니다. 그만큼 시장의 기대가 컸습니다. 특히 모더나는 2018년 나스닥 상장 당시 바이오 기업 중에서 가장 큰 규모로 기업공개를 했습니다. 이들 회사들이 코로나19 백신 개발을 앞당기는 선구자 역할을 했습니다. 모더나와 독일의 바이오엔테크 · 미국 화이자 백신은 2020년 12월 첫 접종을 개시했습니다.

도표 3-1 글로벌 바이오 기업의 mRNA 투자 현황

기업	날짜	회사	임상 현황
바이오엔테크	2015년 11월	사노피	mRNA 암 백신 공동 개발로 6,000만 달러를 선지급
	2016년 9월	제넨텍	mRNA 암 백신 개발로 3억 1,000만 달러를 선지급하고 mRNA 기반의 개인 맞춤 항암 백신(IVAC) 뮤태놈(Mutanome)에 대한 개발 비용 및 수익을 50:50으로 분배
	2016년 5월	바이엘	동물 건강과 관련한 mRNA 백신과 치료에 대한 공동 개발
큐어백	2011년 11월	사노피, DARPA	감염성 질환을 위한 mRNA 백신 공동 개발을 위해 3억 3,100만 달러 지급(조건 비공개)
	2011년 11월	사노피	감염성 질환을 위한 mRNA 백신에 대한 독점 라이선스 계약(표적 병원균 및 조건 비공개)
	2013년 10월	존슨앤드존슨	인플루엔자 mRNA 백신 공동 개발(조건 비공개)
	2015년 3월	게이트 파운데이션	감염성 질환 예방 백신 개발에 5,200만 달러 지분 투자. GMP 시설에서 생산해야 한다는 조건
	2014년 11월	베링거 인겔하임	HIV 바이러스에 사용되는 RNA 활성화 기술에 투자(조건 비공개)
	2015년 11월	국제 에이즈백신 추진본부(IAVI)	폐암 백신 'VC9202'에 대한 글로벌 독점 라이선스에 대해 4,500만 달러 선지급과 5억 6,300만 달러 마일스톤 계약
IDRI	2016년 10월	NIH	지카 바이러스 mRNA 백신 개발에 대해 50만 달러 투자
모더나	2013년 10월	DARPA	치쿤구니야 바이러스를 포함해 감염성 질환에 대한 백신 개발에 2,500만 달러 투자
	2015년 1월	머크	4개의 바이러스에 대한 mRNA 백신 5개 공동 개발을 위해 5,000만 달러 선지급(병원균 비공개)
	2016년 1월	게이트 파운데이션	감염성 질환 치료제 개발에 1억 달러 투자
	2016년 7월	BARDA	지카 바이러스 백신 개발에 1억 2,500만 달러 투자
신테틱 제노믹스	2017년 1월	존슨앤드존슨	RNA 기반의 감염성 질환, 암 백신 공동 개발 체결(조건 비공개)

자료: 네이처

❄ 인류 구원해준 RNA 백신

RNA 백신은 코로나19 창궐과 함께 꽃을 피우고 있습니다. 글로벌 시장 조사 기관 BIS리서치에 따르면 2017년 335억 7,000만 달러(약 39조 5,000억 원)였던 백신 시장은 2028년 1,035억 7,000만 달러(약 122조 원) 규모로 성장할 전망입니다. 연평균 11%의 성장률입니다. 코로나19 백신 시장이 열리면서 더 커질 전망입니다.

화이자의 폐렴구균 백신인 '프리베나13', 글락소스미스클라인(GSK)의 대상포진 백신 '싱그릭스' 등이 이른바 '대박'을 터뜨린 것이 mRNA 백신 발전에 큰 자양분이 됐습니다.

mRNA 백신은 일반 백신보다 한 단계 더 나아간 백신입니다. mRNA 백신의 가장 큰 경쟁력은 제조 공정이 간단하고 개발이 쉽다는 겁니다. 이전의 백신 제조 방식은 특정한 목표에 맞는 최적화된 생산 시설이 필요해 새로운 병원체가 나타났을 경우 백신 개발에 부담이 컸습니다. 이번 코로나19 사태에서 mRNA 백신이 빛을 발하는 이유죠. mRNA 백신은 바이러스의 항원 단백질 염기서열만 알고 있으면 바로 제조가 가능합니다.

기존 사백신(불활성화) 백신이나 생(약독화) 백신, DNA 백신도 제조를 위해서는 유정란이나 세포, 대장균 등 살아 있는 물질의 배양이 필수적입니다. 반면 mRNA 백신은 시험관에서의 공정이 가능합니다. 대장균 배양으로 바이러스 정보를 가진 DNA를 소량 제조한 뒤 시험관에 DNA와 RNA 합성 효소들을 넣어주면 비교적 쉽게 만들 수 있습니다.

감염병에 따라 최적화된 생산 시설이 요구되는 기존 백신 제조 방식과 달리 mRNA 백신은 병원체와 상관없이 같은 생산 공정에서 제조할 수 있습니다. 새로운 감염성 질환이 발생하면 빠르게 만들었다가 감염병이 잦아들면 빠르게 빠질 수 있는 유연한 백신인 것이죠.

코로나19로 기술이 빠르게 진보하다

이런 장점에도 불구하고 시판이 허가된 mRNA 백신은 없었습니다. 바이오엔테크 · 화이자나 모더나의 코로나19 백신이 최초가 됐죠.

RNA 백신의 가능성이 최초로 보고된 것은 무려 30년 전인 1990년입니다. 당시 미국 위스콘신대학교 교수였던 존 울프 박사는 국제학술지 〈사이언스〉에 특정 단백질의 유전 정보를 담은 DNA와 RNA를 동물에 접종하면 해당 단백질이 발현되고, 이에 따른 면역 반응이 나타난다는 연구 결과를 발표했습니다. 이후 DNA와 mRNA 백신 연구가 지속됐지만 RNA 백신에 대한 성과는 최근에야 나오고 있습니다.

상용화가 늦어진 가장 큰 이유는 낮은 면역 유도 능력 때문입니다. 실제 mRNA 백신 개발에 뛰어든 기업들마다 이 문제의 해결 방법을 찾는 데 고심하고 있습니다.

모더나가 임상 3상에 가장 먼저 진입하는 등 진척을 보일 당시에도 시장은 의구심이 좀 있었습니다. 결국 면역 유도가 안 돼 실패할 것이란 의견이 지배적이었죠. 하지만 3개월 동안 높은 항체 반응이 유지되는 등 결과가 나쁘지 않습니다.

⚛ 갑자기 떠오른 백신 CMO 사업

한국 기업 중에서 mRNA 백신 1상 임상 시험에 들어간 기업은 없습니다. 다만 이 백신의 CMO를 노리고 있는 기업은 적지 않습니다. 한미약품 등이 기술이전을 전제로 mRNA CMO가 가능하다고 선언했습니다. mRNA 방식이 아니어도 백신 CMO 기회는 많습니다.

백신 CMO는 코로나19 이후 갑자기 떠오른 산업입니다. 이전에도 삼성바이오로직스와 같은 CMO 회사는 유망했습니다. 항체 바이오 의약품의 복제약(바이오시밀러)을 만드는 것이었죠. 다만 백신의 경우 바이러스가 포함된 백신(약독화) 등은 일반 CMO 시설에서 생산할 수 없습니다. 바이러스 때문이죠. 세포를 키우는 배양기(바이오 리액터)가 오염될 경우 다른 의약품은 생산도 못합니다. 그렇기 때문에 별도 백신 CMO 시설이 필요합니다. 다행히 한국 기업들도 수혜가 예상됩니다.

백신 CMO에 대해 간단히 알아볼까요. 백신은 개발 공정과 세포 배양 방식 때문에 생산할 수 있는 백신은 업체마다 다릅니다. SK바이오사이언스가 CMO 수주를 한 아스트라제네카 · 옥스퍼드대학교의 백신은 침팬지에게 감기를 유발하는 침팬지 아데노바이러스를 바이러스 벡터로 씁니다. 사람 몸에 주입된 벡터 바이러스는 코로나19의 스파이크 단백질을 만들어냅니다. 어쨌든 바이러스가 들어 있죠. 이럴 경우 삼성바이오로직스 등 기존의 CMO 시설을 가진 회사들은 만들 수가 없습니다. 마침 SK바이오사이언스는 빈 공간이 있었습니다. 경북 안동 공장인데요. 연간 최대 5억 도즈를 생산할 수 있습니다. 원래 다른 백신을 생산하려고 만든 곳이었지만 해당 사업이 틀어지면서 생산 공간에 여유가 생겼습니다.

백신 회사 유바이오로직스도 바이러스 벡터 방식의 코로나19 백신을 생산할 수 있습니다. 생산 능력은 연간 1,000만~2,000만 도즈입니다. 이 회사들은 코로나19 바이러스와 겉모습만 같은 단백질을 만들어 백신으로 투여하는 재조합 단백질 백신, DNA 백신 등도 수주가 가능합니다.

재조합 단백질 백신은 유전자재조합 기술을 이용합니다. 바이러스의 외형을 이루는 돌기인 단백질을 재구성합니다. 코로나19 바이러스와 겉모습만 같은 단백질을 만들어 백신으로 투여하는 것이죠. 미국의 노바백스가 개발 중인 백신입니다. SK바이오사이언스도 재조합 단백질 백신을 개발 중입니다.

코로나19 바이러스의 껍데기 전체를 모조하는 대신 돌기 부위만 재조합해 넣습니다. 살아 있는 바이러스를 넣는 게 아니어서 전통적인 백신 개발 방식보다 안전하고, 생산 측면에서도 용이하다는 게 SK바이오사이언스의 설명입니다.

DNA 백신과 RNA 백신은 바이러스가 포함되지 않은 백신입니다. DNA 백신 코로나19 바이러스의 유전자가 삽입된 재조합 플라스미드를 대장균에서 복제하는 방식 입니다. 두 백신을 생산할 수 있는 국내 기업은 한미약품과 바이넥스 등이 있습니다.

녹십자는 원액이 아닌 완제 과정에 대해서 수주를 했습니다. 완제 공정은 생산된 의약품을 바이알(주사용 유리 용기)이나 주사기에 충전하는 등의 과정을 말합니다. 전염병대응혁신연합(CEPI)으로부터 약 5억 도즈 정도를 수주했습니다. 녹십자는 한 도즈당 1~3달러의 이익을 남길 수 있다고 밝힌 바 있습니다. CEPI는 감염병 대응을 위해 2017년 출범한 국제 민간 기구입니다.

치료제 개발은 선두권

백신만큼 중요한 것은 치료제입니다. 코로나19 치료제 산업은 직접 개발과 CMO로 나눌 수 있습니다. 삼성바이오로직스가 다수의 치료제 CMO 수주를 했습니다.

셀트리온은 직접 치료제 개발에 나서 긴급사용승인을 받았습니다. 첫 치료제인 미국 제약 기업 길리어드사이언스의 렘데시비르는 2016년 에볼라 치료제로 개발된 약물입니다. 이를 코로나19 치료제로 바꿔 판매에 나선 겁니다.

셀트리온은 기존에 개발된 약물을 코로나19 치료제로 바꾸는 게 아니라 신약을 만들고 있습니다. 서정진 셀트리온그룹 명예회장은 기자간담회에서 "글로벌 상위 제약·바이오 기업 중 새 치료제를 개발

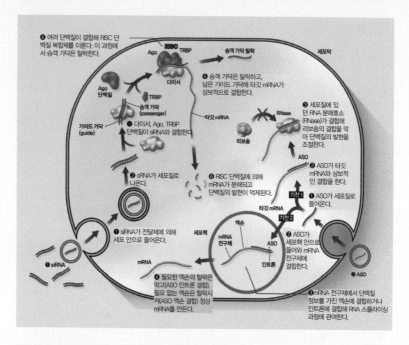

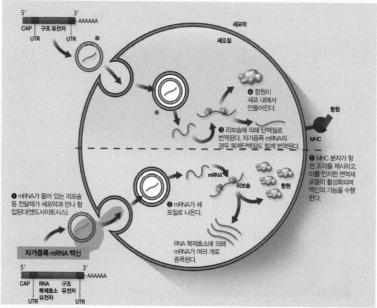

자료: 한경 바이오 인사이트

중인 회사는 미국의 리제네론과 일라이릴리, 셀트리온밖에 없다"고 강조하기도 했죠.

코로나19는 바이러스 외막에 못처럼 생긴 돌기, 스파이크 단백질이 사람의 세포 수용체와 결합해 세포 속으로 침투하는 질병입니다. 이 과정에서 바이러스는 RNA와 단백질을 복제한 뒤 밖으로 나와 또다른 세포를 공격합니다. 이런 과정이 반복되면 폐 손상 등이 발생합니다.

셀트리온의 치료제는 스파이크 단백질 머리 부분인 S1을 공격하는 항체를 주입하는 방식입니다. 단백질이 세포 안으로 침투하지 못하도록 하거나 침투하더라도 세포 내에서 막을 형성해 복제를 막는 것이죠. 서정진 명예회장은 "현재의 바이러스 변이 수준으로는 머리(S1)만 공격해도 치료가 가능하다"며 "다만 변이가 발생할 경우 변이가 거의 없는 몸통인 S2를 공격해야 할 수도 있어 이와 관련한 슈퍼 항체 치료제도 개발하고 있다"고 말합니다.

전문가들의 반응도 좋습니다. 전문가들은 세포 내에서 항원이 침투한 뒤 일어나는 RNA 복제를 막는 역할에 그치는 렘데시비르보다 항체 치료제가 더 효과적일 것으로 보고 있다죠. 항체 치료제가 스파이크 단백질(항원)에 대한 결합력이 높고 부작용이 적기 때문입니다.

이번 장에선 치료제 시판에 나선 셀트리온 분석도 이어집니다. 이 회사는 영업이익이 2020년 1조 원, 2021년엔 2조 원을 넘을 것으로 보입니다. 실적이 뒷받침되는 바이오 회사의 성장성을 가장 잘 보여주는 사례가 될 겁니다. 이와 함께 RNA 원료 생산의 선두 주자 에스티팜과 5억 도즈의 코로나19 백신 CMO를 따낸 녹십자를 분석합니다. 또 바이오 벤처이지만 탄탄한 연구 개발 능력을 바탕으로 콜레라 백신 개발에 성공한 유바이오로직스를 살펴보겠습니다. 이 회사는 백신 CMO 가능성도 열어두고 있습니다.

 용어 설명   **바이오시밀러와 바이오베터**

바이오시밀러(biosimilar)는 특허가 만료된 바이오 의약품과 동등성이 입증된 의약품입니다. 통상 의약품은 20년 정도의 특허 기간이 있습니다. 이 특허 기간이 지나면 다른 기업들도 동일한 성분의 의약품을 제조해 판매하는 게 가능합니다.

복제약으로 불리는 '제네릭'과는 구별해야 합니다. 제네릭은 저분자 화합물로 합성한 의약품과 구조적으로 동일한 의약품입니다. 화학적으로 합성하면 오리지널 의약품과 동일한 복제약을 만들 수 있습니다.

하지만 바이오 의약품은 분자 단위가 커 화학적 합성을 통해 만들기가 어렵습니다. 바이오 의약품은 통상 세포 배양을 통해 생산이 이뤄지는데 이 세포를 어떻게 만들어내는가에 따라 약물의 구성이나 구조가 달라집니다. 제네릭과 달리 바이오시밀러는 오리지널 바이오 의약품과 동일한 제품이 나오기 어려운 이유죠. 이 때문에 '비슷하다'는 뜻을 가진 '시밀러'(similar)가 이름에 붙었습니다.

국내 기업인 셀트리온, 삼성바이오에피스가 대표적인 바이오시밀러 개발 기업으로 꼽힙니다. 바이오시밀러를 만드는 회사들은 개발 비용을 아낄 수 있어 오리지널 의약품과의 가격 경쟁에서 우위를 점할 수 있죠. 셀트리온은 램시마, 트룩시마, 허쥬마 등 바이오시밀러를 판매 중입니다. 셀트리온헬스케어에 따르면 2020년 2분기 기준 이들 제품의 유럽 시장 점유율은 각각 55%, 37%, 16%였습니다. 삼성바이오에피스의 바이오시밀러 베네팔리는 2020년 7월 유럽 시장 점유율 44%를 차지하며 오리지널 의약품을 제치고 점유율 1위 자리에 올랐습니다.

이들 기업들은 개발 과정에서 기존 의약품보다 성능을 개선한 제품인 바이오베터(biobetter)를 내놓기도 합니다. 일부 국가에선 바이오베터 제품을 신약으로 분류하기도 합니다. 셀트리온은 병원을 찾아가 정맥주사로 맞아야 했던 램시마를 피하주사(SC) 제형으로 개선해 출시했습니다. 삼성바이오에피스는 자가면역 질환 바이오시밀러인 임랄디의 주사 과정을 기존 네 단계에서 두 단계로 줄였죠. 바이오베터를 만들면 별도 특허를 인정받아 오리지널 의약품이 확보하지 못한 이점을 법적으로 확보할 수도 있습니다. 20년간 램시마의 성분인 인플릭시맙을 SC 제형으로 만든 제품은 셀트리온만 내놓을 수 있죠. 이렇듯 오리지널 의약품의 성능을 개선한 바이오베터는 기존 약보다 2배 이상 높은 가격으로 판매하는 것도 가능합니다.

셀트리온

코로나19 항체 치료제로 주목받는 '렉키로나주'

장면 1

"여긴 전쟁터입니다. 임상 담당 의사가 자료를 정리할 틈이 없네요."
2020년 세밑. 셀트리온의 코로나19 치료제 2상 임상을 위해 루마니아에 머물던 한 직원의 SOS 신호가 울렸습니다. 3차 대유행으로 루마니아에서도 확진자가 밀물처럼 병원으로 밀려드는 상황이었죠. 임상 데이터를 정리해야 할 의사들은 도저히 시간을 낼 수 없었습니다. 끝내 "연내 조건부 허가 신청서 제출이 쉽지 않다"는 현지 보고가 들어왔습니다.

셀트리온그룹의 2인자인 기우성 셀트리온 부회장은 이 소식을 듣자마자 연말 스케줄을 모두 취소하고 루마니아행 비행기를 예약했습니다. 현장에서 직접 임상 2상 데이터를 챙기기 위해서입니다. 기 부회장이 루마니아에서 본 현장은 더욱 심각했습니다. 임상에 참여하는 코로나19 확진자를 조금이라도 빨리 병원으로 데려오기 위해 셀트리온 직원이 확진자와 함께 구급차에 타는 건 일상이 됐죠. 이상 증세를 보이는 직원들은 하루에도 몇 번씩 항원 진단키트로 확진 여부를 스스로 판단했습니다. 한 달 이상 루마니아에 머물던 직원들은 2~3일 밤을 뜬눈으로 지새웠죠.

크리스마스 연휴였던 12월 26일 한국에 돌아온 기 부회장은 필자와 만나 "80세가 넘은 임상 의사들도 같이 밤을 지새우며 임상 데이터를 정리했고, 그 옆에서 우리 직원들도 마무리를 도왔다"며 "직원들의 헌신과 희생 끝에 기적적으로 조건부 승인 신청을 할 수 있었다"고 당시 상황을 전했습니다. 임상 2상을 위해 루마니아 등 유럽에 1~2개월 머물렀던 직원 40여 명은 작년 말이 되어서야 한국에 돌아왔습니다.

⚙ 장면 2

"아무리 빨라도 2021년 말에야 치료제 개발이 끝날 것 같습니다." (권기성 셀트리온 연구소장)

"초유의 팬데믹(전염병 대유행) 상황을 그때까지 방치할 수 없어요. 올해 안 개발 완료 스케줄을 짜오세요." (서정진 셀트리온그룹 명예회장)

한국에서 코로나19 첫 확진자가 발생한 직후인 2020년 2월. 코로나19 치료제 개발을 논의하던 임원 회의에서 서 회장의 불호령이 떨어졌습니다. 보통 10년이 걸리는 신약 개발 기간을 10개월로 앞당기라는 지시였죠. 임원들은 "신약 후보 물질을 탐색하고 찾는 데 6~12개월이 걸린다. 임상도 시작하지 못할 것"이라며 난색을 표했지만 서 회장의 의지는 확고했습니다.

2020년 2월 개발을 시작한 CT-P59(제품명 렉키로나주)엔 셀트리온 연구원 180여 명의 땀이 녹아 있습니다. 일반적인 다른 회사에선 꿈도 꿀 수 없는 기간에, 전 직원이 연구에 나선 끝에 치료제 개발에 성공한 것입니다.

서울대학교병원에서 코로나19 회복 환자의 혈액 샘플이 처음으로 들어온 건 2020년 2월 27일이었습니다. 셀트리온 연구원들은 곧바로 3교대로 돌아가면 24시간 내내 후보 물질을 찾았습니다. 후보 물질 개발 연구원만 수십 명이 투입됐습니다. 코로나19 치료제로 유력한 후보 물질을 한 달 만인 3월 23일 300개나 찾아냈죠. 평소보다 5개월 정도를 단축한 성과였습니다.

후보 물질 발굴을 총괄한 권 소장은 작년 내내 '오전 8시 출근 자정 퇴근'을 반복했습니다. 그는 "개인적인 약속을 올해에 한두 번 정도 했다"며 "무조건 결과물을 낸다는 생각으로 '올인'했다"고 말했습니다.

셀트리온은 4월 13일 최종 항체 후보군을 도출해냈습니다. 최소 6개월, 보통은 12개월 이상이 걸리는 과정을 2개월로 단축한 겁니다. 7월 임상 1상도 서 회장의 계획대로 진행됐습니다.

셀트리온은 한국 바이오 업계에서 독특한 위치에 있습니다. 서정진 회장이란 독보적인 인물이 셀트리온 전체를 끌고 나갑니다. 이미 관료화된 한국 전통의 제약사가 굼뜬 모습을 보이는 것과 큰 차이가 있죠. 미국에서 공부를 하고 한국에 온 대표들이 많은 한국 바이오 벤처들과 결속력 측면에서 큰 차이가 있습니다. 한 가지 목표를 세우면 더 빠른 속도로 끝낼 수 있는 이유입니다. 두 장면을 통해 다른 회사와 다른 형식으로 셀트리온을 소개한 이유도 여기에 있습니다. 바로 '서정진'이란 구심점이 있어 코로나19 치료제를 더 빨리 개발했다고 생각합니다.

코로나 치료제, 성장 동력 될까

셀트리온의 코로나19 치료제는 이례적으로 단기간에 만들어진 셀트리온의 첫 신약입니다. 미국 이외 국가에서 맞을 수 있는 유일한 코로나19 치료 신약이기도 합니다. 기존 약물의 사용처를 바꾸는 게 아닌 새로운 코로나19 치료 신약을 개발한 회사는 한국의 셀트리온과 미국 제약사 리제네론, 일라이릴리밖에 없습니다. 2021년 2월부터는 백신과 치료제를 동시에 접종할 수 있는 전 세계 두 번째 국가가 됐죠.

전문가들은 렉키로나주가 한국과 같이 의료 시스템이 잘 갖춰진 국가에 유용할 것으로 보고 있습니다. 렉키로나주는 감염 3~5일 뒤 본격 활동하는 코로나19 바이러스를 초기에 잡아 폐 손상 등을 막아주는 치료제입니다. 권 소장은 "바이러스 수 증가를 초기부터 막는 게

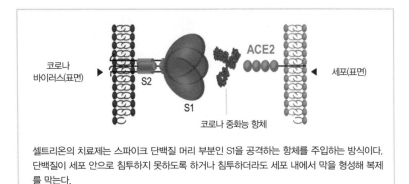

코로나
바이러스(표면) ▶

ACE2

세포(표면) ◀

S2

S1

코로나 중화능 항체

셀트리온의 치료제는 스파이크 단백질 머리 부분인 S1을 공격하는 항체를 주입하는 방식이다. 단백질이 세포 안으로 침투하지 못하도록 하거나 침투하더라도 세포 내에서 막을 형성해 복제를 막는다.

자료: 셀트리온

치료의 핵심"이라며 "확진 여부를 일찍 알수록 신체 손상을 줄일 수 있다"고 말합니다.

한국은 코로나19 확진 검사 후 하루 안에 결과가 나오는 시스템이 잘 갖춰졌죠. 검사비도 저렴합니다. 또 정부가 치료비도 지원하기로 했습니다.

셀트리온은 렉키로나주를 한국 국민에겐 원가로 공급하기로 했습니다. 회사 측면에선 이익에 도움이 안 됩니다. 렉키로나주 가격은 한국에서 렘데시비르(병당 약 43만 원)와 비슷하거나 조금 낮게 책정될 전망입니다. 다만 원가로 제공돼 이윤은 남지 않습니다. 한국과 같이 코로나19 확진 관리가 잘 되는 싱가포르나 대만 등도 치료제가 유용하지만 확진자 수가 부족합니다. 수출을 하더라도 물량이 많지 않은 셈이죠.

결국 확진자가 많은 미국과 유럽 등을 타깃으로 해야 합니다. 수요가 얼마나 있을지에 대해선 의견이 엇갈립니다. 한 바이오 담당 펀드 매니저는 "미국의 경우 코로나19 검사를 받은 뒤 확진 판정을 받는 데만 수 일이 걸린다"며 "렉키로나주를 맞아야 하는 골든타임을 놓칠 가능성이 높다"고 지적했습니다.

가격 경쟁력은 높습니다. 미국 시장에서 코로나19 신약인 일라이 릴리와 리제네론 제품의 판매 가격은 150만~250만 원 정도입니다. 기 부회장은 "두 경쟁사의 제품 범위에서 가격이 결정될 것"이라며 "코로나 치료제 마진이 높아 수익성이 개선될 것"이라고 했습니다.

다만 수요자가 있다면 경쟁력 있는 제품이 될 수 있습니다. 리제 네론과 일라이릴리의 치료제는 생산량이 턱없이 부족한 것으로 알려졌습니다. 일라이릴리는 2020년 말까지 100만 명분의 치료제를 생산했습니다. 리제네론은 2021년 1분기까지 30만 명분을 생산키로 했습니다. 하지만 미국 누적 확진자는 2,000만 명 수준입니다. 2020년 말 기준 셀트리온은 송도 1공장(생산 규모 10만L)과 2공장(9만L)을 전량 렉키로나 생산 체제로 전환하면 250만~300만 명분의 치료제를 만들 수 있다고 했습니다. 렉키로나를 1인당 200만 명에 100만 명분을 팔면 2조 원의 매출이 생기는 것입니다.

도표 3-4 셀트리온 코로나 치료제 개발 과정

2020년 1월 20일	국내 첫 환자 발생
2월 27일	코로나19 회복 환자 혈액샘플 채취(서울대학교병원 제공)
3월 23일	1차 항체 치료제 후보군 선별(300여 개)
4월 2일	2차 항체 후보군 선별 작업 돌입
4월 13일	최종 항체 후보군 확정
4월	세포주 개발 돌입
6월	페럿 대상 동물 효능 시험 완료(바이러스 100배 감소, 폐조직 병변 큰 개선 확인) 햄스터 대상 동물 실험 완료(바이러스 190분의 1 감소, 폐염증 감소)
7월 중순	원숭이 독성 시험 완료(이상 없음)
7월 17일	건강한 피험자 대상 임상 1상 승인(32명 임상)
8월 25일	경증 환자 대상 임상 1상 승인(환자 18명, 한국 및 유럽)
9월	CT-P59 공정검증배치 생산 시작(10만 명분 생산 준비)
9월 11일	건강한 피험자 대상 임상 1상 결과 발표
9월 17일	경증·중등증 환자 대상 임상 2·3상 승인
10월 8일	예방 임상 3상 승인
11월 6일	경증 환자 대상 임상 1상 결과 발표
12월 말	CT-P59 임상 2상 완료 및 식약처 조건부 허가 신청
2021년 1월 13일	2상 임상 결과 발표

자료: 셀트리온

도표 3-5 코로나19 치료제 생산량   (단위: 명분)

기업	내용	수량
미국 일라이릴리	2020년 12월 미국 정부와 공급 계약	65만
	2020년 10월 미국 정부와 공급 계약	30만
미국 리제네론	2020년 10월 미국 정부와 공급 계약 ※2021년 초까지 생산 계획	30만
셀트리온	2020년 9월부터 국내용 생산 완료	10만
	2021년 해외 수출용 곧 생산 돌입	200만 목표

자료: 셀트리온

🔬 바이오시밀러 시장 '길잡이'가 되다

셀트리온이란 회사에 대해 자세히 보겠습니다. 셀트리온은 1999년 대우자동차를 나온 직원 6명이 함께 창업한 회사입니다. 셀트리온이라는 사명(社名)엔 한국 바이오산업의 길잡이가 되겠다는 창업 초기 포부가 담겨 있습니다. 셀트리온의 '셀'은 모든 생명의 기본 단위인 세포를 뜻하는 'cell'을 말합니다. '트리온'은 길잡이 별로 알려진 북두칠성의 영단어 'triones'에서 유래됐습니다. 사명처럼 셀트리온은 전 세계 바이오산업의 새 역사를 쓰고 있는 셈입니다. 항체 바이오시밀러 시장을 처음으로 만든 회사이기 때문이죠.

셀트리온이 바이오산업에 뛰어든 건 2000년입니다. LG화학 출신 등을 주축으로 국내 바이오 벤처 회사들이 막 설립될 당시였습니다. 서 회장은 바이오산업 메카인 미국 샌프란시스코에서 노벨 생리의학상을 받은 바루크 블럼버그 박사와 토머스 메리건 스탠퍼드대학교 에이즈연구소장 등을 만나며 바이오시밀러의 가능성을 처음으로 접했습니다.

2005년 서 회장은 바이오 의약품 CMO 사업 대신 바이오시밀러에 '올인'하기로 결정하고 외길을 걸었습니다. "남의 것보다는 나만의 것을 만들어야 성공할 수 있다"는 생각이 결정적 영향을 미쳤습니다. 이후 7년 만인 2012년 세계 최초의 항체 바이오시밀러인 자가면역 치료제 '램시마'를 한국 시장에 출시했습니다.

현재 셀트리온 매출은 대부분 바이오시밀러에서 나옵니다. 셀트리온 이전 회사들은 바이오시밀러 사업 자체를 생각하지 않았죠. 바이오시밀러는 오리지널 의약품과 같이 임상시험을 처음부터 해야 하기 때문에 개발 비용이 높아져 경쟁력을 지니기 어려울 수 있다는 판단에서였습니다. 하지만 셀트리온은 효능과 안전성이 보장돼 개발 확률이 높다는 점을 십분 활용했습니다. 의약품 용량 등을 정하는 임상 2상이 면제된다는 것도 고려했죠.

남들이 가지 않은 길을 어렵사리 헤쳐온 셀트리온은 끝내 창업 초기 포부처럼 바이오시밀러 시장의 길잡이가 됐습니다. 업계에선 바이오시밀러 글로벌 1위가 된 셀트리온의 성공을 제네릭(합성의약품 복제약)을 기반으로 글로벌 제약사로 도약한 이스라엘 테바에 견주기도 합니다. 현재는 테바보다 셀트리온의 기업 가치가 더 높습니다. 바이오 의약품 시장 규모와 기술력 측면에서 화학식을 그대로 복제해 만드는 제네릭보다 진입 장벽이 높다는 게 전문가들의 설명입니다.

🦠 램시마 성공으로 영업이익 1조 원 달성

자가면역 질환 치료제인 램시마는 유럽과 미국 시장에 출시돼 승승장구하고 있습니다. 출시 5년 만인 2017년 유럽 시장에서 오리지널 의약품을 개발한 존슨앤드존슨의 레미케이드를 앞질렀습니다.

자가면역 질환에 대해서 잠깐 알아보겠습니다. 염증은 외부에서 유입된 물질로부터 신체를 방어하는 정상적인 면역 반응입니다. 하지만 면역 반응이 정상 범주를 넘어서면 문제가 됩니다. 면역 체계의 균형이 깨지면 외부 물질이 아닌 신체 자체를 공격하게 됩니다. 염증이 지속되면 만성 염증성 질환(자가면역 질환)이 되는 것입니다.

과도한 염증이 소화기계에 발생할 경우 크론병이 됩니다. 궤양성 대장염도 일어납니다. 관절에 발생할 경우 류마티스성 관절염, 강직성 척추염, 건선성 관절염이 되죠. 피부에 발생할 경우 건선 등으로 나타납니다. 면역체계에 이상이 생겨 발병하는 사람을 위해 자가면역 질환 치료제가 사용됩니다.

2022년 영업이익 2조 원 목표

셀트리온은 그룹 차원에서 국내 바이오 기업으로는 처음으로 영업이익 1조 원을 넘길 것으로 전망됩니다. 코로나19 대유행 영향 등으로 대다수 기업이 실적 부진을 겪고 있는 것과는 대조적인 성장세입니다. 특히 전체 산업으로 범위를 넓혀봐도 2019년 영업이익 1조 원을 넘긴 그룹은 삼성, SK, 현대자동차, 롯데, LG, GS 등 여섯 곳에 그칩니다.

에프앤가이드에 따르면 2021년 셀트리온과 셀트리온헬스케어 영업이익 총합은 1조 1,396억 원(2021년 1월 22일 기준)을 기록할 것으로 전망됐습니다. 셀트리온의 영업이익 전망치는 76,478억 원으로 전년(3,781억 원)보다 102% 늘 것으로 추정됩니다.

도표 3-6 2020년 셀트리온 주가그래프

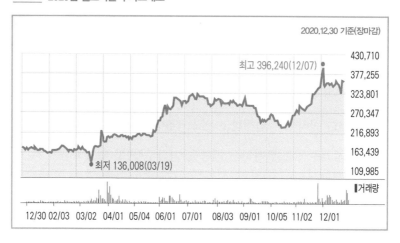

초고속 성장 요인은 블록버스터 바이오 의약품을 복제한 바이오시 밀러에 머물던 셀트리온이 신약에 준하는 제품으로 새 시장을 개척한 영향이라는 분석입니다.

셀트리온그룹 매출은 류머티즘관절염 등 자가면역 질환 치료제 램 시마, 혈액암 치료제 트룩시마, 유방암 치료제 허쥬마 3종의 바이오시 밀러에서 대부분이 나옵니다. 이 중 램시마와 트룩시마는 이미 유럽 시장에서 오리지널 의약품인 존슨앤드존슨의 레미케이드와 로슈의 맙테라를 넘어섰죠. 오리지널 의약품과 비슷한 약효를 내지만 30% 낮은 가격으로 승부를 본 전략이 통한 것입니다.

2015년 유럽에 출시된 램시마는 4년 만에 레미케이드를 넘어섰습 니다. 의료 정보 제공 업체 아이큐비아에 따르면 2020년 1분기 기준 으로 램시마와 피하주사 제형인 램시마SC의 점유율은 57%를 기록 중입니다. 램시마 출시 첫해 89%에 달했던 레미케이드의 유럽 시장 점유율은 28%까지 떨어졌습니다.

램시마SC는 셀트리온 성장의 견인차가 될 전망입니다. 인플릭시맙 성분의 약물 중 유일한 피하주사 제형입니다. 병원을 찾아 1~2시간 동안 맞아야 하는 정맥주사 제형을 업그레이드한 제품입니다. 미국과 일본에서는 신약으로 인정받고 있죠. 레미케이드를 개발한 존슨앤드존슨은 정맥주사로 투여하는 제품을 피하주사 형태로 바꾸는 데 실패했습니다. 셀트리온은 2038년까지 특허를 보유합니다. 셀트리온은 이 제품이 2022년 연매출 1조 원을 넘길 것으로 기대하고 있죠. 한국 최초로 매출 1조 원을 넘기는 글로벌 블록버스터 신약이 될 가능성이 높습니다.

⚕ 트룩시마, 미국에서 19% 점유

트룩시마도 성장세가 가파릅니다. 출시 첫해인 2017년 유럽 시장에서 20%의 점유율을 기록한 트룩시마는 오리지널 의약품인 맙테라 (78%)에 한참 뒤처졌죠. 하지만 이듬해 점유율 64%를 차지해 28%를 기록한 맙테라를 앞질렀습니다. 트룩시마의 점유율은 68%를 기록 중입니다. 허쥬마는 유럽 시장에서 2020년 1분기 점유율 19%를 기록했습니다.

전망도 밝습니다. 2021년엔 유럽에 이어 미국 FDA에서도 램시마, 트룩시마, 허쥬마 3종 모두 허가를 받고 판매에 속도를 내고 있습니다. 미국은 세계 바이오 의약품 매출의 50% 이상을 차지하는 최대 시장이죠. 2019년 11월 미국에서 판매를 시작한 트룩시마는 2020년 7월 기준 점유율 19%로 3위에 올랐습니다.

퍼스트 무버(시장 개척자)의 이점을 살려 시장을 선점한 것이 그 성공 요인으로 꼽힙니다. 셀트리온헬스케어 관계자는 "저렴한 가격을 무기로 시장에 먼저 뛰어들면 혁신적인 경쟁 제품이 나오지 않는 한 선점 효과를 계속 누릴 수 있다"며 "처방이 늘수록 환자 데이터를 더 많이 축적할 수 있는 것도 강점으로 작용한다"고 설명합니다.

후발 주자로 바이오시밀러 시장에 뛰어들고 있는 대형 제약사들은 이런 점 때문에 사업 규모를 줄이고 있습니다. 다국적 제약사 화이자는 전임상 단계에 있던 다섯 개 바이오시밀러 개발을 최근 중단했습니다. 암젠은 레미케이드에 대한 바이오시밀러 유럽 허가를 철회했죠.

시간이 지날수록 파이프라인 개발 비용이 낮아지는 것도 영업이익 증가에 영향을 미칩니다. 셀트리온 측은 과거 한 개 제품 개발을 위해선 3,000억~4,000억 원이 들었지만 최근엔 1,000억 원 미만이 든다고 합니다.

제품 수율이 높아지는 것도 긍정 요인입니다. 2017년 램시마는 전사적으로 배양 조건과 원재료 배합 최적화에 나서면서 제품 영업이익을 10% 정도 높였죠. 현재 트룩시마와 허셉틴에 대한 수율 향상 작업이 진행 중입니다.

🎞 주가 상승은 실적이 뒷받침돼야 한다

2018년과 2019년 바이오시밀러 경쟁 심화에 따른 가격 하락으로 셀트리온 주가는 조정을 받았습니다. 2020년엔 반등할 것이란 기대감이 높았죠. 하지만 코로나19 확산으로 금융 시장이 조정을 받자 셀트리온도 13만 6,000원까지 급락했습니다.

코로나19 팬데믹 상황은 셀트리온에 위기가 아닌 기회로 다가왔습니다. 코로나19로 실업률이 증가하고 경기 침체가 이어지면 가격 경쟁력이 있는 바이오시밀러 수요가 늘어날 것이란 분석 때문입니다. 램시마SC 역시 병원에 가지 않고 맞을 수 있다는 점에서 오히려 수혜 기업으로 떠올랐습니다.

2020년 11월엔 코로나19 치료제 렉키로나 개발 성공에 대한 기대감으로 주가는 다시 한 번 급등했죠. 2020년 저점 대비 약 세 배 이상 올랐습니다.

하지만 2021년은 실적 성장 추세가 뒷받침돼야 주가가 오를 수 있다는 평가입니다. 증권가에선 셀트리온의 2021년 예상 매출 성장률을 25% 안팎으로 예상합니다. 2020년 65%보다 40%포인트 낮아진 겁니다. 2021년 영업이익 성장률은 전년 대비 약 27% 성장할 것으로 추정됩니다. 2020년 두 배 이상 성장했던 분위기와는 조금 다릅니다.

바이오시밀러 시장은 후발 주자들의 진입이 계속돼 경쟁은 더욱 심해질 것으로 예상합니다. 한 바이오 펀드매니저는 "경쟁 심화로 실적에 대한 우려가 발생한다면 20만~25만 원 선까지 조정을 받을 가능성도 있다"고 말했습니다. 코로나19 치료제 개발과 같은 호재도 차츰 없어집니다.

가장 큰 변화는 셀트리온을 이끌던 서 회장이 2020년 말을 끝으로 회사를 떠났다는 겁니다. 2021년엔 피 한 방울로 집에서 건강을 확인할 수 있는 원격 의료 기반의 헬스케어 회사를 창업할 예정입니다. 서 회장은 필자와 만나 "셀트리온엔 최대한 영향을 주지 않으려 한다"고 말했습니다.

2021년은 서 회장이 회사를 떠난 첫해입니다. 서 회장은 "그룹이 이미 시스템화되어 있기 때문에 (본인의 은퇴가) 큰 영향이 없을 것"이라고 하지만 선장이 떠난 '셀트리온호'에 대한 우려가 나옵니다.

희망도 있습니다. 일각에선 셀트리온그룹 영업이익이 2021년 2조 원을 넘을 수도 있을 것이란 예상이 나옵니다. 미국 시장 점유율 상승 덕분이죠. 셀트리온 내부에서도 이런 가능성이 터무니없다고 보지 않습니다. 관건은 렉키로나가 유럽·미국에서 허가를 받고 얼마나 많이 팔리느냐에 달려 있습니다. 유럽에선 상반기 내엔 조건부허가를 받을 가능성이 높습니다. 현재 증권사들은 셀트리온과 셀트리온헬스케어가 2021년 1조 4,896억 원의 영업이익을 낼 것으로 보고 있습니다.

DNA와 RNA 모두 핵산(nucleic acid)으로 불리는 유전 물질의 일종입니다. 핵산은 뉴클레오타이드(nucleotide)의 조합으로 이뤄져 있는데요. 핵산은 이 뉴클레오타이드들이 선 형태로 이어진 사슬 모양을 하고 있습니다. 핵산은 유전 정보의 저장, 전달, 발현을 결정합니다. 어떠한 단백질을 생산할지에 대한 정보가 이 핵산에 담겨 있죠.

DNA는 뉴클레오타이드 조합이 이중나선 모양을 이루고 있는 거대 분자입니다. DNA는 두 가닥으로 이뤄져 있습니다. 복제가 이뤄질 때 세포핵 속 DNA는 평소 꼬여 있던 두 가닥이 풀리면서 한 가닥 2개로 나뉘게 됩니다. 이 한 가닥에 대응하는 뉴클레오타이드들이 달라붙어 또 다른 한 가닥이 새로 만들어지게 됩니다. 새로 만들어진 한 가닥이 떨어지면 기존에 있던 한 가닥 DNA 2개는 되감기면서 다시 두 가닥이 됩니다.

이때 새로 만들어진 한 가닥 DNA를 가리키는 용어가 RNA입니다. RNA는 세포핵에서 빠져나온 뒤 리보솜이란 물질을 통해 단백질을 합성하게 되는데요. 이 단백질에 대한 정보를 리보솜에 전달하는 역할을 하는 RNA를 전령 RNA(messenger RNA), 즉 'mRNA'라고 부릅니다. 우리 몸 전반에 대한 정보를 담고 있는 게 DNA라면 mRNA는 DNA가 가진 정보 중 특정 단백질에 대한 내용 일부를 복사한 설계도로 보면 됩니다.

모더나, 화이자에서 공급하는 코로나19 백신은 mRNA를 이용합니다. 이 백신은 코로나 바이러스 단백질과 유사한 모양의 단백질에 대한 설계도가 담긴 mRNA를 사람의 세포에 주입하는 방식입니다. mRNA가 만들어낸 단백질에 맞서 싸우면서 면역세포들이 코로나 바이러스에 대한 대응 능력을 키우게 되는 것이죠.

mRNA가 아닌 DNA를 사람 세포에 넣는 방식으로도 백신 개발이 가능합니다. 다만 DNA 백신은 투여 방법이 까다롭습니다. 백신 속 DNA가 세포막을 뚫고 세포핵 안으로 들어가야 효과가 나기 때문입니다. 이 때문에 진원생명과학, 제넥신 등 DNA 백신 개발사는 각기 다른 투여 방식으로 코로나19 백신 임상을 진행 중입니다.

에스티팜

RNA 치료제 원료
'올리고뉴클레오타이드' 생산 기업

에스티팜은 RNA 치료제의 원료를 만드는 CMO 회사입니다. 특히 다국적 제약사인 노바티스의 고지혈증 치료제 인클리시란의 원료를 만들어 주목을 받고 있습니다.

에스티팜은 단순한 원료 의약품 생산 회사는 아닙니다. 인클리시란이란 신약을 개발하는 초기부터, 즉 임상 1상부터 깊이 관여를 했습니다. 품질 분석이나 문서화 작업, 제품 상업화까지 전반적인 연구 개발을 함께한 것이죠. 예를 들어 어떻게 하면 원료를 대량 생산할 수 있을지, 제품 생산에 차질이 없도록 원료 생산 스케줄을 짤지 등이 임상 과정에서 연구됩니다. 이런 회사를 위탁연구개발생산(CDMO) 회사라고 합니다.

신약 물질을 가진 회사로부터 설계도를 받아 의약품을 위탁 생산하는 CMO와는 조금 결이 다릅니다. 합성 의약품의 원료를 생산하는 업종은 진입 장벽이 낮아 부가가치가 높지 않습니다. 인건비가 낮은 중국과 인도가 강세를 보이고 한국 업체들은 고전하는 분야입니다.

CDMO 회사는 다릅니다. 더 나아가 RNA 치료제 원료는 고도의 기술력이 요구됩니다. 인클리시란의 원료를 생산할 수 있는 회사가 세 개밖에 없는 이유죠.

에스티팜은 2019년 스페인과 스위스에 있는 비임상 CRO 회사를 인수해 사업 영역도 넓혔습니다. 코로나19 대유행 이후 CRO 회사들이 밀려드는 일감에 실적이 부쩍 좋아지고 있습니다.

'올리고'에 걸린 회사 명운

에스티팜은 동아쏘시오홀딩스의 자회사입니다. 삼천리제약이 전신이죠. RNA 치료제 원료인 올리고뉴클레오타이드를 만드는 게 이 회사의 가장 큰 업무가 됐습니다.

이 회사는 원래 미국 제약사 길리어드사이언스의 C형 간염 치료제(소발디)에 원료를 납품해 큰 수익을 올렸던 회사입니다. 2016년 상장한 에스티팜 매출이 이듬해 정점을 찍었던 이유죠. 2017년 매출 2,028억 원에 영업이익은 618억 원을 기록했습니다. 주가도 최고점이었습니다.

신약 효능이 좋았던 게 치명타였습니다. C형 간염의 완치율이 급증했죠. 이후엔 약 자체가 팔리지 않게 됐습니다. C형 간염이란 질병 자체가 거의 사라진 것입니다. 당연히 원료 매출도 급감했습니다. 2019

년 영업 적자 267억 원이란 최악의 성적표를 받은 이유입니다. 인터뷰를 진행한 김경진 에스티팜 대표 역시 "C형 간염 치료제 매출에 지나치게 의존한 측면이 있다"고 했습니다.

에스티팜은 절치부심했습니다. 후속 주력 상품으로 올리고뉴클레오타이드를 개발하기 시작한 이유입니다. 노바티스와 곧바로 손을 잡았습니다. 수년간의 노력과 인내가 2021년엔 본격적인 성과로 이어질 전망입니다. 인클리시란 시판이 2021년엔 진행될 예정이기 때문이죠.

🧬 차세대 치료제에 도전, 2021년은 도약 원년

에스티팜을 이해하기 위해선 RNA 치료제가 무엇인지 알아야 합니다. RNA 치료제는 저분자 화학합성 의약품(1세대)과 항체 치료제(2세대)에 이은 제3세대 치료제로 불립니다. RNA를 이용한 치료제에는 크게 두 가지 방향이 있습니다. 미국 모더나와 화이자ㆍ바이오엔테크의 mRNA 백신과 작은 RNA 조각을 이용해 잘못된 단백질의 발현을 막는 RNA 치료제입니다. 에스티팜이 원료를 만드는 분야는 RNA 조각을 이용한 치료제입니다.

RNA 치료제를 좀 더 자세히 볼까요. 세포 안에는 우리 몸에 필요한 여러 단백질을 합성할 수 있는 '소스 프로그램'인 DNA가 있습니다. RNA는 DNA가 가진 정보를 그대로 복사한 일종의 '복사본'입니다. 보통 DNA에 문제가 있으면 그 복사본인 RNA에도 문제가 생깁니다. 엉뚱한 단백질을 만들거나, 필요한 단백질을 덜 만드는 등 문제를 일으킵니다. RNA 신호는 핵 밖으로 나와 리보솜과 결합해 단백질을 만듭니다. 여기서 질병이 일어날 수 있습니다.

RNA 조각 치료제는 복사본인 RNA에 접근해 이상한 단백질을 만들지 못하게 하거나 정상적인 기능을 하는 단백질을 발현시키도록 돕는 것입니다. DNA가 잘못돼 생기는 질병은 모두 고칠 수 있는 셈이죠. 이론적으론 그렇습니다. 이 때문에 그동안 저분자 의약품으로 해결하지 못했던 난치성 질환이나 유전 질환을 치료할 수 있는 새로운 다크호스로 떠올랐습니다.

이미 개발된 RNA 치료제 역시 대부분 희귀 질환 치료제입니다. FDA의 판매 허가를 받은 RNA 치료제는 미국 사렙타의 '엑손디스 51', 아이오니스의 '스핀라자', 앨나일람의 '온파트로' 등 7개입니다. 엑손디스 51의 적응증은 근육 줄기세포의 재생 능력에 문제가 생겨 근육이 약화되는 유전병 '뒤셴 근이영양증'(DMD)이죠. 스핀라자는 퇴행성 신경 질환인 척수성 근위축증(SMA), 온파트로는 말초신경병증인 유전성 트랜스티레틴 아밀로이드증(hATTR) 치료제로 분류됩니다.

최근엔 RNA 치료제가 희귀 질환에만 머물지 않고 근육 질환, 심혈관 질환 등 다양한 적응증으로 범위를 넓히고 있습니다. 고지혈증 치료제 인클리시란 역시 영역 확장의 결과물입니다. 이뿐만이 아닙니다. RNA 기반 백신과 코로나19 진단키트에도 올리고뉴클레오타이드 원료가 들어갑니다.

올리고 시장의 최강자 에스티팜

많이 돌아갔네요. 에스티팜은 인클리시란의 원료 올리고뉴클레오타이드를 생산한다고 말씀드렸습니다. FDA 최종 허가를 기다리고 있죠. 2021년엔 시판될 가능성이 높습니다.

에스티팜과 같은 CDMO 회사는 인클리시란 임상부터 원료 생산에 깊이 관여했습니다. 노바티스 입장에서도 원료 부족이나 원료의 질이 떨어져 생산에 차질을 빚는 걸 원치 않기 때문에 안정적인 CDMO 회사를 자기편으로 만듭니다. 한 배를 탄 것이죠. 자연스럽게 임상부터 참여한 회사들이 원료를 과점하게 됩니다. 한 배를 탄 이들은 일본의 니코덴코아베시아와 애질런트테크놀로지, 그리고 에스티팜입니다.

에스티팜은 인클리시란 생산 물량을 대기 위해 2018년 안산 반월 공장을 증설했습니다. 현재 생산 규모는 약 750~800kg 수준입니다. 총 4층 공장인데 1~2층밖에 쓰지 않고 있습니다.

2020년 말엔 기존 건물 3~4층에 증설을 하겠다고 발표했습니다. 스위스의 로슈가 이 회사의 증설 비용을 투자했습니다. 증설된 시설에선 B형 간염 치료제 원료가 만들어집니다. 원료가 안정적으로 공급될 수 있도록 일종의 하청 업체에 직접 투자를 한 것으로 업계에선 보고 있습니다. 올리고뉴클레오타이드를 활용한 B형 간염 치료제 시장은 치열한 상황입니다. 글로벌 제약사들이 앞다퉈 신약을 개발하고 있는 상황이죠. 원료에 대한 수요가 그만큼 높다 보니 하청 업체가 갑이 된 상황입니다. 정보기술(IT) 분야의 강자 애플이 한국 등 부품 납품 업체에 생산 시설 투자를 대신 해주고 안정적으로 부품을 공급받는 구조와 같습니다. 한국 바이오 기업에선 이 같은 증설 투자가 처음입니다. 그만큼 회사의 가치를 높게 본 것입니다.

기존 공장 이용 및 증설을 하다 보니 공사 기간도 짧습니다. 2022년 초 완공이 예상됩니다. 경쟁 업체인 애질런트테크놀로지의 증설 완공 시기(2023년 초)보다 빠릅니다. 2022년 초 에스티팜은 연 2,000kg가량의 올리고뉴클레오타이드를 생산할 수 있게 됩니다. 두 경쟁사의 생산량은 각각 1,000kg 수준입니다. 글로벌 1위 올리고뉴클레오타이드에 오를 수 있는 겁니다.

노승원 맥쿼리투신운용 펀드매니저는 "임상 단계부터 올리고뉴클레오타이드 생산을 준비했던 세 개 회사가 신약 시판 후 초기 물량을 그대로 가져갈 가능성이 높다"고 분석합니다.

김 대표 역시 자신감이 넘칩니다. 김 대표는 이를 라면에 비유합니다. 그는 "라면 한 개를 끓이는 건 누구나 할 수 있다"며 "다만 1,000개를 한 번에 끓이려면 그에 맞는 레시피와 노하우를 갖고 있어야 하고, 에스티팜은 수년 동안 여기에 매달렸다"고 말합니다. 올리고뉴클레오타이드 치료제 시장은 2024년 36조 원으로 늘어납니다. 추가 증설을 통해 영역 확장에도 나설 수 있는 것입니다.

에스티팜은 2022년 상반기까지 생산할 수 있는 수주를 이미 다 받았습니다. 다시 말해 2021년과 2022년의 매출과 영업이익은 어느 정도 가늠할 수 있다는 얘기입니다.

도표 3-7 에스티팜 '올리고' 수주 현황 (단위: 억 원)

수주 시기	적응증	수주 총액	수주 잔고
2017년 11월	헌팅턴병	133	0
2019년 3월	심혈관 질환	89	0
4월	B형 간염	83	83
11월	혈액암	147	147
11월	심혈관 질환	38	0
11월	심혈관 질환	52	52
2020년 4월	자폐	65	65
5월	B형 간염	39	39
6월	헌팅턴병	286	286
9월	고지혈증	438	438
설비 투자 지원 2020년 1월	미정	754	754
합계		2,124	1,864

※적용 환율: 1,130/USD
자료: 에스티팜

도표 3-8 2020년 에스티팜 주가그래프

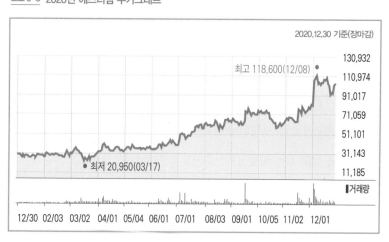

코로나19 1차 대유행 당시 2만 원 초반까지 떨어졌던 이 회사 주가는 여름 이전까지 3만~4만 원을 횡보했습니다. 이후 인클리시란의 원료 올리고뉴클레오타이드의 생산이 가시화되면서 우상향 곡선을 보였습니다.

이 회사 주가 추이는 인클리시란 매출과 판매 시기 등과 연관이 될 것으로 보입니다. 기존에 승인받은 비슷한 약물은 암젠의 레파타와 사노피의 프랄런트가 있습니다. 각각 2015년 7월과 9월에 FDA 허가를 받았죠. 두 제품은 피하주사로 2~4주마다 투여해야 합니다.

인클리시란은 일 년에 두 번 주사하는 방식입니다. 편의성이 높습니다. 기존 치료제를 대체할 가능성이 높습니다.

코로나19의 최대 수혜자

에스티팜은 제3의 성장 동력 찾기에도 나서고 있습니다. mRNA를 이용한 백신 CDMO 사업에 진출한 것이 대표적입니다. mRNA 방식의 코로나19 백신이 처음으로 시판되는 등 달라진 바이오 업계 흐름에 올라탄 것입니다. 처음 화학합성 의약품 CDMO에서 시작해 유전자 치료제와 백신 분야까지 영역을 넓힌 것입니다.

이 회사는 mRNA 기반 코로나19 백신 위탁 생산도 가능하다고 말합니다. 글로벌 제약사의 기술이전이 전제입니다. SK바이오사이언스 등도 다국적 제약사 아스트라제네카의 백신 CMO를 할 때 기술이전을 받아 생산하고 있습니다. 이 회사는 2021년까지 mRNA 백신 생산 설비를 구축할 예정입니다. 한국 국민이 맞을 수 있는 분량은 만들 수 있다고 합니다.

mRNA 백신 시장이 만들어지면서 관련 연구 개발 프로젝트의 수주가 예상됩니다. 자체 신약 파이프라인도 있습니다. 에이즈 치료제 STP0404의 유럽 1상 중간 결과와 경구용 대장암 치료제 STP1002의 미국 1상 데이터 발표가 나옵니다.

🧫 의외의 효자인 CRO

CRO 자회사들은 의외의 효자가 될 수 있습니다. 에스티팜은 비난을 감수하고 2019년 독성병리 분야 유럽 최대의 비임상 CRO 업체를 인수했습니다. 스페인에 있는 비임상 동물 실험 CRO 업체도 인수했죠. 기관 투자가들은 크게 실망했습니다.

주가 하락으로 이어지기도 했습니다. 적자 기업이 또 다른 적자 기업을 인수하는 모습을 다들 의아하게 여겼다고 합니다. 그럼에도 김 대표는 옥중에 있는 강정석 동아쏘시오홀딩스 회장을 설득해 결국 인수에 성공했습니다.

우려와 달리 이 회사들이 코로나19 대유행 이후 쉴 틈 없이 바쁘다고 합니다. 김 대표는 "유럽 내 주요 제약사들과 바이오 기업이 코로나19 치료제 개발을 위해 실험을 맡기고 있다"며 "코로나19 치료제를 만들기 위해선 CRO를 꼭 거쳐야 하니 치료제 시장이 커질수록 이익도 늘 것"이라고 내다봤습니다.

김 대표는 여기서 한 발 더 앞서 보고 있습니다. 현재 수많은 제약사들이 코로나19 치료제·백신 개발에 뛰어들다 보니 CRO 회사에 실험을 맡기기 어려운 상황이라고 합니다.

수개월을 기다려야 간신히 실험을 할 수 있을 정도죠. 비임상 시험을 통과하지 못하면 1상에도 진입을 할 수가 없습니다. 본격적인 임상 실험에 들어가기 전 동물 등을 대상으로 신약 후보 물질에 대한 유효성이나 독성 등을 알아보는 단계, 즉 첫 관문이기 때문이죠.

김 대표는 "CRO와 CDMO 등을 원스톱으로 서비스할 수 있는 회사는 많지 않다"며 "신약 개발 기간을 최소 수개월을 앞당길 수 있다"고 말합니다.

2021년 이후가 더 기대

시가총액 1조 원을 오가던 이 회사 주가는 2020년 연말 다시 한 번 가파른 상승세를 보였습니다. 6만 원 안팎에서 한때 11만 원을 넘어서기도 했습니다. 시가총액은 2조 원을 넘었습니다.

제3의 성장 동력 찾기에 나선 회사의 전략이 먹힌 겁니다. mRNA를 이용한 백신과 치료제 CDMO 사업에 진출한 것이죠. 미국 화이자, 모더나 등의 mRNA 백신을 생산할 수 있습니다. 기존에 기대했던 사업 영역에 새로운 분야가 더해지면서 주가가 한 단계 더 상승한 겁니다.

2021년 하반기엔 월 20만 도즈 생산이 가능합니다. 증설을 하기 때문이죠. 2021년 6개월 동안 생산할 수 있는 백신의 양은 120만 도즈로 금액 기준으로 500억 원 정도 됩니다. 영업이익률은 50% 정도로 250억 원의 이익을 낼 수 있습니다. 2021년엔 mRNA 백신 CMO 등으로 흑자 전환할 것이란 게 증권가의 예상입니다.

2022년 이후에 큰 폭의 영업이익을 낼 전망입니다. 에프앤가이드에 따르면 2022년 증권사 평균 영업이익 전망치는 199억 원입니다(2020년 12월 7일 기준). 같은 날 시가총액은 2조 원을 조금 웃돌고 있습니다. 주가수익비율(PER)이 약 100배 수준입니다. 한 바이오 투자 전문 펀드매니저는 "2022년 영업이익을 기준으로 PER이 100배 수준"이라며 "같은 시기 셀트리온의 2022년 PER 57배보다는 조금 높고 삼성바이오로직스(118배)보단 낮다"고 말합니다.

CDMO 회사의 경우 개발 중인 신약 임상에 문제가 생길 경우 주가가 급락하는 모습을 보입니다. 앞으로 매출이 늘 것으로 기대를 했는데, 매출 자체가 없어져버릴 수 있는 것이죠. 만약 노바티스의 인클리시란 허가에 문제가 생기거나 일정에 차질이 빚어지면 주가가 하락할 수 있습니다.

세균과 바이러스는 모두 감염병을 일으킬 수 있는 병원체의 일종입니다. 하지만 둘은 엄연히 다릅니다. 세균은 생물의 일종입니다. 스스로 번식이 가능하고 에너지를 만들어내며 진화합니다. 바이러스는 생물로 보기 어렵습니다. 에너지를 만들고 외부 환경에 적응하며 진화하지만 스스로 번식이 불가능하기 때문입니다.

세균은 환경만 적당하면 빠른 속도로 증식합니다. 더운 날씨에 음식이 빨리 상하는 건 음식에 있는 세균이 고온다습한 환경을 만나 영양분이 되는 음식을 빠르게 분해하면서 독소를 찌꺼기로 내놓기 때문입니다. 세균 속엔 세포막, 세포벽, 핵, 단백질 등이 있습니다. 사람은 세포들의 수가 매우 많이 있는 생물인 것이죠. 효모, 곰팡이, 버섯이 포함된 진균과는 구별해야 합니다. 진균은 핵이 핵막으로 둘러싸여 있는 진핵생물이지만 세균은 핵 구분이 따로 없는 원핵생물입니다.

바이러스는 보통 크기가 세균의 1,000분의 1 수준에 불과합니다. 단백질이 DNA나 RNA 같은 유전 물질을 감싸고 있는 구조입니다. 바이러스는 직접 번식이 어려워 숙주 세포를 이용해 그 수를 불립니다. 바이러스는 세포막을 뚫고 세포 안에 유전 물질을 삽입합니다. 그리고는 숙주 세포를 이용해 자신의 유전 물질을 복제합니다. 복제된 바이러스는 숙주 세포를 뚫고 밖으로 나오게 됩니다.

둘 모두 마냥 해롭기만 한 것은 아닙니다. 특히 세균은 우리 몸에 유익한 기능을 하기도 합니다. 우리 장 속에서 '마이크로바이옴'으로 불리는 미생물 환경을 조절하는 데 기여하는 유산균도 세균의 일종입니다. 장 건강에 좋은 유산균을 이용해 면역력을 향상시켜 신약을 만드는 연구도 진행 중입니다. 고바이오랩은 2020년 8월 마이크로바이옴 기반 면역 피부 질환 치료제로 미국 임상 2상 시험 계획을 승인받았습니다. 지놈앤컴퍼니는 마이크로바이옴 기반 면역항암제를 개발하기 위해 미국, 한국에서 임상 1상을 진행 중입니다. 보톡스의 원료로 쓰이는 보툴리눔 톡신도 세균의 일종인 보툴리눔균에서 나온 독소를 희석해 만든 겁니다.

바이러스도 이롭게 쓰일 수 있습니다. 세균을 숙주로 삼는 바이러스인 박테리오파지가 대표적입니다. 독성을 없앤 바이러스를 트럭처럼 활용해 유전 물질을 탑재하는 식으로 백신이나 유전자 치료제를 개발하는 연구도 진행되고 있습니다. 아스트라제네카와 존슨앤드존슨이 개발한 코로나19 백신은 아데노바이러스를 전달 물질로 쓰고 있습니다.

녹십자

코로나19 백신 CMO, 그리고 혈장 치료제 'GC5131'

GC녹십자는 혈액 제제와 백신 위주로 성장한 제약사입니다. 2019년 1조 3,697억 원의 매출을 올리며 유한양행(1조 4,804억 원)에 이어 매출 규모론 국내 2위에 올랐습니다. 해마다 매출이 오르며 굳건한 성장세를 유지하고 있습니다. 2020년엔 코로나19 혈장 치료제를 개발하며 항체 치료제를 개발 중인 셀트리온과 함께 세계적인 감염병에서 한국을 지키는 방역의 한 축이 됐습니다.

GC녹십자는 2020년 10월 CEPI 지원사가 개발하는 백신의 완제 공정을 담당하는 계약도 체결했습니다. 치료제, 백신 양쪽 모두 관여하고 있는 회사는 많지 않습니다. 이 회사는 혈액 제제, 유전자재조합 제제, 백신 등 기존 제품군의 제품 개발과 판매를 지속하면서 백신 CMO로 사업 영역을 넓히고 있습니다.

우선 코로나19 백신 CMO 부문은 이 회사를 영업이익 '1조 클럽'에 올려놓을 수 있다는 게 업계의 일반적인 평가입니다. GC녹십자가 생산할 것으로 알려진 코로나19 백신 물량은 5억 도즈입니다. CEPI는 2020년 10월 GC녹십자, 스페인 바이오파브리와 코로나19 백신 10억 도즈에 대한 CMO 계약을 체결했습니다. GC녹십자는 2021년 3월부터 2022년 5월까지 1년 2개월간 5억 도즈의 완제 공정을 맡게 됨과 동시에 CEPI에서 투자를 받게 됐습니다. CEPI는 세계적으로 유행하는 감염병에 대응하기 위해 2017년 출범한 국제 민간 기구입니다. SK바이오사이언스도 CEPI를 통해 백신 CMO 계약을 따낸 바 있습니다.

업계에선 CEPI를 통해 백신 5억 도즈 생산이 모두 이뤄질 경우 백신 완제 공정을 담당하는 제약사가 5,000억~1조 5,000억 원 수준의 영업이익을 얻을 수 있을 것으로 전망하고 있습니다. GC녹십자 관계자는 "백신 5억 도즈의 완제 공정을 통해 한 도즈당 1~3달러의 이윤을 남길 수 있다"며 "코로나19 사업에서도 비슷한 수익을 낼 수 있을 것"이라고 말한 바 있습니다. GC녹십자는 이미 제작된 백신 원액을 들여와 충북 청주시 오창읍에 있는 공장에서 충전, 포장을 거쳐 완제품으로 만들 예정입니다.

GC녹십자는 화순과 오창에 흩어져 있던 백신과 혈액 제제의 완제 공정 시설을 하나로 합쳐 CMO 사업도 진행할 수 있는 통합완제관

기관	사용 기술	현황
모더나	mRNA 백신	상용화
아스트라제네카, 옥스퍼드대	아데노바이러스벡터 백신	영국·미국 시판
노바백스	재조합단백질 백신	임상 3상 중
큐어백	mRNA 백신	임상 3상 중
이노비오	DNA 백신	임상 2상 중
클로버바이오	단백질 백신	임상 1상 완료
퀸즈랜드대	재조합단백질 백신	임상 1상 후 개발 완료
파스퇴르연구소, 테미스바이오, 머크	홍역백신벡터 백신	전임상 단계
홍콩대	생독감 백신	전임상 단계

자료: CEPI, WHO

시설을 2020년 완공했습니다. 이 통합완제관은 하루 8시간 가동 시 추가 시설 투자 없이도 연간 10억 도즈의 백신을 생산할 수 있다고 합니다. 설립 당시부터 CMO 사업 수주를 고려해 생산 능력을 확보 했습니다. 기존 백신 생산량인 연간 2억~3억 도즈가량을 빼면 연간 7억~8억 도즈 수준으로 코로나19 백신 생산이 가능한 것이죠. 2020년 5월 디엠바이오와 업무 협약을 맺고 CMO 사업 진출을 위한 발판을 마련하기도 했습니다.

2020년 12월 말 기준 구체적인 정식 계약은 체결되지 않은 상황입니다. 본 계약이 체결되는 경우 그 시기는 2021년 초가 될 것이라는 게 업계 예측입니다. CEPI와 계약을 맺은 백신 개발 업체는 CEPI를 통해 GC녹십자 등 완제 공정을 담당하는 업체와 계약을 맺게 됩니다. CEPI에서 지원하는 코로나19 백신 개발사 및 개발 기관은 모두 9곳입니다. 미국의 모더나, 노바백스, 이노비오, 영국의 아스트라제네카, GSK, 독일 큐어백 등이 포함돼 있습니다.

다만 여러 백신 개발 회사가 녹십자에 CMO를 제안하고 있다고 합니다. 계약이 문제가 아니라 이들의 요구를 얼마나 효율적으로 들어줄지 선별해 생산 계획을 짜고 있습니다. 또 2021년 한 해에 백신 생산을 끝내는 게 아닙니다. 코로나19 바이러스가 독감처럼 매년 발생할 것으로 생각하고 2023~2024년 생산 계획까지 짜고 있습니다. 녹십자는 2021년 2월 질병관리청이 공고한 '모더나 백신 허가 및 국내 유통 사업자'로 선정되기도 했습니다. CEPI 계약과는 별개로 이뤄진 건입니다.

GC녹십자는 콜드체인 시설도 구비하고 있어 영하 20도 내외에서 저장해야 하는 모더나 백신 완제에 큰 어려움이 없을 것으로 전망됩니다. 통합완제관에서 추가 인력이나 설비 투자 없이 자동화 공정을 통해 백신 생산이 가능하다는 점도 긍정적입니다. CEPI 지원을 받은 백신 개발사 중 백신 개발을 완료한 또 다른 기업인 아스트라제네카는 SK바이오사이언스에서 생산을 일부 담당하고 있습니다.

추가 백신 수주 가능성도 있습니다. GC녹십자는 생산 시설을 모두 가동하면 연 80억 도즈까지 백신을 생산할 수 있습니다. CMO 여력이 충분한 만큼 콜드체인 시설이 필요한 백신, 치료제를 공급할 수 있다는 게 회사 측의 설명입니다. 정부가 백신 공급을 협상 중인 노바백스는 2021년 1분기 내 종료를 목표로 임상 3상을 진행 중입니다. 큐어백도 2020년 12월 유럽, 중남미에서 3만 5,000여 명의 지원자를 대상으로 한 임상 3상에 돌입했습니다.

개발 중인 코로나19 혈장 치료제 GC5131A는 임상 2상을 진행 중입니다. 항체 치료제는 코로나19에서 회복한 사람의 혈액에서 다양한 면역항체를 뽑아 다른 환자에게 투약하는 방식입니다. 바이러스를 공격할 수 있는 항체를 환자의 혈액 속에 넣어주는 것이죠. GC5131A는 이미 중증 환자를 대상으로 치료 목적 사용 승인이 이뤄지며 의료 현장에서 사용되고 있습니다. 2020년 12월 22일 기준 이 항체 치료제로 치료 중인 환자는 25명입니다.

혈장 치료제는 완치자의 혈액을 정제하면 만들 수 있어 개발 속도가 빠르지만 대량 생산이 어렵다는 게 한계입니다. 환자 한 명에게 투여할 혈장 치료제를 만들기 위해선 혈장 공여자 2~3명이 필요합니다. GC녹십자는 2020년 5월 이 혈장 치료제를 환자들에게 무상으로 공급하겠다고 발표했습니다.

수두 · 독감 백신 공급 지속

GC녹십자는 코로나19 유행 이전에도 국내를 대표하는 백신 제조사였습니다. 신종플루 유행 당시 세계 8번째로 신종플루 백신 개발에 성공했던 경험이 있습니다. 2011년엔 아시아 최초, 세계 4번째로 세계보건기구(WHO) 사전적격성(PQ) 인증을 획득했습니다. PQ를 획득한 제약사는 국제기구의 백신 조달 시장 입찰에 참여할 수 있는 자격을 얻습니다.

이 회사는 기존 3가 백신에서 4가 백신으로 독감 백신을 개량한 가운데 수두 백신으로 해외 매출을 늘리고 있습니다. 3가, 4가는 백신 접종으로 예방할 수 있는 바이러스 종류의 수를 뜻합니다. 유행하는 독감 바이러스의 수는 100여 개가 넘습니다. WHO는 이 중 특히 유행이 높을 것으로 예상되는 독감 바이러스 종류를 따로 발표합니다. 백신으로 막을 수 있는 바이러스가 3개에서 4개로 늘어나면 백신 한 종류만으로도 독감 예방이 용이해지는 것이죠.

접종비는 3가 백신(2만 원)보다 4가 백신(2만 5,000~4만 원)이 더 비싸지만 더 많은 바이러스를 예방할 수 있어 의료 현장에선 4가 백신을 선호한다고 합니다. 바이러스 5종을 막는 5가 백신도 가능하지만 현재까진 비용과 생산 수율 면에서 4가 백신이 최적화돼 있습니다.

2020년 GC녹십자가 개발한 백신으론 3월 식약처로부터 품목 허가를 받은 수두 백신 '배리셀라'입니다. 이 백신은 생백신입니다. 생백신은 질병을 일으키지 못할 정도로 약화된 바이러스를 체내에 투여해 이 바이러스에 대한 면역력 생성을 유도하는 백신입니다. 죽은 바이러스를 원료로 쓰는 사백신도 있습니다. 죽은 바이러스를 투여하다 보니 항체 형성 정도가 약해 사백신은 접종 횟수가 늘어난다고 합니다. 생백신은 1~2회, 사백신은 2~5회 접종이 필요합니다.

배리셀라는 기존 GC녹십자 백신으로 국산 1호 수두 백신이던 '수두박스'에 비해 수율과 생바이러스 함유량이 늘었습니다. GC녹십자는 무균 공정 시스템을 적용해 항생제 없이 수두 백신 제조가 가능한

연도	매출	영업이익
2016년	1조 1,979	785
2017년	1조 2,879	903
2018년	1조 3,349	502
2019년	1조 3,697	403
2020년	1조 5,041	503

자료: GC녹십자

세계 유일 기업으로 알려져 있습니다.

GC녹십자는 WHO 입찰을 통해 해당 백신을 세계 시장에 공급할 계획입니다. 이 회사는 수두 백신으로 2017년, 2018년 각각 518억 원, 602억 원의 매출을 올렸습니다. 2019년엔 WHO 산하 기관인 범미보건기구(PAHO)의 수두 백신 입찰 공고가 지연되면서 매출액이 174억 원으로 줄었습니다.

프리미엄 백신도 개발 중입니다. GC녹십자는 미국 자회사 큐레보를 통해 차세대 대상포진 백신 'CRV-101'의 미국 임상 1상을 하고 있습니다. 2021년 상반기 임상 1상 최종 결과를 공개한 뒤 임상 2상과 기술 수출을 추진할 계획입니다. 2020년 9월 공개한 임상 1상 결과에선 건강한 성인 89명을 대상으로 해당 백신을 투여한 결과 89명 전원에게서 항체가 형성됐다고 합니다. 이벨류에이트파마에 따르면 세계 대상포진 백신 시장은 2020년 2조 원 수준으로 추정됩니다.

백신과 함께 또 다른 주력 사업인 혈액 제제 개발 성과도 나오고 있습니다. 혈액 제제는 사람의 혈액을 통해서 만드는 제품을 아우르는 말입니다. 면역글로불린 제제가 대표적인 혈액 제제죠. 혈청에서 항체를 따로 뽑아 정제한 제품입니다. 바이러스, 세균 감염을 막거나 면역력을 높이는 용도로 사용됩니다.

GC녹십자는 면역글로불린 제제인 아이비글로불린에스엔(IVIG-SN)과 알부민 등 혈액 제제를 30여 개국에 수출하고 있습니다. 주된 수출 지역은 중남미와 중국입니다. IVIG-SN은 선천성면역결핍증 치료에 사용되는 혈액분획 제제입니다. 이 회사는 2021년 2월 IVIG-SN 농도 10%(제품명 GC5107) 제품의 미국 품목 허가를 신청했습니다(2021년 1월 기준). 이르면 2021년 연말 안에 허가를 받고 2022년부터 미국 시장을 본격적으로 공략할 계획입니다.

미국 면역글로불린 제제 시장 규모는 연간 약 10조 원 수준입니다. 이 중 10% IVIG 제품이 시장에서 70% 이상을 차지하고 있다고 합니다. IVIG-SN의 경우 미국이 한국에 비해 가격이 4배가량 비싸게 거래되고 있는 만큼 시장성도 충분하죠.

GC녹십자는 2015년 IVIG-SN 농도 5% 제품으로 FDA에 품목 허가를 신청한 바 있습니다. 하지만 FDA로부터 제조 공정과 관련해 자료 보완을 요구받으면서 품목 허가가 지연됐습니다. 이에 GC녹십자는 10% 제품을 먼저 내놓고 이후 5% 제품을 출시하는 것으로 미국 시장 전략을 수정했습니다. 소아용 10% 제품은 2020년 9월 미국 임상 3상에 진입했습니다. 5% 제품은 소아, 성인 모두 미국에서 임상을 마친 상황입니다.

GC녹십자는 캐나다에 세웠던 혈액 제제 공장과 미국 혈액원 12곳을 2020년 7월 스페인 혈액 제제 기업인 그리폴스에 4억 6,000만 달러에 매각하기도 했습니다. GC녹십자는 2017년 1,870억 원을 들여 캐나다 몬트리올에 혈액 제제 공장을 준공했습니다. 연간 100만 리터 규모 혈장을 분획할 수 있는 혈액 제제 생산 시설이었습니다. IVIG-SN 5% 제품으로 미국 시장에 진출하던 당시엔 미국 혈액원에서 공급받은 혈액을 캐나다 혈액 제제 공장에서 IVIG-SN 제품으로 만들 것으로 예상됐습니다. GC녹십자는 북미 자산을 매각한 대신 IVIG-SN 10%를 오창 공장에서 생산해 공급할 계획입니다. 북미 자산 매각으로 재정건전성을 높이고 혈액 제제 생산을 오창 공장에 집중시킨 것으로 볼 수 있습니다.

중국 · 일본 시장은 재조합단백질 제품으로 개척

중국 시장은 재조합단백질 의약품으로 개척할 예정입니다. 재조합단백질 의약품은 DNA를 재조합해 만든 단백질이 담긴 의약품입니다. GC녹십자가 개발한 헌터증후군 치료제 헌터라제는 2020년 9월 중국에서 제품 승인을 받았습니다. 중국에서 품목 허가를 받은 첫 헌터증후군 치료제죠. 헌터증후군은 효소의 일종인 IDS 결핍으로 골격 이상, 지능 저하 등이 발생하는 선천성 희귀 질환입니다. 남아 15만 명중 1명 비율로 발병합니다. 중국에는 약 3,000명의 헌터증후군 환자가 있는 것으로 알려져 있습니다.

헌터라제는 유전자 조작으로 개량한 IDS 효소를 정맥에 투여하는 방식입니다. GC녹십자는 2012년 세계 두 번째로 헌터증후군 치료제를 개발한 뒤 11개국에 해당 치료제를 공급 중입니다.

투여 방식을 바꾼 제품인 헌터라제ICV는 2021년 1월 일본에서 품목 허가를 받고 제품을 출하했습니다. 이 제품은 머리에 장치를 삽입해 약물을 뇌실에 직접 투여하는 방식을 씁니다. 정맥주사로 투여가 이뤄지는 기존 투여 방식은 혈액 속 약물이 혈뇌장벽(BBB)을 투과하기 어렵다는 한계가 있습니다. 이 경우 헌터증후군 증상 중 하나인 지능 저하를 개선하기가 어렵죠. BBB는 뇌혈관 속 외부 물질이 뇌와 척수에 침입하지 않도록 해주는 장벽입니다.

도표 3-11 2020년 1~3분기 녹십자 사업 부문별 매출액

(단위: 억 원)

사업 부문	매출액
백신	2,706
혈액 제제	2,983
일반 제제	1,974
일반의약품	1,222
기타	30

자료: GC녹십자

혈우병 치료제인 그린진에프도 중국에서 품목 허가 심사를 진행 중입니다. 기존 제품 대비 순도, 수율이 우수해 세계 시장에서도 경쟁력이 충분하다는 게 회사 측의 판단입니다. GC녹십자는 앞으로도 공급이 제한적인 희귀 질환 치료제를 계속 개발해 경쟁사가 많지 않은 희귀 의약품 시장에서 독점적인 위치를 확보하겠다는 구상입니다.

❖ 2021년은 백신 CMO 성과 드러나는 시기

2020년 GC녹십자는 코로나19 치료제와 백신 모두에서 시장의 주목을 받았던 기업입니다. 2019년 연말 13만 2,500원이었던 주가는 2020년 12월 22일 기준 38만 8,000원으로 193%가 상승했습니다. 코로나19 유행으로 혈액 제제 판매가 주춤했지만 독감 백신 수요가 늘어나면서 백신 매출이 올랐습니다.

2021년엔 혈액 제제, 독감·수두 백신 판매가 계속되는 가운데 백신 CMO 사업에서 얼마나 백신 공급이 이뤄지냐에 따라서 매출과 영업이익이 크게 바뀔 전망입니다. 오창에 있는 통합완제관은 외부에서 들여온 원액을 용기에 충전하고 포장하는 완제 공정을 담당하고 있습니다. 자동화 공정을 통해 추가 투자 없이 백신 공급이 가능한 데다 백신 CMO 사업이 이뤄져도 다른 의약품의 생산에 큰 차질이 없다는 점이 고무적입니다.

회사 측 설명에 따르면 바이러스벡터 백신 외에 mRNA 백신의 완

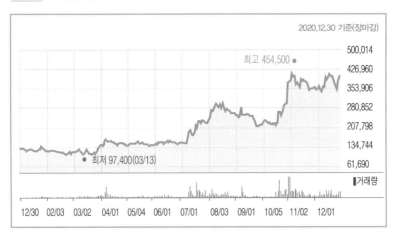

제 공정도 가능하다고 합니다. CEPI와 계약한 5억 도즈 외에 다른 백신 개발사와 CMO 계약을 맺고 추가 백신 공급 물량을 확보하는 것도 가능합니다. mRNA 백신을 출시한 모더나 외에도 노바백스와 큐어백이 각각 CEPI의 지원을 받아 임상 3상을 진행 중입니다. 큐어백이 mRNA 백신 개발에 성공하면 녹십자가 이 제품의 공급을 담당하게 될 가능성도 배제할 수 없습니다. 하지만 업계에선 아직 본 계약이 체결되지 않았다는 점, 원액 생산이 아닌 완제 생산에 집중하고 있다는 점이 변수가 될 수 있을 것으로 전망하고 있습니다.

IVIG-SN 10%의 미국 허가 이슈도 있습니다. GC녹십자는 이르면 2021년 연말에 허가가 나올 것으로 예상하고 있습니다. 다만 제품 허가가 나오지 않았던 IVIG-SN 5%의 사례가 되풀이되면 미국 혈액 제제 시장을 놓고 전략 재수정이 불가피할 것으로 보입니다.

바이오 기업이 개발하는 의약품은 물질의 종류에 따라 저분자화합물(합성) 의약품과 바이오 의약품으로 나눌 수 있습니다.

저분자화합물 의약품은 화학적인 합성 과정을 통해 만들어진 의약품을 뜻합니다. 분자량이 작은 화합물을 합성해 만듭니다. 저분자화합물은 현대 의학과 역사를 함께해왔습니다. 1900년 미국에서 판매된 아스피린이 대표적인 저분자화합물입니다. 통증 완화에 효과가 있는 아세틸살리실산이라는 물질을 합성한 의약품입니다. 아세틸살리실산 분자식은 탄소 원자 9개, 수소 원자 8개, 산소 원자 4개로 이뤄져 있는데 그 제조가 복잡하지 않은 편입니다.

바이오 의약품은 생물체에서 유래한 세포, 단백질, 유전자 등을 원료로 하는 의약품입니다. 저분자화합물보다 분자량이 훨씬 크고 그 구조도 복잡하다 보니 화학적인 합성으로 만드는 게 어렵습니다. 유전자 재조합을 통해 균이 특정 단백질을 생산하도록 하는 기술이 개발되면서 1980년대부터 본격적인 상용화가 시작됐습니다. 바이오 의약품은 크게 3개 세대로 나눌 수 있는데요. 세대가 높아질수록 분자량이 커집니다. 1세대는 재조합 단백질 그 자체를 치료제로 쓰는 경우를 말합니다. 균을 통해 생산한 인슐린 단백질을 당뇨병 치료제로 활용하는 경우가 대표적입니다. 성장호르몬도 1세대 바이오 의약품에 속합니다.

2세대는 항체 치료제입니다. 동물 세포를 사용해 항체를 대량 생산해 의약품으로 활용하는 경우가 2세대에 속합니다. 3세대는 세포 치료제, 유전자 치료제입니다. 세포나 유전자를 체내에 투여해 치료 효과를 노리는 의약품입니다. 줄기세포 치료제나 DNA 치료제가 대표적입니다.

특정한 의약품 종류가 더 우수하다고 보기는 어렵습니다. 각 종류별로 장단점이 있는데요. 저분자화합물은 제조가 쉬워 생산 비용이 저렴한 편입니다. 균일한 품질의 제품을 만들기도 상대적으로 쉬운 편입니다. 바이오 의약품은 분자량이 커 다양한 기능을 갖출 수 있습니다. 하지만 세포, 유전자를 활용하거나 유전자 조작을 통해 만들다 보니 균일한 품질로 제품을 만들기가 더 어려운 편입니다. 이 때문에 바이오 의약품 개발을 위해선 물질 탐색 외에도 우수 의약품 제조 및 품질 관리 기준(GMP)을 만족하는 생산 시설을 구비하는 게 중요합니다.

유바이오로직스

빌 게이츠가 선택한 백신 회사, 그리고 코로나19 백신

유바이오로직스는 백신 전문 회사입니다. 코로나19 백신 후보 물질 발굴 소식이 알려지면서 주목을 받았지만 주요 매출은 경구용 콜레라 백신을 통해 올리고 있습니다. 2019년 1,900만 도즈 정도를 생산했습니다. 장티푸스 백신은 3상 진행 중으로 2021년 말엔 허가가 날 예정입니다.

사업 영역은 점차 넓어지고 있습니다. 백신 CMO뿐 아니라 백신 CDMO로 영역이 넓어지고 있는 추세입니다. 강원 춘천 공장에선 연 1,000만~2,000만 도즈의 코로나19 백신 위탁 생산이 가능합니다. 바이오 벤처들이 백신을 개발하는 과정에서 임상 시료 등을 생산해주는 사업도 가능합니다.

유바이오로직스는 경구용 콜레라 백신 등 감염병 대응 백신에 강점을 보입니다. 콜레라 백신의 경우 세계에서 세 번째로 승인을 받았습니다. 2017년 1월 상장 전에 일어난 일입니다.

상장도 안 된 소규모 바이오 기업이, 그것도 대기업의 지원을 받지 않는 회사가 백신 개발에 성공하는 건 쉽지 않습니다. 백신 비즈니스는 주로 대형 제약 회사나 대기업 계열 바이오 회사의 전유물로 여겨졌습니다. 백신 개발은 신약보다 더 오랜 시간이 걸릴 뿐 아니라 공공성이 높은 사업이어서 '큰돈이 안 된다'는 인식이 있기 때문입니다. 막대한 예산을 장기간 써야 하는 데 비해 사업성이 높지 않다는 것이죠.

이 회사의 첫 제품인 콜레라 백신도 어려운 과정을 거쳤습니다. 2010년 국제백신연구소(IVI)로부터 경구용 콜레라 백신 기술을 이전받을 목적으로 처음 설립됐습니다. 설립 당시 한국생산기술연구원 실장이었던 백영옥 대표도 초기 멤버로 합류했죠.

결과물을 내는 데엔 시간이 걸렸습니다. 개발 자금이 모자라 월급을 주기도 어려운 위기까지 갔습니다. 2014년 자금난에 허덕이던 글로벌 헬스 인베스트먼트 펀드(GHIF)로부터 500만 달러 투자를 유치하며 기사회생했죠. 유바이오로직스가 꾸준히 신뢰 관계를 쌓아온 빌게이츠재단이 적극적으로 지원해준 덕분에 투자를 받을 수 있었습니다.

GHIF에는 글로벌 제약사인 글락소스미스클라인(GSK)과 JP모건 등이 주요 출자자(LP)로 있고 빌게이츠재단이 출자 금액의 60%까지

원금을 보장합니다. 투자 전 빌게이츠재단은 세 차례의 실사를 통해 회사를 점검했습니다. 결국 백신 분야의 큰손이라고 할 수 있는 빌게이츠재단의 엄격한 심사를 통과한 회사라는 증표가 생겼습니다.

이 회사는 전 세계 콜레라 백신 시장의 80~90% 정도를 차지하고 있습니다. 콜레라 백신 생산량은 2016년 125만 도즈에서 2020년 1,921만 도즈까지 늘었습니다. 대부분이 유니세프를 통해 공급이 이뤄지고 있습니다. 생산량은 공장 증설 등으로 더 늘어날 예정입니다.

매출도 대부분 콜레라 백신을 통해서 이뤄집니다. 2019년 매출액은 331억 원, 영업이익은 98억 원입니다. 매출의 경우 전년 249억 원 대비 82억 원(33%) 증가했고, 영업이익은 전년 53억 원 대비 45억 원(85%)이 늘어났죠. 매년 100% 이상의 매출 성장을 달성하고 있습니다.

효능 확인된 코로나19 백신

다만 시장의 관심은 코로나19 백신 개발 기대감에 있습니다. 이 회사가 개발 중인 백신에 대해 좀 더 알아보겠습니다. 우선 백신은 우리 몸에 들어오는 바이러스(침입자)를 기억하는 특성을 이용한 의약품입니다. 외부에서 들어온 약한(백신) 적을 기억했다가 진짜 적이 오면 물리치는 방식이죠. 백신의 핵심은 얼마나 바이러스를 무력화(중화)할 수 있는 항체를 만드느냐에 달려 있습니다. 중화항체라고 하는데요.

회사 측은 동물 실험 결과에서 자사의 후보 물질에서 1,000배의 중화항체가 형성됐다고 설명합니다. 쥐를 대상으로 한 실험입니다. 중화항체는 코로나19 바이러스에 돌기처럼 돋아 있는 '스파이크 단백질'에 달라붙어 공격을 합니다.

1,000배의 중화항체가 형성됐다는 의미는 백신을 맞은 쥐의 피를 뽑고, 1,000배로 희석을 해도 항체가 발견됐다는 의미입니다. 한 국내 백신 개발 업체가 동물실험 과정에서 얻은 중화항체가 120배 수준이었죠. 해외 사례를 봐도 수배~수백 배 정도입니다.

🧬 단백질 재조합 백신으로 승부수

유바이오로직스가 개발 중인 백신 제조 방식은 '단백질 재조합 백신'(protein-based vaccines)입니다. 단백질 서브유닛 백신, 합성항원 백신이라고도 하죠.

코로나19는 바이러스를 둘러싸고 있는 돌기를 사람의 세포에 결합시켜 세포 내로 침입합니다. 재조합 단백질 백신은 코로나19 바이러스와 겉모습만 같은 단백질을 만들어 백신으로 투여하는 것입니다. 이 방식의 백신도 전체를 복사해서 넣는지, 돌기(스파이크 단백질) 부분만 재조합해 넣는지 등으로 나뉩니다.

단백질 재조합 방식은 미국의 노바백스와 SK바이오사이언스 등이 개발 중입니다. 미국 화이자 · 독일 바이오엔테크, 미국 모더나가 개발한 백신은 메신저리보핵산(mRNA) 방식입니다. 다국적 제약사 아스

업체	개발국	종류
모더나	미국	mRNA
바이오엔테크, 화이자	독일, 미국	mRNA
아스트라제네카, 옥스퍼드대	영국	아데노바이러스 벡터
존슨앤드존슨	미국	아데노바이러스 벡터
노바백스	미국	단백질 재조합
이노비오	미국	DNA
제넥신	한국	DNA
사노피, GSK	프랑스, 영국	mRNA

자료: 각 사

트라제네카·영국 옥스퍼드대학교가 개발한 백신은 침팬지에 감기 등을 일으키는 아데노바이러스를 운반체로 활용한 바이러스벡터 백신입니다. 단백질 재조합 방식의 백신은 개발에 시간이 다소 오래 걸리긴 하지만 더 안정성이 높은 것으로 알려졌습니다.

유바이오로직스가 개발 중인 코로나19 백신에 대해 좀 더 자세히 보도록 하죠. 유바이오로직스가 만들고 있는 백신은 재조합 단백질 백신 중 돌기의 일부를 재조합해 항체를 형성하는 방식입니다.

두 개로 다시 나눌 수 있습니다. 이 돌기는 사람의 정상 세포에 있는 'ACE2'라는 수용체와 결합해 세포 속으로 침투를 합니다. 사람의 세포 즉 ACE2와 만나는 부분(receptor binding domain, RBD)은 돌기의 끝부분입니다. 유바이오로직스는 중화항체를 통해 S1의 끝부분이 ACE와 만나는 것을 막도록 합니다.

비유가 적절할지 모르겠지만 어항 속 문어가 유리벽에 붙는 모습을

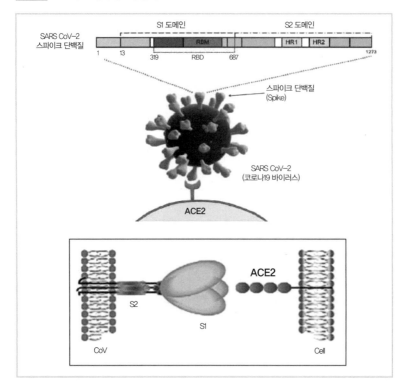

자료: 유바이오로직스

상상해보죠. 문어는 다리에 있는 빨판을 통해 유리벽에 붙습니다. 다리 중에서도 문어의 빨판에 해당하는 부분을 RBD라고 생각하면 됩니다. 유바이오로직스의 백신은 빨판을 중화항체로 둘러싸 유리벽에 달라붙지 못하도록 합니다. 정상 세포 공격이 불가능해지는 것이죠.

유바이오로직스는 RBD에 해당하는 부분만 재조합한 단백질 백신과 S1 부분 전체를 타깃으로 한 단백질 부분 모두 후보 물질로 갖고 있습니다. 동물 실험에선 중화항체가 각각 4,224배, 824배 형성됐다고 합니다. 놀라운 수치입니다.

회사 측은 바이러스 전체가 아니라 스파이크 단백질 또는 그 일부만 인체에 투여해도, 면역세포인 B세포가 알맞은 중화항체를 생산할 수 있다고 합니다. 실제 바이러스가 아니기 때문에 전통적인 백신 개발 방식보다 안전하고, 생산 측면에서도 용이하죠. 이 전략을 택한 연구팀이 가장 많은 이유입니다.

단백질 백신 단점 보완한 면역 증강제

단백질 재조합 방식의 백신엔 한 가지 숙제가 있습니다. 면역 반응을 자극하는 효과가 떨어진다는 것입니다. 대부분의 연구팀은 백신과 동시에 투여할 성능 좋은 '면역 증강제'(adjuvant)를 같이 개발하고 있죠.

유바이오로직스는 자체적인 면역 증강제를 보유하고 있습니다. 이 기술은 글로벌 제약사인 GSK와 MSD, 그리고 한국의 유바이오로직스, 아이진 등이 갖고 있습니다. 마찬가지로 단백질 재조합 방식의 코로나19 백신을 개발하고 있는 SK바이오사이언스는 면역 증강제를 사용하지 않습니다. SK바이오사이언스는 면역 증강제 없이도 충분한 효과가 나온다고 하지만 많은 백신 전문가들은 의구심을 보이고 있습니다. 유바이오로직스의 면역 증강제는 EcML입니다.

EcML은 대식세포 등을 자극하는 역할을 합니다. 대식세포란 말이 좀 어려울 텐데요. 대식세포는 면역 담당 세포 중 하나입니다. 이물질

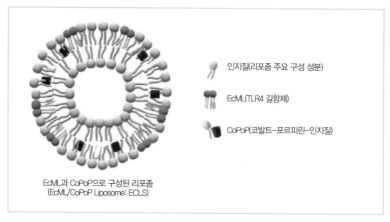

EcML과 CoPoP으로 구성된 리포좀
(EcML/CoPoP Liposome: ECLS)

자료: 유바이오로직스

을 잡아먹고 이와 관련한 면역 정보를 사람의 몸에 알리는 역할을 합니다.

다시 말해 EcML을 맞으면 면역이 더 활성화돼 중화항체를 잘 만드는 것입니다. 백 대표는 "EcML은 바이러스, 박테리아 백신 개발 등에 적합하다"며 "다른 백신에도 적용이 될 수 있는 일종의 플랫폼 기술"이라고 설명합니다.

여기서 끝이 아닙니다. 유바이오로직스가 인수한 미국 팝바이오테크의 플랫폼 기술도 적용이 됐습니다. 바로 코팝(CoPoP)이라는 기술인데요. 이 기술 설명 전에 우선 리포좀에 대해서 설명을 해야 할 것 같습니다. 리포좀은 구 형태의 물질로 주머니 형태를 하고 있습니다. 아주 작은 물질이죠. 보통 미생물을 제어하는 항생 물질이나 암을 치료하는 항암제, 백신 등의 약물 전달 운반체로서 각광을 받고 있죠.

코팝은 전달체인 리포좀에 잘 달라붙습니다. 안정적으로 결합해 백신이 체내에 정착할 수 있도록 도움을 주는 것이죠.

✳ CMO로 사업 확장 가능

백신의 종류는 다양합니다. 백신 개발 공정과 세포 배양 방식에 따라 생산할 수 있는 백신이 다릅니다. 백신 안에 바이러스가 들어 있는지, 배양 방식이 동물 배양 방식인지, 미생물 배양 방식인지, 유정란을 통해서 배양을 하는지 등이 천차만별입니다. 설비를 다시 깔아야 하기 때문에 배양 방식이 다르면 CMO가 불가능합니다.

해외에서 생산한 백신 CMO가 가능한 후보군은 한국에선 SK바이오사이언스 외에 LG화학과 바이넥스, 유바이오로직스, 한미약품 등이 있습니다.

결론부터 말하면 바이러스가 포함된 동물 세포를 배양해 백신을 만들 수 있는 국내 CMO 회사는 SK바이오사이언스와 유바이오로직스밖에 없습니다. 옥스퍼드대학교와 아스트라제네카가 개발한 백신이 여기에 해당합니다. 백신에 사용하는 침팬지 아데노바이러스를 이 회사들이 키워 백신을 만드는 것이죠.

코로나19 바이러스와 겉모습만 같은 단백질을 만들어 백신으로 투여하는 재조합 단백질 백신, DNA 백신 등도 이들 업체의 수탁생산 수주 가능성이 있다는 분석이 나옵니다. 재조합 단백질 백신은 미국의 노바백스, SK바이오사이언스, 유바이오로직스 등이 개발 중입니다.

영업이익률 30% 이상 될 것

유바이오로직스의 CMO 수주는 춘천에 위치한 공장에서 이뤄지고 있습니다. 2011년부터 CMO 사업을 진행 중입니다. 정부 지원을 받아 지방자치단체와 함께 만든 시설이죠. 이곳에서 동물 세포를 배양해 백신을 만들 수 있습니다. 연간 1,000만~2,000만 도즈 생산이 가능하다고 합니다. 보통 1인당 두 병을 맞기 때문에 국민 1,000만 명이 맞을 수 있는 분량입니다.

백신 CMO 사업은 영업이익률이 높다고 합니다. 노승원 맥쿼리투신운용 펀드매니저는 "백신 CMO 사업의 영업이익률은 30~50% 정도로 예상된다"며 "한 번 수주를 하면 매년 꾸준한 양을 생산하고, 진입 장벽도 높기 때문에 진단키트 이상의 고부가가치 사업이 될 수 있다"고 설명합니다.

이 공장에는 100L짜리 바이오리액터(배양기)가 있습니다. 또 1,000L의 일회용 리액터를 가져다 쓸 수 있다고 합니다. 일회용 리액터란 한 번 쓰고 버린다는 뜻은 아닙니다. 백신 자체에 바이러스가 있는 경우 배양기를 다른 용도로 쓰지 못하기 때문에 일회용 리액터 안에 특수 재질의 껍데기를 싸는 것입니다. 껍데기를 한 번 쓴 뒤 버리는 방식이죠.

백영옥 유바이오로직스 대표는 "SK바이오사이언스 역시 일회용

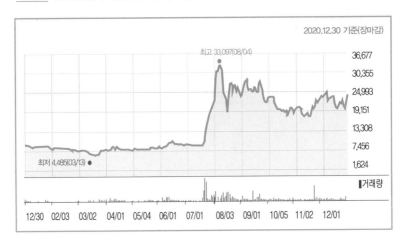

도표 3-16 2020년 유바이오로직스 주가그래프

리액터를 일부 사용하고 있다"며 "시설을 당장 늘릴 수 없는 상황에
선 일회용 리액터 시설을 갖고 있는 회사가 유리하다"고 말합니다.

이 회사 주가도 코로나19와 밀접한 관련이 있습니다. 1만 원을 밑
돌았던 이 회사 주가는 코로나19 백신 개발 소식과 CMO 가능성에
큰 폭으로 올랐습니다. 사업 확장에 대한 기대감이 이미 주가에 반영
됐다는 의미입니다. 주가가 한 단계 더 도약하기 위해선 백신 CMO
수주나 면역 증강제 기술 수출 등의 추가 호재가 나와야 합니다.

코로나19 백신 임상 결과도 큰 영향을 미치겠지만 2020년 말 기준
으로 코로나19 백신 자체 개발에 대한 시장 기대는 생각보다 높지 않
습니다. 이미 글로벌 회사들이 백신 시판에 나선 상황이기 때문이죠.
선점 효과가 있어 후발 주자들이 시장을 차지하기는 쉽지 않다는 분
석입니다.

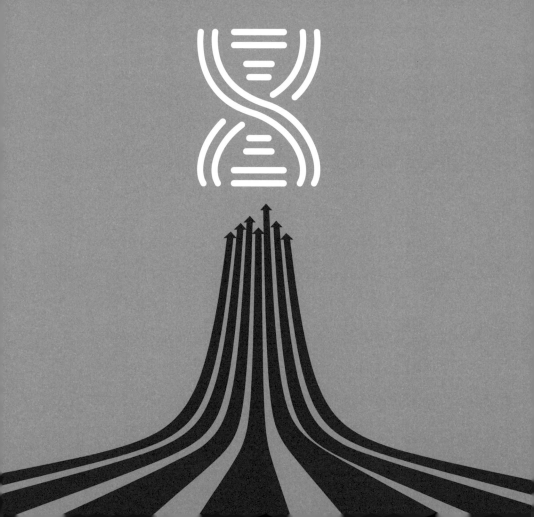

• 4장 •

K바이오 열풍 이끈 진단키트

진단 산업은 2020년 업계 주목도가 가장 많이 높아진 분야입니다. 코로나19 진단키트에서 전례 없던 매출액이 잡히면서 국내 진단 기업들은 저마다 역대 최고 실적을 올릴 수 있었습니다. 한국은 유럽, 미국 등 다른 선진국보다 코로나19 유행이 빠르게 찾아온 국가입니다. 다른 국가보다 발 빠르게 코로나19 유행에 대응해야 했던 사정상 국내 기업들은 글로벌 진단 기업들보다 앞서 진단키트 개발에 착수해야 했습니다. 보건 당국의 신속한 대응과 진단 기업들의 기술력이 맞물린 결과 국내 진단 업계는 고품질의 코로나19 진단키트를 전 세계에 공급할 수 있었습니다.

한국 바이오산업 위상 올린 분자 진단

진단 산업의 약진은 통계로도 드러납니다. 관세청에 따르면 진단 시약 수출액은 2020년 1월 2,070만 달러에 불과했지만 같은 해 11월 2억 9,424만 달러를 기록하며 14배 이상 늘었습니다. 막대한 실적 향상을 바탕으로 진단 업체들은 제품군을 다변화하고 치료제, 건강기능식품 등으로 사업 영역을 확장할 수 있는 자금력을 확보했습니다.

진단 기업들은 2019년 10~12월 중국에서 감염병 유행 소식을 접한 뒤 2020년 초부터 진단키트 개발에 착수했습니다. 진단키트 개발 성과가 본격적으로 나온 건 유전자증폭(PCR) 진단에서였습니다. PCR 진단은 바이러스 유전자를 검체에서 추출해 증폭한 뒤 해당 바이러스 감염 여부를 확인하는 분자 진단의 일종입니다. 정확도가 99%에 달하지만 검사 결과가 나오는 데 3~6시간이 걸리고 실험실용 진단 장비가 필요합니다.

식약처와 질병관리본부는 2020년 2월 4일 코젠바이오텍을 시작으로 같은 달 12일 씨젠의 PCR 진단 제품에 대해서 긴급사용승인(EUA)을 내줬습니다. 대구 신천지 대구교회와 관련한 확진자가 대거 발생하기 전이었습니다.

2020년 4월은 진단 기업들의 매출이 폭증한 시기입니다. 같은 해 2월 2,532만 달러, 3월 6,157만 달러였던 진단 시약 수출액은 4월 2억 6,572만 달러로 전월 대비 4배 이상 뛰었습니다. 오상헬스케어, 씨젠, SD바이오센서, 시선바이오머티리얼스가 이달 미국 FDA로부터 EUA를 획득하며 기술력을 해외에 입증할 수 있는 기반을 닦았습니다.

2020년 연매출 1억 원을 넘긴 씨젠은 진단 시장에서 한국 제품의 우수성을 알린 대표 기업으로 꼽힙니다. 분자 진단 기업인 씨젠은 최대 25종의 유전자를 동시 진단할 수 있는 다중 진단 기술을 보유하고 있습니다. 이 회사 매출액은 2020년 1분기 818억 원, 2분기 2,748억 원, 3분기 3,269억 원으로 분기마다 올랐습니다. 4분기엔 4,000억 원이 넘는 매출을 내면서 시장 경쟁이 심화된 상황에서도 지속적인 성과를 거뒀습니다.

다른 분자 진단 기업들도 코로나19 진단키트로 대도약의 기회를 맞았습니다. 국내 바이오벤처 1호 기업인 바이오니아는 2020년 1분기 126억 원, 2분기 593억 원, 3분기 740억 원의 매출고를 올렸습니다. 이 회사는 핵산 추출 장비, 핵산 추출 시약, 분자 진단 장비, 분자 진단키트 모두를 국산화하는 데 성공했습니다. 코로나19 유행을 계기로 전 세계에 공급한 진단 장비를 플랫폼 삼아 다양한 감염병에 대한 진단키트를 계속 공급하겠다는 구상입니다. 솔젠트, 랩지노믹스, 시선바이오머티리얼스, 바이오코아 등도 코로나19 진단키트를 해외에 공급하며 국내 진단 산업의 위상을 제고하는 데 기여했습니다.

코로나19 유행이 길어지면서 변이 바이러스 발생에 대응하기 위한 진단키트 수요도 급증하는 양상입니다. 이들 기업들은 코로나19 진단키트뿐만 아니라 진단 장비도 함께 공급해 코로나19 유행이 종식된 뒤에도 안정적인 수익원을 확보할 수 있을 것으로 기대하고 있습니다.

플랫폼 기업 꿈꾸는 면역 진단 기업들

면역 진단에선 코로나19 관련 제품 트렌드가 바뀌었습니다. 면역 진단 방식으로 공급되는 진단키트는 항체 진단, 항원 진단 두 방식이 있습니다. 항체 진단은 혈액을 통해 코로나 바이러스 감염으로 인한 항체 생성 여부를 검사합니다. 항원 진단은 콧속에 있는 검체나 타액(침)을 채취해 바이러스 단백질이 체내에 있는지를 확인하는 방식입니다. 두 방식 모두 값비싼 분석 장비 없이도 현장에서 15~30분이면 결과를 받아볼 수 있습니다.

코로나19 유행 초기엔 항체 진단키트가 주로 공급됐습니다. 이 진단 방식의 정확도는 80~90% 수준입니다. PCR 진단 장비를 도입할 만한 의료 인프라가 충분치 않은 개발도상국에선 정확도가 다소 낮더라도 검사가 용이한 항체 진단키트를 선호했습니다. 2020년 4~5월 진단 시장에선 200여 개 항체 진단 제품이 쏟아져나왔습니다. 하지만 중국산 제품 위주로 위양성 등 불량 문제가 제기되면서 미국 FDA는 미국 내 평가를 통과한 제품에 한해서만 EUA를 내주는 쪽으로 지침을 바꿨습니다.

2020년 3분기 말부터는 항원 진단키트 매출이 급증하기 시작했습니다. 항원 진단키트도 항체 진단키트처럼 현장에서 실험실용 진단 장비 없이 10~20분이면 검사 결과가 나온다는 장점이 있습니다. 하지만 항원 진단키트를 안정적으로 공급하기 위해선 코로나19 항원과 잘 반응할 수 있는 항체를 일정한 품질로 생산하는 게 중요합니다. 코로나19 유행 초기에 나온 항원 진단키트는 정확도가 40~80% 수준으로 업체마다 제각각이었습니다.

하지만 코로나19 유행이 계속되면서 진단 기업들은 정확도를 높인 제품을 개발할 수 있었습니다. 현재는 정확도 90% 이상의 제품도 나오고 있습니다. 그러자 항원 진단이 항체 진단 수요를 대체하기 시작했습니다. 의료 여건이 열악한 곳이나 검사 결과를 빠르게 받아야 하는 현장에서 항원 진단을 찾기 시작한 것이죠.

수젠텍은 2020년 1분기 매출액이 5억 원에 불과했지만 2분기엔 항체 진단키트 매출이 급증하며 242억 원의 매출액을 기록했습니다. 3분기엔 항원 진단키트에 주력했던 바디텍메드, 피씨엘이 각각 406억 원, 246억 원의 분기 매출을 달성하며 면역 진단 대표 기업으로 자리잡았습니다. 수젠텍도 항원 진단키트를 공급을 늘리며 '포스트코로나'를 대비하고 있습니다. 102종 알레르기 진단 제품을 항원 진단 플랫폼에 탑재한 뒤 추후 치매 조기 진단 제품도 내놓을 계획입니다. 이 회사는 여성호르몬을 주기적으로 측정해 앱으로 건강을 관리하거나 처방에 활용할 수 있는 개인용 진단 제품도 갖고 있습니다.

비상장 진단 기업들의 약진도 돋보였습니다. 업계에선 SD바이오센서가 2020년 연매출 1조 6,000억 원을 올릴 것으로 추정하고 있습니다. 2020년 가장 많은 매출을 올린 국내 진단 기업이 될 전망입니다. 분자 진단, 면역 진단 모두에서 제품군을 확보한 이 회사는 항원 신속 진단 위주로 제품 판매를 계속하고 있습니다. PCR 진단키트, 항원 진단키트를 주로 판매하는 오상헬스케어도 2020년 4,000억~5,000억 원대 매출액을 기대하고 있습니다. 두 회사의 상장 추진 일정은 2021년 투자자들의 많은 관심을 끌 전망입니다.

코로나19와 직접적인 관련성이 적은 제품들을 주로 개발하는 액체생검 기업들도 있습니다. 액체생검은 혈액, 타액(침), 분변 등의 체액을 이용해 질병의 발병 여부나 발병 가능성을 확인하는 진단 방식입니다. 액체생검 분야에선 암세포에서 떨어져 나온 DNA나 단백질 조각을 혈액에서 분류하는 방식으로 암을 조기 진단하려는 시도가 이뤄지고 있습니다. 2020년 연말 경영 일선에서 물러난 서정진 셀트리온 명예회장이 스타트업을 세워 도전하려는 가정용 혈액 진단 제품 개발도 이 분야에 속한다고 볼 수 있죠.

2019년 지노믹트리가 '얼리텍 대장암 검사'를 출시하며 국내서도 암 조기 진단 시장이 본격적으로 형성됐습니다. 얼리텍 대장암 검사는 대변을 이용해 대장암 0~2기에서 정확도 90% 수준으로 진단이 가능합니다. 이 회사는 폐암, 방광암 조기 진단 제품도 개발하고 있습니다. 2020년 3월 폐암 조기 진단용 분자 진단 제품에 대해 식약처에 제조 허가를 신청했지만 같은 해 12월 신청이 반려됐습니다. 민감도 78%, 특이도 92%가 나왔지만 임상 성능의 타당성이 미흡하다는 이유 때문이었습니다. 지노믹트리는 현지 임상을 통해 미국, 중국에서도 얼리텍을 출시할 계획입니다.

2020년 코스닥 시장에 상장한 피플바이오는 퇴행성 뇌 질환을 조기 진단하는 데 집중하고 있습니다. 이 회사는 치매 유발과 연관된 것으로 알려져 있는 단백질의 축적 정도를 확인하는 방식으로 치매 조기 진단에 쓰일 수 있는 키트를 개발했습니다. 알츠하이머성 치매를 진단하는 데는 양자방출단층촬영(PET) 검사가 주로 사용됩니다. PET 검사는 1회에 100만 원 이상의 비용이 듭니다. 피플바이오 진단제품은 이 가격의 10분의 1이면 사용 가능합니다. 피플바이오는 이 진단 제품을 보험 상품과 연동하고 파킨슨병 등 다른 뇌 질환 진단 제품도 개발하는 쪽으로 사업을 추진 중입니다.

암세포에서 떨어져나온 DNA를 검출하는 데 강점이 있는 이원다이애그노믹스(EDGC)는 2021년 암 조기 진단 제품에 대해 식약처 승인 절차를 진행할 계획입니다. EDGC는 사람의 유전체는 물론 후천적으로 암 발생에 영향을 미치는 후성유전체도 검사하는 방식으로 암 조기 진단에 도전하고 있습니다. 싸이토젠은 혈중종양세포(CTC)를 채집해 암을 진단할 수 있는 기술을 갖고 있습니다. 이민섭 EDGC 대표는 "암 조기 진단이 일상화되면 사회적으로 발생하는 막대한 의료 비용을 절감할 수 있다"고 말합니다.

이 대표는 액체생검을 통한 진단이 활성화되면 영상 진단 산업도 함께 성장할 것으로 전망하고 있습니다. 액체생검으로 암 조기 진단 결과를 받은 사람들이 암 발병 여부를 보다 확실하게 확인하기 위해 다른 방식의 진단도 받게 될 것이기 때문입니다. 퓨쳐켐은 방사성 의약품을 활용한 암·뇌 질환 진단 제품을 개발하고 있습니다. 방사성 의약품이 암세포의 위치를 가르쳐주는 표지 역할을 하게 만든 뒤 PET-컴퓨터단층촬영(CT) 영상을 촬영하는 것이죠. 이 회사는 전립선암 진단시약으로 2020년 11월 식약처로부터 임상 3상 시험 계획(IND)

을 승인 받았습니다.

이번 장에선 코로나19 진단 제품을 내놓은 세 회사에 대해 알아보겠습니다. 한국 진단 산업을 대표하는 기업인 씨젠, 2021년 진단 업계 최고 매출을 올릴 것이 유력한 SD바이오센서, 세계 혈액선별 시장에 도전하는 피씨엘에 대해 살펴보겠습니다. 방사성 의약품으로 진단 시약과 항암제를 만드는 퓨쳐켐, 다른 기업들과 차별화된 CTC 액체생검 역량을 갖춘 싸이토젠도 2021년 주목해야 할 진단 기업으로 함께 꼽았습니다.

씨젠

뛰어난 PCR 기술을 바탕으로
신드로믹 검사 분야로

씨젠은 코로나19 진단키트로 유명세를 탄, 코로나19의 가장 큰 수혜 기업입니다. 하지만 이 회사가 코로나19 진단키트를 가장 빨리 개발한 곳은 아닙니다. 국내에서 긴급사용승인(EUA)을 받은 코로나19 진단 제품은 코젠바이오텍이 최초로 내놨습니다. FDA에서 EUA를 최초 획득한 건 오상헬스케어였습니다.

그럼에도 이 회사는 2020년 연매출액 1조 1,252억 원을 달성했습니다. 2020년 국내에서만 70곳이 넘는 업체가 코로나19 관련 진단 제품을 내놨습니다. 하지만 상장사 중 코로나19 진단 제품으로 매출 1조 원을 넘어선 곳은 씨젠이 유일합니다. 업계에선 다중 진단 기술 개발에 집중하고 해외 법인을 통해 영업력을 끌어올린 전략이 지금의 씨젠을 있게 한 배경이라고 설명합니다.

일각에선 진단 업계가 코로나19 유행으로 인한 '반짝 특수'를 누린 것이라는 분석을 내놓기도 합니다. 씨젠 내부의 시각은 이와는 정반

대입니다. 이 회사는 생산 시설을 2020년 연말 수준의 2.5배 수준으로 확충해 2021년 1분기 내에 연간 5조 원 규모의 생산 시설을 확보하기로 했습니다. 호흡기 매개 감염병 진단에서 분자 진단이 일상화되고 증상이 나타나는 단계에서 수십여 개 병원체를 진단키트로 확인하는 시대가 올 것이라는 게 씨젠의 전망입니다.

고 · 저온 오가며 유전자 증폭하는 PCR 기술

씨젠은 분자 진단 영역 중 '멀티플렉스'로 불리는 다중 진단과 정량 분석 기술에 주력 중입니다. 이 회사의 대표 기술인 TOCE, DPO, MuDT를 이해하기 위해 먼저 분자 진단에 대해 알아보겠습니다. 분자 진단은 분자 수준에서 일어나는 변화를 수치나 영상으로 평가하는 기술입니다. 시장에서 주로 쓰이는 분자 진단 방식은 PCR 방식입니다. 이 방식은 검체에서 바이러스 등 병원체의 유전 물질을 추출한 뒤 이를 증폭해 시각적으로 확인할 수 있도록 하는 기술이죠.

코로나19 PCR 검사를 하기 위해선 우선 바이러스 단백질에서 DNA 등 유전 물질을 추출해야 합니다. 씨젠은 자성을 이용해 DNA만 끄집어내는 방식으로 유전 물질을 추출합니다. 추출한 DNA가 너무 적으면 눈에 띄지 않겠죠. 일정량 이상으로 DNA의 수를 증폭해야 코로나19 양성 여부를 진단키트로 확인할 수 있습니다.

DNA를 복제하기 위해선 복잡한 과정을 거쳐야 합니다. 우선 두 가닥으로 이뤄진 DNA를 한 가닥으로 분리시켜야 합니다. 온도를 90도 이상으로 올리면 두 가닥이었던 DNA가 한 가닥 DNA 2개로 쪼개집니다. 이 한 가닥 DNA에 달라붙는 물질이 프라이머입니다. 프라이머는 DNA보다는 짧은 길이로 만들어진 뉴클레오타이드 조합입니다. 프라이머와 한 가닥 DNA는 온도가 40~60도일 때 달라붙는 편이라고 합니다. 서로 붙은 DNA와 프라이머를 중합효소가 훑고 지나가면서 두 가닥 DNA를 만들어냅니다. 이때는 75~80도의 고온이 필요합니다.

이렇듯 각 단계별로 요구되는 온도가 다르다 보니 40~90도를 오가는 과정이 필수입니다. 한 번 이 과정을 거칠 때마다 DNA가 2배로 늘어나므로 30회를 하면 DNA 1개가 10억 개로 증폭돼죠.

유전자 수를 불리기만 해서는 안 됩니다. 동시에 시각적으로 유전자를 확인할 수 있는 수단도 마련해야 합니다. 이때 등장하는 게 프로브(probe)입니다. 프라이머가 한 가닥 DNA와 달라붙어 결합할 때 이 프라이머와 붙지 않고 남겨진 DNA 부분엔 피처 프로브(pitcher probe)라는 물질이 결합합니다. 한 가닥 DNA에 프라이머 외에 피처 프로브라는 또 다른 물질이 함께 붙는 것이죠. 중합효소는 피처 프로브가 DNA와 결합한 위치도 훑고 지나가는데 이때 피처 프로브에 있던 일부 뉴클레오타이드를 떨어뜨립니다. 투수(피처)가 공을 던지듯 DNA 복제의 증표로 일부 뉴클레오타이드를 내놓는 셈입니다.

이 뉴클레오타이드를 받아내는 역할을 하는 포수(캐처)도 있습니다. 캐처 프로브(catcher probe)엔 결합이 떨어지면 빛을 내는 형광 물질이 달려 있습니다. 이 형광 물질은 평소엔 빛을 내지 않습니다. 캐처 프로브는 바이러스 DNA가 아닌 '투수'가 전달한 뉴클레오타이드와 결합합니다. 이때 형광 물질 간 결합이 떨어지면서 빛이 나옵니다. 이 형광을 통해 시각적으로 코로나19 감염 여부를 확인하게 되는 방식입니다.

다중 진단, 정량 분석으로 기술 차별화

씨젠은 캐처 프로브가 뉴클레오타이드 조각을 떨어뜨리는 온도를 각각 다르게 해 모두 다섯 종의 뉴클레오타이드 조각을 떨어뜨리는 TOCE 기술을 갖고 있습니다. 64도에선 A 유전자에 뉴클레오타이드 조각이 붙고, 69도에선 B 유전자에 또 다른 뉴클레오타이드 조각이 붙는 식이죠. 이렇게 하면 한 채널에서 최대 5개의 유전자를 검출할 수 있습니다.

통상 한 PCR 진단 제품은 5개의 채널을 갖고 있습니다. 한 채널당 한 종류씩 모두 다섯 종류의 유전자를 보는 게 일반적인 PCR 진단키트입니다. 씨젠은 한 채널당 5개씩, 모두 25종의 유전자를 볼 수 있으니 경쟁사보다 더 많은 바이러스를 검출할 수 있죠. 박지훈 씨젠 신기술연구팀장은 "TOCE 기술을 적용하면 코로나19 유전자 3종과 A · B형 독감, 세포융합바이러스(RSV), 아데노바이러스, 메르스, 사스 등 다양한 호흡기 질환 바이러스를 한 제품으로 검사 가능하다"고 말했습니다.

도표 4-1 씨젠 TOCE 기술

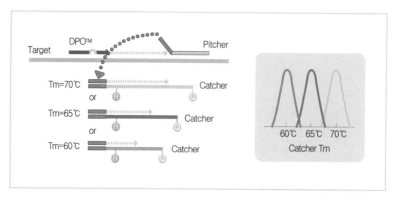

자료: 씨젠

도표 4-2 씨젠 DPO 기술

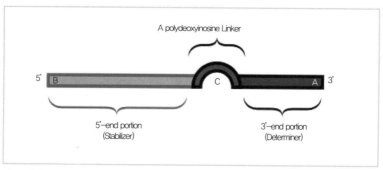

자료: 씨젠

　씨젠은 프라이머를 디자인하는 데도 독자 기술인 'DPO'를 갖고 있습니다. DPO는 프라이머의 한쪽엔 특정 온도에서 바이러스의 DNA와 결합하는 뉴클레오타이드 조각(stabilizer)을, 다른 한쪽엔 이 DNA에만 특이적으로 결합하는 뉴클레오타이드 조각(determiner)을 붙이는 기술입니다. 특정 온도에서 프라이머와 DNA 간 결합이 일어나더라도 특이적으로 개발된 뉴클레오타이드 부분과 DNA가 마저 결

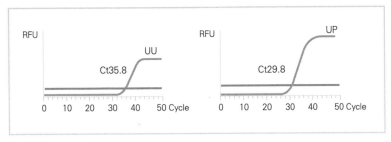

자료: 씨젠

합해야 유전자 증폭이 가능합니다. 온도에 따라 특정 유전자를 분리하는 방법 외에 정확도를 높일 수 있는 이중 장치를 따로 마련해둔 셈이죠.

마지막으로 소개할 기술인 MuDT는 다중 진단에 정성·정량 분석을 모두 가능하게 하는 분석 기술입니다. PCR 검사는 저온과 고온을 오가는 과정이 필요합니다. 이 과정을 거친 횟수를 세면 검체에 병원체가 얼마나 있는지를 추정하는 것도 가능합니다. 문제는 여러 개 유전자를 하나의 튜브로 검사하다 보니 기존 기술로는 어떤 유전자가 유독 많이 증폭됐는지를 확인하는 게 어려웠습니다. 이 때문에 감염 정도가 어느 정도인지를 수치로 확인하기 위해선 별도 시험을 거쳐야 했죠.

씨젠의 MuDT 기술을 이용하면 검사하는 유전자 종류별로 증폭 횟수를 바로 파악할 수 있습니다. 이 회사는 한 채널당 3개 유전자의 시험 결과를 분석할 수 있는 MuDT 기술을 적용한 진단 제품을 판매 중입니다.

씨젠은 여타 국내 진단 업체들과 차별화되는 남다른 해외 영업 역량도 갖고 있습니다. 이 회사는 해외에 7개 법인과 63개의 대리점을 두고 있습니다. 대리점으로만 제품 판매를 하는 상당수 경쟁사에 비해 현지 영업이 훨씬 수월할 수밖에 없습니다. 박 팀장은 "매출의 60%가량은 독일, 이탈리아, 미국, 캐나다, 멕시코, 브라질, 중동에 있는 7개 해외 법인에서 나오고 있다"며 "각국 정부 주도로 입찰이 이뤄지는 경우 법인이 있는 쪽이 유리하다"고 설명합니다.

63개 대리점 중 상당수가 현지서 10년 이상 영업을 해왔다는 것도 강점입니다. 그간 영업 성과가 쌓이면서 신뢰도도 축적된 만큼 코로나19를 계기로 해외 유통망을 늘렸던 대부분의 국내 경쟁사보다 영업이 유리합니다. 씨젠은 현지 인력을 채용해 주기적인 기술·제품 교육으로 영업망을 안정적으로 구축할 계획입니다.

제품 종류가 다양하고 진단 장비 매출이 늘었다는 점도 고무적인 요소입니다. 씨젠이 판매 중인 진단 제품은 150여 종에 이릅니다. 코로나19 진단키트 외에도 자궁경부암, 성 관련 감염증, 식중독, 설사 등과 관련한 진단 시약을 판매하고 있습니다.

진단 장비 매출도 진단 시약과 함께 덩달아 올랐습니다. 씨젠은 2020년 11월에만 진단 장비 250대를 팔았습니다. 2019년 전체 판매량(255대)에 육박하는 물량을 한 달 만에 공급한 셈이죠. 2020년 전체로 보면 1,000대 이상의 진단 장비를 판매한 것으로 추정됩니다. 진단 장비는 잉크 카트리지 사업에서 프린터와 비슷한 역할을 합니다. 프린터를 한 번 쓰면 해당 프린터에 맞는 잉크를 계속 구매해야 하듯 진단 장비도 해당 회사의 진단 시약을 계속 사게 만드는 유인 효과가 있습니다.

씨젠은 유전 물질 추출 장비와 유전자 증폭 장비를 판매하고 있습니다. 해당 제품을 이용하면 증폭 장비에 PCR 제품을 설치하는 과정을 제외한 대부분의 공정을 수작업 없이 진행할 수 있다고 합니다.

분자 진단 일상화된 시대를 준비하다

이 회사는 코로나19 유행 이후에도 매출을 확보하기 위한 준비를 하고 있습니다. 씨젠이 눈여겨보는 분야는 신드로믹 검사 분야입니다. 신드로믹 검사는 비슷한 증상을 일으킬 수 있는 모든 병원체를 한 번에 검사하는 증상 기반 검사법입니다. 씨젠은 코로나19 유행으로 분자 진단의 중요성이 부각되면서 감염병 방역과 신드로믹 검사에서 분자 진단이 일상화될 것으로 예상하고 있습니다. 박 팀장은 "분자 진단은 정부에서 주도하는 일시적인 검사에서 민간 주도의 생활 검사, 일상으로의 복귀를 위한 검사 형태로 바뀌고 있다"며 "수십 개 유전자를 한 개 튜브로 검사할 수 있는 실시간 유전자 증폭(RT-PCR) 기술을 살려 신드로믹 검사 시장에 안착하겠다"고 말했습니다.

도표 4-4 **씨젠 연도별 매출과 영업이익**

(단위: 억 원)

연도	매출	영업이익
2016년	738	104
2017년	889	76
2018년	1,023	106
2019년	1,220	224
2020년	1조 1,252	6,762

자료: 씨젠

　미국에서 인증받은 제품 수를 늘리면서 코로나19 유행이 지나간 후에도 시장 확대를 계속하겠다는 구상입니다. 이를 위해 생산 능력을 2020년 말 연간 2조 원 규모 수준에서 5조 원 수준으로 2021년 1분기까지 끌어올릴 계획입니다. 씨젠은 2020년 8월 매입한 경기 하남시 1만 752㎡ 규모 부지에 생산 시설 5곳을 2021년 1분기 안에 완공한다는 계획입니다. 임대차 계약을 체결한 서울 송파구 신천동 KT 송파빌딩 12개 층은 행정동으로 활용하기로 했습니다. 이 빌딩은 2021년 9월 완공을 앞두고 있습니다. 기존 서울 송파구 방이동 사옥 2곳은 연구동으로 재정비하게 됩니다.

　기술 개발은 자동화 수준을 높이고 PCR 검사에 필요한 시간을 최소화하는 방향으로 추진 중입니다. 씨젠은 추출과 증폭 과정을 통합한 자동화 장비를 개발 중입니다. 지금보다 자동화 수준을 높여 추출 장비에서 꺼낸 제품을 증폭 장비에 설치하는 절차도 없애겠다는 것이죠. 통상 3~6시간이 걸리는 검사 시간도 최소화해 현장 진단으로서의 경쟁력을 높이는 것도 목표입니다.

장기적으론 추출 시약, 진단 시약의 개발과 생산, 진단 장비 공급 등을 모두 씨젠 내에서 해결할 수 있도록 진단 사업 전 부문의 수직 계열화 체계를 구축하겠다는 청사진도 갖고 있습니다. 필요하다면 진단 분야에서 경쟁력이 있는 다른 기업의 인수도 추진한다는 구상입니다. 분자 진단에서 한국을 대표하는 기업으로 손꼽히는 씨젠이 2020년의 성과를 이어받아 세계적인 진단 기업으로 우뚝 설 수 있을지를 지켜보는 건 2021년 국내 바이오 업계의 주요한 화두가 될 전망입니다.

코로나19 유행 추이가 관건

2020년은 씨젠에 기념비적인 한 해였습니다. 2019년 1,220억 원이었던 연매출은 2020년 1조 원을 넘기며 8배 이상으로 뛰었습니다. 3만 650원으로 2020년 한해를 시작했던 이 회사 주가는 8월 그 10배가 넘는 32만 원대까지 치솟았습니다. 당시 모건스탠리캐피털인터내셔널(MSCI) 지수에 알테오젠, 신풍제약과 함께 신규 편입되면서 큰 관심을 받았습니다.

2020년 12월 22일 기준 19만 원대에서 주식이 거래되며 8월 초의 상승세는 꺾인 분위기입니다. 2020년 주가수익비율(PER)은 10배 수준으로 예상됩니다.

씨젠은 분기가 바뀔수록 영업이익률이 낮아지기는커녕 오히려 올랐습니다. 818억 원 매출과 398억 원 영업이익을 기록했던 2020년 1

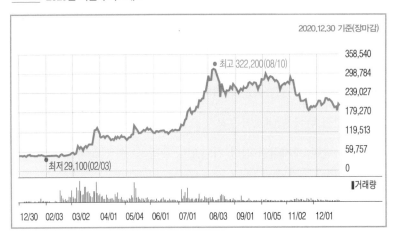

분기 영업이익률은 48.6%였습니다. 2분기 2,748억 원, 3분기 3,269억 원으로 매출이 계속 오른 가운데 영업이익률도 각각 61.5%, 64.2%로 동반 상승했습니다.

60%대 영업이익률은 씨젠의 진단키트가 가격 경쟁 속에서도 확실한 경쟁력을 확보하고 있다는 걸 방증합니다. 코로나19 분자 진단키트는 2분기 초 1회 테스트 분량당 10~15달러에 거래됐지만 후발 주자가 가세하면서 5달러 수준까지 가격이 떨어졌습니다. 일부 거래처는 3달러 미만으로 공급할 것을 요구한다고 합니다. 효소 등 원재료 가격이 인하되는 환경을 고려하더라도 수출을 지속하기 위해선 영업이익률이 낮아지기 쉬운 상황이었죠.

업계에선 코로나19 유행이 어떠한 추이를 보이게 되냐에 따라 씨젠 매출의 향방이 갈릴 가능성이 높다고 보고 있습니다. 변종 바이러스가 확산하는 경우 이 회사의 다중 진단 기술이 적극 활용될 수 있습니다. 다른 기업보다 많은 종류의 유전자를 검사하면 변이로 인해 발생할 수 있는 진단키트의 민감도 저하 문제를 피해갈 수 있을 전망입니다.

백신, 치료제 보급으로 코로나19가 빠르게 종식되는 경우엔 코로나19 진단키트 공급을 통해 확보한 유통망으로 다른 제품군의 매출을 얼마나 늘릴 수 있는지가 관건이 될 수 있습니다. SD바이오센서 등 다른 강자 기업이 2021년 상장을 계획 중인 점도 변수입니다. 코로나 변이 바이러스의 확산 정도와 다른 진단 기업들의 상장 여부에 따라 주가 등락의 향방이 갈릴 전망입니다.

 용어 설명 　　　　　　　　　분자 진단과 면역 진단

코로나19 감염 여부를 진단하는 데는 크게 세 가지 방식이 쓰입니다. 유전자 증폭(PCR) 방식, 항원 진단 방식, 항체 진단 방식입니다. PCR 방식은 분자 진단, 항원·항체 진단은 면역 진단에 속합니다. PCR 방식은 검체 속에 있는 바이러스에서 유전자를 떼어내 이 유전자가 기존에 밝혀진 바이러스 유전자와 얼마나 일치하는지를 보는 방식입니다. PCR은 중합효소연쇄반응(polymerase chain reaction)의 약자입니다. 이 반응은 추출한 소량의 유전 물질을 대량으로 증폭하는 데 쓰입니다.

세 검사법 중 가장 정확도가 높은 진단법이 PCR 방식입니다. 콧속이나 타액에서 확보한 검체 속 바이러스에 있는 유전자 1~5종을 증폭해 어떠한 바이러스인지를 확인하게 됩니다. 유전자 단위로 분석하다 보니 정확도가 99%에 달합니다. 하지만 유전 물질을 검체에서 추출하고 이를 증폭하는 데 보통 3~6시간이 소요됩니다. 유전자 증폭과 분석을 위해 고가의 실험 장비도 필요합니다. 이 때문에 PCR 진단은 의료 인프라가 충분한 선진국을 중심으로 쓰이고 있습니다. 씨젠, 바이오니아, 랩지노믹스가 대표적인 PCR 방식 진단 기업입니다.

면역 진단은 면역체계에서 일어나는 항원, 항체 간 반응을 이용해 바이러스를 검출하는 방식입니다. 10~30분이면 검사 결과가 나오고 실험실에서 쓰는 값비싼 장비가 필요하지 않습니다. 수젠텍, 바디텍메드, 피씨엘 등이 면역 진단 위주로 사업을 전개하고 있습니다.

항원 진단은 PCR처럼 콧속에서 얻어낸 검체에 바이러스 단백질 항원이 있는지를 확인하는 데 쓰입니다. 어떠한 항체를 기준으로 쓰냐에 따라 정확도의 편차가 큽니다. 코로나19 유행 초기엔 정확도가 40~60% 수준이었지만 2020년 4분기 이후엔 90%가 넘어서는 제품들이 속속 나오고 있습니다. 정확도가 PCR 방식보단 낮지만 보건 환경이 열악한 곳에서도 사용할 수 있다는 게 장점입니다.

항체 진단은 검사 대상자의 혈액을 통해 항체 생성 여부를 확인하는 데 쓰입니다. 코로나19 감염 이후 3~7일이 지나면 체내에선 바이러스에 대응하기 위한 항체가 생성됩니다. 이 항체를 진단하는 방식은 검사 정확도가 80~90% 수준입니다. 항체가 충분히 형성되지 않은 감염 초기엔 사용이 어렵습니다. 다만 항체는 완치 이후에도 체내에서 3~6개월은 남아 있는 것으로 알려진 만큼 감염 이력을 확인하는 데는 항체 진단이 유용하게 쓰일 수 있습니다.

피씨엘

다중면역 진단 기술을 활용해 사업 영역 확장

피씨엘은 면역 진단에 강점이 있는 진단 기기 개발 회사입니다. 동국대학교 의생명공학과 교수인 김소연 대표가 2008년 세웠습니다.

김 대표는 LG화학에서 선임연구원을 지냈던 진단 업계 전문가로 꼽힙니다. 김 대표는 미국 코넬대학교에서 반도체 기술을 질병 진단에 이용하는 바이오칩 기술과 압타머 항체 기술을 바탕으로 에이즈 감염 경로를 밝히는 연구를 수행했습니다. 이때 쌓아올린 연구 역량을 바탕으로 업계에서 독보적인 다중면역 진단 기술을 확보했습니다.

주력 제품은 다중면역 진단 기술을 이용한 혈액 선별기입니다. 2020년 코로나19 진단 제품으로 매출이 크게 늘었지만 장기적으론 혈액 선별기 공급을 늘려 로슈, 애보트 등 해외 진단 기업이 과점하고 있는 세계 혈액 선별 시장에서 10% 이상의 점유율을 가져가는 게 목표입니다.

⚙ 64개 질병 감염 여부, 시약 하나로 진단

로슈, 애보트, 루미넥스 등 업계 대기업이 차지하고 있는 혈액 선별 시장에 그저 자신감만으로 진출할 순 없습니다. 스위스 기업인 로슈는 1896년 세워진 제약·진단 업계 대표 기업입니다. 이보다 8년 앞서 1888년 세워진 미국 기업 애보트는 132년 역사를 자랑합니다. 루미넥스가 1995년 세워져 비교적 신생 기업에 속합니다. 존속 기간이 애보트의 11분의 1밖에 되지 않는 피씨엘이 이들과 경쟁이 가능하다고 보는 이유는 독보적인 기술력에 있습니다. 피씨엘은 한 진단 기기와 한 시약으로 최대 64개 질병을 한 번에 검사할 수 있는 다중면역 진단 기술인 'SG캡' 기술을 갖고 있습니다.

우선 혈액 선별에 대해 알아보겠습니다. 헌혈로 확보한 혈액은 수혈 전에 선별 과정을 거쳐야 합니다. 혈액을 받는 사람에게 질병이 발생하지 않도록 바이러스 감염이 되지 않은 건강한 혈액만 공급하기 위해서죠. 수혈이 이뤄질 표본들 중 단 한 개라도 질병을 일으키는 바이러스가 담긴 채 공급돼서는 안 됩니다.

이 때문에 혈액 선별 시장엔 바이러스 감염 여부를 완벽하게 확인할 수 있는 진단 기업만 진출 가능합니다. 짧은 시간 안에 수천 개에 달하는 혈액 샘플에서 정확도 100%를 입증해야 하죠. 세계 혈액 진단 시장 규모는 연간 30조 원에 이릅니다. 혈액 선별을 위해선 면역 진단과 유전자 진단 과정이 모두 필요한데 두 진단 영역 모두 로슈, 애보트, 글리포스 등 해외 대기업이 꽉 잡고 있습니다.

제품명	동시 진단 바이러스	키트 구성
Hi3-1	HIV(후천성면역결핍증) HCV(C형 간염) 항체 스크리닝	Anti-HIV 1/2 Anti-HCV
Hi3-1 Plus	HIV(후천성면역결핍증) HCV(C형 간염) 항원 항체 동시 스크리닝	Anti-HIV 1/2 Anti-HCV / HIV p24 HCV Antigen
Hi3	HIV(후천성면역결핍증) HCV(C형 간염) HBV(B형 간염) 항원 항체 스크리닝	Anti-HIV 1/2 Anti-HCV / HIV p24 HCV Antigen HBs antigen
Hi4	HIV(후천성면역결핍증) HCV(C형 간염) HBV(B형 간염) HTLV(T림프구성 바이러스)	Anti-HIV 1/2 Anti-HCV Anti-HTLV 1/2 / HIV p24 HCV Antigen HBs antigen
Hi6	HIV(후천성면역결핍증) HCV(C형 간염) HBV(B형 간염) HTLV(T림프구성 바이러스) 풍토병(국가별)	Anti-HIV 1/2 Anti-HCV Anti-HTLV 1/2 Anti-Syphilis Anti-Chagas / HIV p24 HCV Antigen HBs antigen

자료: 피씨엘

피씨엘은 에이즈로 알려진 후천성면역결핍증을 일으키는 바이러스인 HIV, B형 간염 바이러스(HBV), C형 간염 바이러스(HCV), T세포 백혈병을 일으키는 T림프구성 바이러스, 여기에 더해 매독 등 국가별 풍토병을 한 장비, 한 시약으로 진단할 수 있습니다. 김 대표의 설명에 따르면 타사의 기존 기술을 적용해도 한 장비로 다양한 질병을 진단할 순 있지만 바이러스의 종류마다 검사하는 시약이 달라진다고 합니다.

SG캡 기술에 대해 더 말씀드리겠습니다. 에이즈와 B·C형 간염 같은 고위험군 바이러스는 감염됐다고 바로 증상을 일으키지는 않습니다. 감염 후 시간이 지나면서 유전자 변이가 일어나기도 합니다. 이 때문에 바이러스 유전 물질이 혈액 속에 있는지를 보는 유전자 진단 외에 항원, 항체를 검사하는 면역 진단이 혈액 선별에서 같이 이뤄지게 됩니다. 바이러스를 면역 진단 방식으로 검출하기 위해선 진단 시약에 있는 항체와 바이러스 단백질 항원이 서로 결합해야 합니다.

면역 진단에선 1970년대 이후 ELISA 방식이 주류로 자리 잡았습니다. 바이러스 단백질 항원과 결합할 수 있는 항체를 표면에 코팅시킨 플레이트를 이용하는 방식입니다. 이 플레이트에 바이러스 항원이 담긴 검체를 넣으면 항체, 항원 간 결합이 이뤄집니다. 이후 세척 과정을 거치면 바닥에 고정된 항체와 결합한 항원만 남고 불순물은 제거됩니다. 이 항원에 형광 물질을 장착한 또 다른 항체를 결합시키면 바이러스 항원 검출이 시각적으로 가능해집니다. 바이러스 항원이 아닌 항체 형성 여부를 확인할 때도 고정되는 물질이 달라질 뿐 같은 방식이 적용됩니다.

그런데 바닥에 단백질을 고정시켜야 한다는 게 ELISA 방식의 한계이기도 합니다. 항원, 항체와 같은 단백질은 3차원 구조로 복잡한 모양을 하고 있습니다. 바닥에 항체가 붙어 있는 상태로는 항체, 항원 간 결합이 쉽게 이뤄지기 어렵습니다. 바닥에 주사위 수백 개가 납작

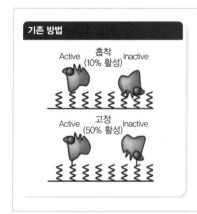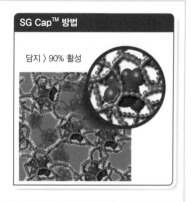

자료: 피씨엘

하게 널려 있는 모습을 상상하면 이해가 쉽습니다. 위쪽을 향하고 있는 주사위 면은 보기 쉽지만 다른 면은 눈이 몇 개인지 알기 어렵겠죠. 주사위의 6개 면을 다 보기 위해선 주사위를 바닥에서 띄워야 합니다. 마찬가지로 항원, 항체 결합을 더 많이 유도하기 위해선 항체를 바닥에서 띄울 필요가 있습니다.

피씨엘은 액체에서 고체인 젤로 변하는 물질인 '졸겔'을 이용해 액체 상태에서 떠다니는 단백질을 고정시킬 수 있습니다. 액체 상태이던 푸딩이 굳어가면서 건더기로 있던 건포도의 위치가 고정되는 모습과 유사합니다. 고정된 단백질은 감옥 쇠창살 사이로 손을 내밀듯 바이러스 항원과 반응하게 됩니다. 이 덕분에 SG캡 기술을 이용하면 기존 기술보다 훨씬 적은 양의 단백질 원료를 사용해서 바이러스 검출이 가능하다는 게 김 대표의 설명입니다.

ELISA 방식은 원재료인 항체가 바이러스 항원과 반응하는 비율이 1% 수준이지만 SG캡 기술은 이 반응률이 60% 이상이라고 합니다. 반응률이 수십 배에 달하니 더 적은 단백질과 혈액을 써서 비용도 아끼고 다양한 질병을 동시에 진단하는 것도 가능해집니다. 혈액 선별 과정에서 나오는 폐기물을 줄이는 효과도 있죠.

대한적십자사 입찰 통해 해외 진출 동력 얻는다

하지만 피씨엘은 이 기술력을 실적으로 입증하는 데는 그간 큰 성과를 거두지 못했습니다. 독보적인 기술을 갖고 있지만 해외에선 피씨엘에게 상용화 사례를 요구했기 때문입니다. 정확도 100%를 요구할 정도로 높은 신뢰도가 요구되는 혈액 선별 시장인 만큼 해외 혈액원들이 로슈, 애보트 같은 대기업이 아닌 벤처기업에게 쉽사리 혈액 선별기 공급을 맡기기가 어려웠기 때문이죠.

2020년 피씨엘은 한마음혈액원에 혈액 선별기를 납품하며 첫 판매 성과를 냈습니다. 2021년엔 대형 혈액 선별기인 'HiSU'로 대한적십자사 입찰에 도전합니다. 국내 혈액 선별은 대한적십자사, 한마음혈액원 2곳이 담당하고 있습니다.

이 중 대한적십자사가 담당하는 물량이 국내 전체 물량의 90% 이상이라고 합니다. 연간 100억 원이 넘는 규모입니다. 김 대표에 따르면 한번 혈액 선별기를 납품하면 최소 5년 이상 공급이 이뤄진다고

도표 4-8 다중면역 진단 기기를 소형화한 'PCLOK2'

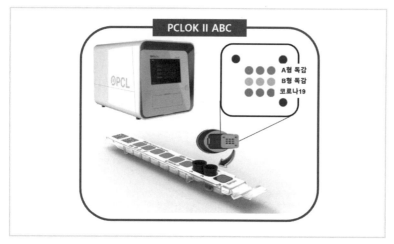

자료: 피씨엘

합니다. 대한적십자사 혈액 선별기 입찰은 최소 500억 원 이상 매출을 확보할 수 있는 사업인 셈이죠.

그간 국내 혈액 선별 시장에선 지멘스, 애보트의 혈액 선별기가 사용됐습니다. 피씨엘은 LG화학, 동아에스티, 지멘스헬시니어스와 함께 국내 혈액 선별 시장을 공략하겠다는 구상입니다. 피씨엘이 혈액 선별기를, 피씨엘을 포함한 이들 4개사가 시약을 담당하는 구조입니다. 혈액 선별기를 국산화하는 건 국가적으로도 이점이 있습니다. 김 대표는 "2020년 2분기에 해외 기업에서 생산하는 진단 시약 공급이 어려워지면서 코로나19 진단 제품을 생산하는 국내 기업들이 시약 확보에 애를 먹었다"며 "특정 해외 기업이 혈액 선별 제품 공급을 독점하면 향후 이 기업이 시약 가격을 인상했을 때 별다른 대안이 없게 된다"고 설명했습니다.

국내 혈액 선별 시장에 진출하는 건 해외 판로 확보에도 큰 도움이 됩니다. 대한적십자사가 혈액 선별을 위해 하루에 사용하는 시약의 수만 1만 6,000개에 달하는 것으로 알려져 있습니다. 해외에선 민간 주도로 혈액 선별이 이뤄지는 경우가 많다 보니 이처럼 대량으로 혈액을 선별하는 경우가 흔치 않다고 합니다. 예컨대 국내에선 혈액 선별을 하는 곳이 대한적십자사, 한마음혈액원 2곳이지만 인도는 혈액원이 3,000여 곳에 달합니다. 국내에서 혈액 선별기 공급을 통해 대규모 혈액 선별 역량을 입증하면 해외에서도 피씨엘의 기술력을 한층 더 신뢰할 수 있게 되는 것이죠.

민간에서 소규모로 이뤄지는 해외 혈액 선별 시장 특성에 맞춰 제품 개발도 끝냈습니다. 피씨엘은 기존 혈액 선별기를 소형화한 제품인 'PCLOK2'로 2020년 12월 FDA에서 제품 승인을 받았습니다. 바이러스 감염 여부뿐만이 아니라 바이러스의 양까지 정량 분석이 가능한 제품입니다. 김 대표는 "이미 아프리카 일부 국가를 대상으로 PCLOK2의 판매를 시작했다"며 "연간 30조 원 수준인 세계 혈액 선별 시장에서 시장 점유율 10%를 확보해 연간 3조 원 이상의 매출을 내는 체외 진단 기업을 만드는 게 목표다"고 말했습니다.

🦠 코로나19 항원 진단키트 공급 계속

코로나19 진단 제품에서도 후속 제품 개발이 되고 있습니다. 피씨엘은 코로나19에 신속하게 대응해 이 감염병이 유행 초기 단계이던 2020년 2월 항원 진단키트 개발을 마쳤습니다. 이 회사는 우한이 성도로 있는 중국 후베이성 출신 연구원을 통해 2019년 10월 말부터 코로나19 유행 관련 정보를 접했습니다. 2019년 12월엔 중국에서 직접 코로나19 항체를 확보했습니다. 코로나19가 원인 불명의 폐렴으로 알려져 있던 시기부터 제품 개발을 준비했던 겁니다. 현재 피씨엘은 분자 진단인 PCR 방식, 면역 진단인 항체·항원 진단 방식 세 종류 모두에서 코로나19 진단 제품을 판매 중입니다.

주력 제품은 항원 진단키트입니다. 김 대표의 설명에 따르면 연구실 장비를 이용하는 경우 민감도는 96% 수준입니다. 민감도는 양성 검체를 양성으로 판단하는 정확도를 뜻합니다. 2020년 3분기 실적을 보면 항원 진단 제품이 전체 매출의 54.2%를 차지하며 항체 진단 제품(41.3%), 분자 진단 제품(4.5%)의 매출 규모를 압도했습니다. 유럽, 아프리카, 중동, 북미, 중남미, 중앙아시아, 동남아시아 등 공급 지역도 다양합니다. 2020년 4분기엔 유럽 현지 유통사를 통해 독일, 스페인, 오스트리아를 대상으로 공급 계약을 체결했습니다. 이들 국가에 1~2주마다 꾸준히 수출 물량을 선적하고 있습니다.

타액(침)으로 가정에서 간편하게 감염 여부를 확인할 수 있는 항원 진단 제품도 유럽에 공급 중입니다. 민감도 94% 수준으로 기존 항원

(단위: 억 원)

연도	매출	영업이익
2016년	5.9	−23.8
2017년	5.1	−40.9
2018년	1.3	−60.0
2019년	0.4	−64.1
2020년	536.8	256.4

자료: 피씨엘

진단 제품과 성능이 비슷한 수준입니다. 백신 접종 이후 면역력 보유여부를 확인할 수 있는 중화항체 진단 제품도 개발을 마쳤습니다. 김대표는 "코로나19 감염 초기에 큰 효과가 있는 항바이러스 치료제가나오게 되면 감염 초기에 치료제 투여 여부를 결정해지는 게 중요해질 것이다"며 "정확도가 높으면서 10~20분 내에 결과 확인이 가능한항원 진단키트가 코로나19 치료에서 중요한 역할을 할 것이다"고 설명했습니다.

코로나19 외 분야에서도 다중면역 진단 기술을 활용해 사업 영역을 확장하고 있습니다. 피씨엘은 간암, 췌장암, 대장암, 난소암, 전립선암 등 5개 암종을 30분 안에 동시 검사할 수 있는 진단키트를 개발해 식약처의 제품 허가와 유럽 CE 인증을 받아놓은 상황입니다.

반려동물을 위한 진단키트도 개발했습니다. 반려견, 반려묘는 주기적으로 광견병 등 감염병에 대응할 수 있는 백신 주사를 맞게 됩니다. 피씨엘은 이 백신들로 인해 형성된 항체를 확인할 수 있는 제품에 대해 국내에서 제품 허가를 받았습니다. 김 대표는 "반려동물은 사람과 달리 공포감 등으로 인해 많은 양의 혈액을 뽑기가 어렵다"며 "적은 양의 혈액으로도 여러 감염병을 진단할 수 있는 다중면역 진단 기술이 반려동물 진단 분야에서도 응용 가능하다"고 말했습니다.

대한적십자사 입찰 성과가 장기 실적 결정

피씨엘은 코로나19 유행으로 진단키트 수요가 폭증하며 큰 수혜를 입었습니다. 2019년 4,000만 원 수준이었던 매출은 코로나19 진단키트 공급 덕분에 2020년 1~3분기 458억 원으로 크게 올랐습니다. 2020년 분기별 매출은 점진적으로 상승하는 모양새입니다. 1분기 4억 원, 2분기 208억 원, 3분기 246억 원의 매출고를 올렸습니다.

피씨엘은 다른 진단 업체보다 안정적으로 진단키트 수익을 내기 유리한 측면이 있습니다. 분자 진단, 항체 진단, 항원 진단 세 방식 모두에서 진단키트 공급이 가능하기 때문에 시장 환경 변화에 따라 빠르게 대응이 가능하기 때문입니다. 의료 인프라가 감당할 수 있는 수준 이상으로 전 세계에서 코로나19 확진자가 발생하면서 상대적으로 검사가 간편한 항원 진단키트 매출이 상승했다는 점도 긍정적입니다.

일부 유럽 국가와는 2021년 2분기까지 항원 진단키트의 주기적인 공급이 예정돼 있어 코로나19 진단키트 매출이 계속 나올 전망입니다. 3분기부터는 코로나19 유행 정도, 백신·치료제 개발 현황에 따

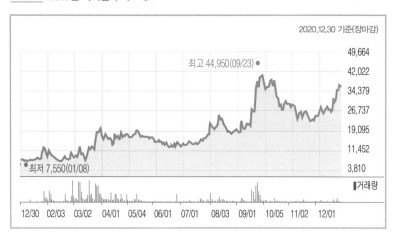

라 매출이 큰 영향을 받을 것으로 보입니다. 중화항체 진단키트도 개발했지만 중화항체 진단 분야가 기존에 활성화됐던 시장이 아닌 만큼 얼마나 수요가 있을지는 미지수입니다.

장기적으론 대한적십자사 혈액 선별기 입찰 결과가 중요합니다. 애보트, 로슈 등 해외 진단 기업과의 경쟁이 예상됩니다. 업계에선 이 혈액 선별기 공급 계약 수주를 통해 발생할 매출이 연간 100억~120억 원 수준일 것으로 전망하고 있습니다. 이 계약 수주를 모멘텀 삼아 혈액 선별기를 해외에 공급할 수 있는 환경을 얼마나 빠르게 구축하느냐가 관건으로 보입니다. 계약 수주에 실패하게 되면 시장 후발주자로서 신뢰도를 구축하는 데 어려움을 겪으면서 해외 영업에 차질이 생길 수 있습니다.

우리말로 '생체표지자'로도 불립니다. 약물 투여 시 우리 몸에서 일어나는 변화를 수치로 확인할 수 있게 해주는 지표들을 가리킵니다. 혈압, 맥박, 콜레스테롤, 호르몬, 단백질, DNA 등이 바이오마커로 쓰일 수 있습니다.

바이오마커를 이용해 암의 발병 가능성이나 치료 효과를 예측하고 전이 정도를 확인하기도 합니다. 암 발병 가능성을 확인하는 바이오마커로는 BRCA1·2 유전자가 대표적입니다. 이 유전자에서 돌연변이가 있는 여성은 난소암에 걸릴 확률이 27~44%, 유방암에 걸릴 확률이 56~87%에 이르는 것으로 알려져 있습니다. 이러한 유전자 돌연변이가 있는 사람들을 위한 난소암 치료제로 PARP 억제제도 개발됐습니다. 특정 바이오마커를 표적으로 삼는 항암제를 개발하는 것이죠.

PARP 단백질은 손상된 DNA를 복구하는 데 쓰이는 효소입니다. 세포핵에서 손상된 DNA를 인지해 이 DNA의 수선을 담당하는 단백질들을 활성화하는 역할을 합니다. PARP 돌연변이로 인해 DNA 수선 시스템이 제대로 작동하지 않는다면 이 PARP의 활동을 막아야겠죠. 제대로 고쳐지지 못한 DNA가 암세포를 만들어내는 과정을 막는 게 PARP 억제제의 암 치료 방식입니다. BBCA1·2 돌연변이가 발견된 난소암 환자가 PARP 억제제로 치료받는 경우 재발 위험률을 70%가량 낮출 수 있다고 합니다. 아스트라제네카의 린파자, GSK의 제줄라가 PARP 억제제입니다.

이외 HER-2, CD20, EGFR, ALK, ROS1, RAS, LAG-3, TIM-3, TIGIT 등 다양한 바이오마커가 특정 암의 발병과 연관이 있는 것으로 알려져 있습니다. 이러한 바이오마커를 항암제 임상에서 활용하면 신약 개발 성공률을 더 높일 수 있습니다. 바이오마커에 따라 임상 데이터를 평가해 개발 중인 신약이 특히 효과가 있는 바이오마커를 찾아내는 것이죠. 이러한 바이오마커를 대상으로 후속 임상을 진행하면 특정 암종 환자를 뭉뚱그려 임상을 진행할 때보다 긍정적인 데이터를 얻기가 더 쉬워집니다.

FDA에서 임상 1상부터 최종 승인까지 성공할 확률은 8.7%에 불과하다고 합니다. 하지만 바이오마커를 활용하는 경우 이 성공률은 26.7%로 2배가 더 뛰었습니다. 미국바이오협회에 따르면 바이오마커를 활용한 신약 개발 사례는 2005년 5%에서 2019년 25%로 4배가 늘었습니다. 국내에선 웰마커바이오, 에이비온 등이 치료 효과를 예측하는 바이오마커를 기반으로 항암제를 개발 중입니다.

싸이토젠

암세포를 살아 있는 채로 포집하는 기술

싸이토젠은 혈관을 타고 돌아다니는 암세포를 걸러내 암 진단 여부를 확인해주는 회사입니다. 피 한 방울로 암을 진단하는 것이죠. 액체생검이라고 합니다.

이 회사 기술력의 핵심은 혈중종양세포(CTC), 다시 말해 암세포를 살아 있는 채로 채집해 검사한다는 겁니다. 살아 있는 CTC 검사 방식을 상업화한 회사는 싸이토젠이 유일합니다. 작은 회사들이 있긴 하지만 상업화엔 시간이 다소 걸립니다.

싸이토젠은 이 기술을 바탕으로 일본 제약 회사 다이이치산쿄와 동반 진단을 하고 있습니다. 다이이치산쿄는 비소세포폐암 환자 중 표적치료제에 내성이 생긴 환자를 위한 치료제를 개발하고 있습니다. 폐암 환자의 80~85%는 비소세포폐암입니다. 폐암의 종류는 암세포의 크기와 형태를 기준으로 비소세포폐암과 소세포폐암으로 구분합니다.

⚛ 살아 있는 CTC 잡아 암 진단

살아 있는 CTC를 채집한다는 건 바이오 업계에선 불가능의 영역으로 여겨졌습니다. CTC 방식의 암 진단은 미국 바이오 기업 셀서치가 2012년 FDA의 허가를 가장 먼저 받았습니다. 세포를 형광 염색한 뒤 자성으로 끌어모아 개수를 세는 방식입니다. 하지만 자성으로 끌어들이다 보니 세포의 변형이 일어났습니다. 이 기술을 사왔던 존슨앤드존슨도 3년 만에 포기했죠. 그래서 더욱 세포를 있는 그대로 포집해 분석할 수 있는 기술이 필요했습니다.

싸이토젠은 반도체 칩으로 암세포를 거릅니다. 채 모양으로 생긴 반도체 칩에서 면역세포는 밑으로 빠지고, 암세포는 위에 그대로 남아있습니다.

지름 5μm(마이크로미터)의 사각 구멍을 촘촘하게 뚫은 손톱만 한 칩에 혈액을 넣어 암세포를 걸러내는 방식이죠. 7μm 안팎인 암세포는 걸러지고 이보다 작은 적혈구와 백혈구는 빠져나간다고 합니다. 세포가 구멍 가장자리에 긁혀 훼손되지 않도록 바이오 코팅 처리까지 했습니다.

살아 있는 CTC를 포집하는 기술은 바이오 분야에선 쉽지 않은 기술로 여겨졌습니다. 이 회사를 세운 전병희 대표는 인덕대학교 기계설계공학과 교수였습니다. 삼선전기 고문을 하면서 읽었던 논문을 통해 사업 아이디어를 냈죠. 공학 전문가의 바이오 도전은 쉽지 않았습니다. 다만 바이오 분야 전문가와는 완전히 다른 결과물이 나왔죠. 바

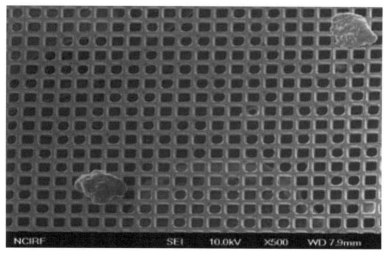

채 모양의 암 포집 장치. 덩어리 모양이 걸러진 암세포다.
자료: 싸이토젠

이오 전공자의 액체생검은 피를 뽑아 진단키트 등의 매개물을 통해 유전자를 증폭해서 검출을 합니다.

이 회사의 암 진단 방식이 주목을 받는 이유는 간편하기 때문입니다. 암을 확인할 수 있는 방법은 크게 세 가지가 있습니다. 영상 장비와 조직검사, 그리고 액체생검입니다. CT, MRI 등 영상 장비로 찾지 못하는 암세포가 대부분입니다. 세포의 변화까지 알 수 없습니다. 조직검사 방식이 있긴 하지만 검사를 위해 매번 암이 걸린 부위의 조직을 떼낼 수 없습니다. 액체생검은 피만 뽑으면 되기 때문에 환자에게 부담이 적죠. 또 암 세포가 줄어드는 시계열을 분석할 수 있는 수단도 됩니다. 조직검사처럼 매번 수술 등을 통해 암 세포를 확인할 필요가 없기 때문이죠.

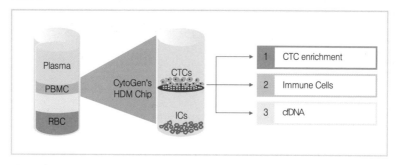

면역세포(적혈구와 백혈구)는 반도체 칩을 통과해 밑으로 떨어지고, 암세포, 다시 말해 혈중종양세포 (CTC)는 칩 위에 남아 있어 이를 암 진단에 사용하는 방식이다.

자료: 싸이토젠

전 대표는 "바이오 분야 전공자가 생각하는 방식과는 완전히 다르다"며 "공대 출신이 봤을 때 단순히 암세포를 제대로 잡기만 하면 된다는 생각으로 여기까지 왔다"고 말합니다.

싸이토젠은 이후 암세포를 추출하는 기계, 세포를 염색하는 기계, 이 세포들을 분석하는 기계를 독자적으로 개발했습니다. 모든 과정이 자동으로 이뤄집니다. 덕분에 병리과 의사가 진단 결과를 분석하는 데 3시간 걸리던 것을 10분으로 줄였죠.

바이오 회사로는 특이하게 사내에 핵심 기계들을 직접 설계 및 제작하는 부서를 따로 두고 있습니다. 기계 역시 나중에 수출됩니다. 한 대에 수억 원이 넘습니다.

싸이토젠의 기술은 일종의 플랫폼입니다. 암을 진단할 수 있는 기술을 통해 여러 가지로 이용될 수 있습니다. 어떻게 상업화가 될 수 있을까요. 우선 CTC 분석을 통해 새로운 표적항암제 개발을 도울 수 있습니다. 암을 유발하는 원인 인자인 바이오마커를 찾는 방식으로 말이죠. 또 바이오마커가 실제 환자군에서 얼마나 나타나는지, 환자의 임상 소견과 어떤 상관관계가 있는지를 확인할 수 있습니다.

CTC를 활용해 개발된 약물의 효능을 테스트하는 방식의 동반 진단도 가능하죠. 신약 개발의 모든 단계에 걸쳐 함께 임상을 진행하는 겁니다. 현재 가장 진도가 나간 부분은 다이이치산쿄와의 협업입니다.

다이이치산쿄는 폐암 신약 개발 과정에서 내성 여부를 진단해주는 기술을 찾고 있었는데, 이때 싸이토젠의 기술이 이용됩니다.

⚙ 싸이토젠 기술력 알아본 다이이치산쿄

싸이토젠의 독특한 기술은 상장 이후 오랫동안 저평가를 받는 원인이 됐습니다. 이제까지 본적이 없는, 그것도 반도체 기반의 기술이다 보니 바이오 업계에 있는 종사자들에게 무시를 당했습니다. 시가총액 역시 600억~800억 원을 오갔죠.

이 회사에 대한 재평가가 이뤄진 계기도 다이이치산쿄와의 동반 진단이 시작되면서입니다. 다이이치산쿄와의 동반 진단 부분을 좀 더 알아보겠습니다. 환자들은 비소세포 폐암에 걸리면 표적항암제를 먹습니다. 표적항암제는 암세포에만 많이 발현되는 특정 단백질 등을 표적으로 삼아 암세포만 골라서 죽이는 항암제입니다. 빨리 자라는 세포를 무차별적으로 죽이는 세포 독성 항암제와는 달리 부작용은 적고 치료 효과는 높죠.

현재 가장 먼저 맞는 치료제가 다국적 제약사 아스트라제네카의 이레사와 스위스의 로슈의 타세바입니다. 다만 이 약물에 대해 우리 몸은 내성이 생깁니다. 치료제가 더 이상 효능을 내지 않는 것입니다.

이레사는 상피세포 성장인자 수용체(EGFR) 유전자 변이가 발견된 환자에게 쓰입니다. 다이이치산쿄가 개발 중인 신약 DS-1250은 이레사에 내성이 있는 환자를 대상으로 한 신약입니다. 현재는 아스트라제네카의 타그리소가 2차 치료제로 가장 많이 쓰입니다.

다이이치산쿄가 개발 중인 DS-1250은 AXL 저해제로 분류됩니다. AXL이란 세포 표면에 있는 단백질로 암세포의 이동과 전이, 약물 내성 등에 중요한 역할을 합니다. 정상인에겐 거의 나오지 않고 암 환자에게 나옵니다. 특히 폐암에서 많이 나타납니다.

싸이토젠은 이 과정에서 환자에게 내성이 생겼는지, 이들 환자에 DS-1250을 사용하면 암 세포가 어떻게 달라지는지를 임상에서 확인해줍니다. 동반 진단입니다.

전 대표는 "임상 단계가 높아질수록 환자 수는 늘어나게 된다"며 "여기에 약이 출시가 된다면 실제 환자를 대상으로 모니터링을 하기 때문에 매출이 폭발적으로 늘 것"이라고 말했습니다.

DS-1250의 임상을 맡고 있는 서울아산병원에선 이 약물이 1차 치료제로도 손색이 없다고 설명합니다. 이 경우 이 약을 사용하는 환자는 훨씬 늘어납니다.

✿ 한국 회사와도 잇따라 동반 진단 계약

노승원 맥쿼리투신운용 펀드매니저는 "신약 개발 회사들은 임상 중에 돈을 쓸 수밖에 없지만, 동반 진단 회사들은 임상 중에도 일정 수익을 거둘 수 있다"고 설명합니다.

싸이토젠은 한국의 바이오 기업 큐리언트와도 동반 진단 계약을 맺었습니다. FDA에서 임상 1상 승인을 받았죠. 한국 기업 16곳, 외국에선 30곳 이상의 기업이 이 회사와 동반 진단 계약을 구체적으로 논의 중입니다.

전 대표는 "일주일이면 대부분의 검사가 가능하다"며 "내성이 생겨 치료 약물을 바꾸는 데 보통 3~4개월이 걸리는데 이 시간을 줄일 수 있다"고 말합니다. 하루하루가 급한 환자들에게 도움이 되는 것이죠.

✿ 혈액 1cc면 암 종합 진단

피 한 방울이면 암 유전자를 찾아주는 서비스도 계획 중입니다. 폐암 진단 패널의 경우 6개월 안에 개발이 완료된다고 합니다. 유방암 서비스도 할 예정입니다.

현재 발견된 암 유전자는 500개가 넘습니다. 이 유전자를 패널로 만들었습니다. 이 패널에 혈액을 떨어뜨려 개개인이 갖고 있는 암 유전자를 분석하는 서비스입니다. 이 회사의 CTC 분석을 통하다 보니 순도가 높다고 합니다. 암 발생 가능성을 예측하거나 실제 암에 걸렸는지도 알려줍니다.

글로벌 진단 회사 써모피셔 등 글로벌 회사 두 곳이 관심을 보이고 있습니다. 또 싸이토젠은 2020년 5월 뼈로 전이가 되는 골전이암(전이성골종양)과 관련한 바이오마커를 조선욱 서울대학교 교수로부터 샀습니다.

조 교수는 혈액 안에서 돌아다니다가 뼈로 붙어 암 세포를 증식시키는 바이오마커인 오스테오칼신을 찾아냈습니다. 유방암뿐 아니라 폐암과 전립선암 등 다양한 원발암에서 분리된 암세포가 혈액을 통해 골조직으로 간다고 합니다.

연구에 따르면 유방암 환자의 최대 75%가 골전이를 경험한다고 합니다. 유방암에서 골전이가 발생하면 사망률은 4.9배 증가하게 됩니다. 유방암과 전립선암은 5년 생존율이 97%에 달하지만 그 이후 생기는 골전이암이 문제입니다.

유방암 환자들이 골전이암에 걸렸는지를 미리 진단하면 좋지만, 현재로선 진단 방법이 없습니다. 뼈로 전이되는 암의 특성상 현재의 기술로는 조기 발견이 쉽지 않다고 합니다. 엑스레이 등 영상에 의지해야 하는데 보통 골전이암 4기에나 발견됩니다.

아니면 뼈를 긁어서 찾는 방법도 있습니다. 하지만 암이 걸린 부위를 정확히 찾기 어려운데다 뼈를 긁어내는 것 자체가 쉽지 않은 진단법입니다. 심각한 환자가 아닌 이상 사용하지 않죠.

골전이암을 혈액으로 진단한다면 환자의 삶의 질을 높이고 생존율도 크게 향상시킬 수 있을 것입니다. 현재 싸이토젠은 골전이암에 대해 임상을 진행 중입니다. 싸이토젠 측은 회사의 기술인 CTC 포집으로 오스테오칼신을 찾아낼 수 있다고 합니다.

이 바이오마커를 활용해 별도의 랩을 신설, 신약 개발에 나설 계획도 세우고 있습니다. 처음부터 후보 물질을 찾기보다는 미국의 바이오 벤처로부터 기술을 사와 개발에 나설 예정입니다.

바이오마커를 갖고 있으면 신약 개발 확률이 높습니다.

⚙️ 제2의 메드팩토 되나

싸이토젠은 여기서 한 발 더 나아갈 예정입니다. 현재는 골전이암을 치료할 수 있는 방법이 별로 없습니다. 치료제도 없죠. 현존하는 약물이 뼈에 붙어 있는 암 세포를 죽이기 쉽지 않습니다. 전달도 잘 되지 않습니다.

싸이토젠은 골전이암 치료제가 나올 수 있을지 고민했습니다. 그리고 뼈로 흡수가 되도록 만들어진 약을 찾아냈습니다.

바로 골다공증 치료제죠. 이를 개발하고 있는 회사는 미국의 화이자와 MBC파마, 벨기에 제약사 아블링스 등이 있습니다. 싸이토젠은 이들 중 한 곳에서 신약 후보 물질을 사오는 등 다양한 방안을 검토 중입니다.

싸이토젠은 별도의 연구실을 설립하는 방안도 고려 중입니다. 조선욱 교수도 참여할 가능성이 높습니다. 이런 사업 방식은 진단 기업인 테라젠이텍스가 메드팩토란 자회사를 만든 것과 비슷합니다. 바이오 마커를 이미 찾은 상황에서 신약을 개발하면 성공 확률이 더 높을 수 밖에 없습니다.

전병희 싸이토젠 대표는 "신약 개발 등과 관련해 국내외 회사들로 부터 투자 제의가 많이 들어온다"고 설명했습니다. 싸이토젠의 직원 들은 코로나19 상황에도 2020년 하반기 미국으로 향했습니다.

CTC를 기반으로 한 암 진단 기술을 수출할 예정입니다. 싸이토젠 이 갖고 있는 암 진단 기술과 암 진단 패널 등이 대상입니다. 다양한 암의 유전자를 찾아주는 서비스도 여기서 나올 것 같습니다. 싸이토 젠의 사업 모델 대부분을 수출할 예정입니다. CLIA를 통할 경우 별도 의 FDA 허가를 받을 필요가 없습니다.

CLIA 제도는 질병의 진단 예방 치료를 목적으로 임상 검사를 수행 하는 실험실에 대해, 검사의 정확도 신뢰성 적절성 등을 검증하는 미 국의 표준 인증 제도입니다. 전 대표는 "CLIA 자체가 인증을 받은 것 이기 때문에 여기서 쓰이는 진단 등은 CLIA의 책임 아래 상업 목적으 로 쓰일 수 있다"며 "미국 의료 기관을 상대로 한 서비스가 가능해질 것"이라고 말했습니다.

✿ 유일한 기술, 저평가 원인

1,000억 원 밑이던 이 회사 시가총액은 2020년 하반기 들어 재평가를 받기 시작합니다. 다이이치산쿄와 임상시험을 하는 과정에서 받는 돈이 적지 않다는 게 알려지면서입니다. 이와 함께 글로벌 상위 제약사인 다이이치산쿄가 이 회사의 기술력을 제대로 평가했다는 분석도 나왔죠.

싸이토젠과 다이이치산쿄의 임상은 이레사에 내성이 생긴 환자를 대상으로 합니다. 그러기 위해선 내성이 생긴 환자 60명을 찾아야 합니다. 보통 이레사에 내성이 생긴 환자를 20% 안팎 정도로 생각하고 있습니다. 60명을 찾기 위해선 약 300명의 검사를 해야 하는 셈이죠. 300명에겐 1인당 5,000달러 정도를 받습니다. 분석에 대한 비용입니다.

이 중 내성이 생긴 60명을 찾고, DS-1250의 약효를 확인하는 과정을 거칩니다. 이들은 1인당 3만 달러를 받기로 했습니다. 이 같은 동반 진단이 늘어나면 자연스럽게 회사를 운영할 수 있는 여력이 생깁니다. 동시에 기술 수출도 진행할 수 있습니다.

글로벌 액체생검 회사의 기업 가치는 상당히 높습니다. 2020년 10월엔 미국 이그젝트사이언스가 액체생검 회사 트리브얼리어디텍션(Thrive Earlier Detection)을 21억 5,000만 달러에 인수하는 계약을 맺었죠. 싸이토젠의 10배가량입니다. 트리브얼리어디텍션은 2019년 5월 미국 존스홉킨스대학교에서 나온 바이오 벤처입니다. 싸이토젠과 사

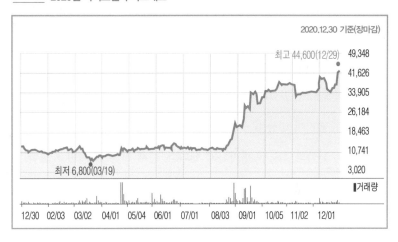

도표 4-12 2020년 싸이토젠 주가그래프

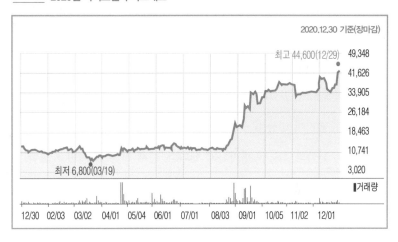

업 영역은 비슷합니다. 조기 암 진단 제품인 캔서식(CancerSEEK)은 혈액 속 DNA와 단백질을 분석하는 액체생검 키트를 보유 중입니다.

유전자 서열 바이오텍 업체 일루미나는 2020년 9월 80억 달러에 암 조기 진단 스타트업 그레일을 인수하기도 했습니다.

싸이토젠의 신약 후보 물질은 다양합니다. 경쟁력이 충분하죠. 글로벌 회사와도 싸울 수 있다는 게 진단 업계의 판단입니다. 이 회사의 시가총액은 2020년 12월 말 기준 2,000억 원 안팎입니다. 노 매니저는 "액체생검 기업인 한국의 클리노믹스가 시가총액 2,000억 원 안팎에 거래되는 등 싸이토젠이 과평가된 구간은 아니다"라며 "2021년 기술 수출 추이에 따라 상승폭이 커질 수 있다"고 말했습니다.

임상 2상 시험 이후 바로 의약품 판매를 허가하는 제도입니다. '조건부 허가'로도 불립니다. 임상은 1상부터 3상을 거쳐야 합니다. 임상 3상에선 환자에 대한 대규모 실험을 통해 2상에서 도출한 투여 용량에 따른 신약의 효능을 평가하게 됩니다. 이때 기존 약 대비 효능이 떨어지거나 안전성에서 문제가 있으면 신약 판매가 불가능합니다.

하지만 한 번 발병하면 생명을 해칠 수 있는 심각한 질병이나 치료제가 없는 질환, 희귀 질환을 겪고 있는 환자들에겐 임상 3상 결과를 기다릴 수 있는 시간적 여유가 없습니다. 특히 환자가 적은 희귀 질환은 수백 명의 임상을 진행하기 위한 참가자 모집도 쉽지 않습니다. 이렇듯 치료제가 없거나 중증·희귀 질환인 경우 각국의 의약품 규제 기관에선 임상 3상 자료를 추후 제출하는 조건으로 임상 2상을 마친 신약에 품목 허가를 내주는 제도를 갖추고 있습니다.

마땅한 치료제가 나오지 않은 코로나19 치료제 개발사의 경우에도 임상 3상을 진행하는 조건으로 조건부 품목 허가 제도를 활용할 수 있습니다. 이 제도를 활용하면 환자는 임상 1·2상을 통해 안전성과 효능이 어느 정도 검증된 신약을 빠르게 투여받을 수 있음은 물론 기업 입장에서도 조기에 매출을 확보를 할 수 있다는 장점이 있습니다. 다만 임상 3상이나 환자 투여 이후 심각한 부작용 등의 문제가 발생하면 조건부 허가가 취소될 수 있습니다.

조건부 허가의 수혜를 받을 수 있는 대표적인 치료제 분야로는 희귀 질환 치료제와 줄기세포 치료제가 꼽혀왔습니다. 2016년 식약처는 세포 치료제에 대해 허가 규제를 완화해 조건부 허가가 가능하도록 했습니다. 파미셀이 줄기세포 기반 간경변 치료제인 '셀그램-엘씨'로 2017년 12월 조건부 허가를 신청했지만 반려돼 임상 3상을 준비 중입니다. 2020년 12월 임상 3상 시험 계획을 식약처로부터 승인받았습니다.

이 회사는 2020년 7월 식약처장을 대상으로 한 조건부 허가 반려처분 취소 행정소송 1심에서 승소하기도 했습니다. 같은 해 8월 도입된 첨단재생바이오법을 통해 바이오 의약품에 대한 조건부 허가 기준이 명문화되면서 허가 여부를 둘러싼 논란은 줄어들 전망입니다.

퓨쳐켐

전 세계 방사성 의약품 회사 중
가장 많은 파이프라인 보유

퓨쳐켐은 방사성 의약품을 활용해 암이나 뇌 질환을 진단하거나 치료제를 만드는 회사입니다. 방사성 의약품은 방사성 동위원소와 펩타이드 등을 붙여 치료제나 진단용으로 사용합니다. 펩타이드가 특정 암세포에 가도록 설계를 한 뒤 혈액을 타고 다니다가 암세포에 붙어 방사선을 방출함으로써 암세포를 파괴하는 방식입니다.

진단과 치료제의 작용 기전은 비슷합니다. 암세포에 붙어서 폭탄과 같이 강하게 폭발해 암세포를 죽이면 치료제로, 폭죽처럼 세포 손상을 최소화하면서 불꽃만 튀기면 진단용으로 쓰입니다. 진단을 위해선 양전자방출 컴퓨터단층촬영(PET-CT)을 통해 방사성동위원소가 방출하는 방사선의 사진을 찍습니다. 방사성 의약품은 2011년 10월 5일 췌장암으로 세상을 떠난 스티브 잡스가 마지막에 받기로 했다고 알려지면서 유명세를 탔습니다.

이 회사의 지대윤 대표는 서강대학교 화학과 교수 출신입니다. 세계방사성의약품학회(ISRS) 의장을 지내는 등 관련 연구에 있어서 세계적인 석학입니다. 한국에서도 이와 관련한 연구를 처음으로 시작했습니다. 방사성 의약품을 활용해 2008년 세계에서 첫 번째로 파킨슨병과 폐암을 진단할 수 있는 시약을 내놓았습니다. 첫 번째 제품은 1976년에 개발된 FDG입니다. 30년 만에 신제품이 나온 것이죠. FDG를 활용해 PET-CT를 통해 종양 등을 검사하는 겁니다.

방사성 의약품를 개발하고 있는 회사 자체가 국내엔 거의 없습니다. 유일한 상장사죠. 지 대표는 암 환자들이 받을 수 있는 치료법을 크게 세 가지로 분류합니다. 우선 의사들이 직접 수술을 통해 암세포를 제거하는 방식이 있습니다. 다음은 항암제를 맞거나 먹는 방식, 그리고 방사선을 이용한 치료입니다.

현재 국내에서 쓰이고 있는 방사성 동위원소를 이용한 대표적 표적 치료제는 갑상선암 치료제인 방사성요오드입니다. 국내에서만 연간 약 2만 명의 환자가 방사성요오드로 치료를 받고 있습니다.

좀 더 세분화하면 방사성 의약품도 표적 치료제에 속합니다. 지 대표는 "방사성 의약품의 경우 내성이 생겨 치료 효과가 떨어지는 부작용을 극복할 수 있다"고 설명합니다. 여기에 약물 치료 과정에서 환자 고통이 크지 않다는 장점도 있습니다.

이 회사가 가장 중점을 두고 있는 신약 후보 물질은 전립선암 치료제와 전립선암 진단 분야입니다. 암 치료제 FC-705는 현재 한국에선 임상 1상, 미국에선 2021년 1분기 임상 1상에 들어갑니다. FC-705는 방사성 동위원소인 루테튬177(lutetium177)과 PSMA 표적 펩타이드를 조합한 물질입니다.

PSMA는 전립선암세포와 전이암세포에 많이 발현되는 단백질입니다. 일종의 바이오마커입니다. 바이오마커가 있으면 신약 개발 확률이 3배 이상 높아집니다. 다시 말해 암세포를 공격하는 루테튬177을 PSMA 표적 펩타이드가 끌고 가는 것입니다. 일종의 내비게이션입니다.

혈액을 통해 FC-705는 전립선까지 도달한 뒤 암세포에서 터집니다. 암세포와 결합해 암세포를 죽이는 것이죠. 이 과정에서 정상 세포를 거의 죽이지 않는다고 합니다.

이 같은 작용 기전은 스위스 제약사 노바티스가 개발하고 있는 PSMA-617과 비슷합니다. 글로벌 임상 3상을 진행 중이죠. 약물 구성도 비슷합니다. 방사성 동위원소인 루테튬177과 PSMA 표적 펩타이드 조합입니다.

다만 다른 점이 있습니다. 퓨쳐켐은 여기에 알부민이라는 단백질을 붙였습니다. 약물을 보호하는 역할을 하는데요. 정상 세포에서 약물이 터지는 등의 문제, 즉 부작용을 줄이기 위해 붙였습니다. 지 대표

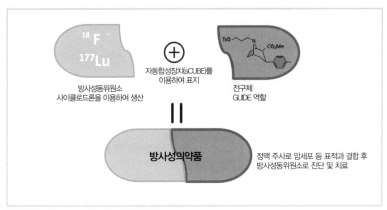

자료: 퓨처켐

는 "1995년에 발간된 논문에서 이 같은 아이디어를 발견했다"고 했습니다. 지 대표는 이미 방사성 의약품과 관련해 SCI(과학기술논문 인용색인)급 논문을 200편 이상 냈습니다. 관련 연구자 중에 가장 많은 숫자입니다.

이렇게 전립선에 있는 암세포에 도달한 PSMA 표적 펩타이드는 세포 안으로 들어간 뒤 루테튬177이 암세포를 없애면서 임무를 마칩니다. 노바티스의 PSMA-617은 단점이 있습니다. 침샘이나 눈물샘, 신장에 흡수되는 양이 많습니다. 정상 세포가 파괴되는 것입니다.

지 대표는 "여러 번 투여해야 하는 치료제 특성상 신장이나 침샘, 눈물샘 등이 망가질 수 있다"며 "치명적인 부작용이 될 것"이라고 말합니다. 중간에 새는 약물이 많다 보니 투여량도 많습니다. PSMA-617은 한 번에 200mg를, FC-705는 50~100mg 정도만 맞으면 됩니다.

PSMA-617은 사실 노바티스가 나스닥 상장사인 엔도사이트란 방사성 의약품 회사를 인수해 권리를 넘겨받은 겁니다. 인수 당시 이 회사의 가치는 21억 달러(약 2조 2,000억 원) 정도였습니다. 이 회사의 파이프라인은 PSMA-617 하나였습니다. 글로벌 2상 임상 단계였죠. 1상 마치고 1조 원의 기업 가치를 받았고, 2상을 마치고 2조 원이 된 셈이죠.

퓨처켐은 이 회사보다 더 나은 후보 물질을 갖고 있다고 자부합니다. 시가총액은 2020년 12월 초 기준으로 2,000억 원 정도에 불과합니다.

지 대표는 "노바티스가 개발 중인 전립선암 치료제보다 용량은 적고, 부작용 가능성은 낮다"며 "여러 글로벌 제약사들이 기술이전에 관심을 보이고 있는 이유"라고 말합니다.

노바티스는 방사성 의약품 사업에 공을 들이고 있습니다. 2017년에도 유럽원자핵공동연구소(CERN)에서 독립한 방사성 의약품 전문 기업 AAA를 인수했습니다. 39억 달러(약 4조 원)에 인수를 했죠. AAA는 주력 사업인 신경내분비종양 치료제를 이미 출시했습니다.

기술이전 중인 진단 의약품

전립선암 진단 의약품 FC-303은 속도가 훨씬 빠릅니다. 한국에선 이미 2020년 8월 임상 3상 절차에 돌입했고, 이후 3상 임상을 해도 좋다는 승인을 식약처로부터 받았습니다. 미국에선 2021년 2월에 임상

도표 4-14 MRI와 PET 영상 차이

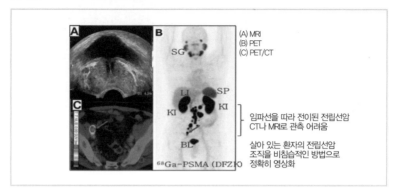

자료: 퓨쳐켐

도표 4-15 한국과 글로벌 전립선암 진단제 시장 규모

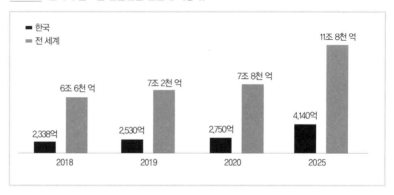

자료: National Cancer Instituete(NCI) Research Funding, Mordor intelligence

1상이 종료됩니다. 2022년 12월엔 미국에서 3상 절차가 모두 끝납니다. 이미 기술 수출도 여러 건 됐습니다.

현재 전립선암을 진단하기 위해선 다소 복잡한 절차를 거쳐야 합니다. 우선 혈액 검사나 초음파 검사를 통해 전립선암에 걸렸는지 선별적으로 검사해야 합니다. 물론 정확도가 낮습니다. 이후 특이점이 보이면 조직검사를 합니다. 전립선 주변의 세포를 떼어내는 것입니다. 고통이 따를 뿐 아니라 전이 여부를 알기 어렵습니다.

이후엔 영상 진단도 진행합니다. MRI나 CT를 통해 전이나 암의 크기를 판단합니다. 하지만 여전히 정확도가 높진 않습니다.

FC-303은 PET-CT 촬영 직전에 정맥주사 형태로 넣습니다. FC-303이 암세포까지 가서 폭죽처럼 터진 상황에서 PET-CT를 찍으면 색깔이 다르게 나옵니다. 전립선암 조직과 전이가 된 세포를 정확하게 표시합니다. 내비게이션 역할을 하는 PSMA 표적 펩타이드가 이들 암세포까지 약품을 잘 끌고 가기 때문입니다.

방사성 의약품으로 전립선암 진단을 하는 회사는 퓨쳐켐을 비롯해 독일 ABX(유럽 임상 1상)와 미국 프로제넥스(미국 3상), 노바티스(미국 2상) 등입니다. 퓨쳐켐의 개발 속도가 가장 빠른 편입니다.

이런 기술력을 인정받아 중국과 유럽에 기술 수출을 했습니다. 중국 기술 수출 금액이 상당합니다. 계약 내용은 중국 HTA와 전립선암 진단 신약 후보 물질 FC303의 공동 개발 계약을 체결한다는 것이었죠. 경상 기술료(로열티)를 포함한 전체 계약 규모는 37억 8,496만 위안(약 6,560억 원)이었습니다.

중국 국영 기업인 HTA는 중국 전역에 31개 생산 시설을 둔 방사성 의약품 전문 기업입니다. 퓨쳐켐은 FC303의 국내 임상 자료 및 의약품 제조 기술을 이전해 HTA와 제품을 공동 개발하는 방식이죠.

우선 반환 의무 없는 계약금 200만 달러(약 24억 원)를 우선 수령했습니다. 로열티는 상업화 후 1~3년까지 순매출의 12%를 받습니다.

4~15년차에는 16%를 수령합니다. 6,500억 원 규모는 중국 시장에서 예상되는 매출액 중 퓨쳐켐이 로열티로 가져가는 것입니다. 중국 HTA와 협의 후 계산을 했는데요. 이 제품이 팔리는 첫 해인 2026년부터 114억 원의 로열티가 발생합니다. 2029년부터는 300억 원 이상의 이익이 발생합니다.

시장 조사 기관인 모도 인텔리전스는 중국 전립선암 시장 규모가 2024년 13억 8,900만 달러(1조 6,474억 원)까지 커질 것으로 전망하고 있습니다. 미국의 한 기업과도 기술이전 논의를 진행하고 있습니다. 구체적인 숫자도 오가는 중이죠. 전체 규모로 보면 중국보다는 클 것이라고 회사 측은 설명합니다.

방사성 의약품 플랫폼 기업

퓨쳐켐의 기술력 중 하나는 불소, 즉 플루오린(F-18)이란 방사성 동위원소를 어떤 펩타이드와도 잘 결합시킬 수 있다는 겁니다. 일종의 플랫폼 기술로 볼 수 있는데요.

방사성 의약품은 방사성 동위원소와 전구체(펩타이드) 등을 조합하는 의약품입니다. 치료용 방사성 동위원소는 보통 외국에서 수입을 하고, 진단용 방사성 동위원소는 국내에서 만듭니다. 이 회사는 알코올 용매를 활용한 합성 방법으로 특허를 보유하고 있습니다. 현재 갖고 있는 파이프라인 이외에 다른 종류의 펩타이드 조합이 발견되면

이걸 방사성 동위원소에 붙일 수 있다는 겁니다. 이를 표지 기술이라고 합니다. 지 대표는 "이를 바탕으로 어떤 종류의 방사성 의약품도 만들 수 있다"고 말합니다.

두 개를 조합할 때엔 자동합성장치라는 기계가 쓰입니다. 보통 기계를 보유하고 방사성 동위원소와 펩타이드를 합성시켜주는 회사가 있지만 퓨쳐켐은 기계를 직접 만들었습니다. 한 대에 1억 5,000만 원 정도에 팔고 있습니다. 얼마전 기술 수출한 중국 HTA에도 이 기계를 한 대 보냈습니다.

방사성 의약품은 반감기가 있어 일정 시간 안에 사용해야 합니다. 반감기란 방사선 물질의 양이 처음의 반으로 줄어드는 데 걸리는 시간입니다. 만약 반감기가 하루라면 보통 제조 후 하루 안에 접종을 해야 합니다. 방사성 의약품은 제조 시설이 각 국가의 거점에 있어야 하는 이유죠.

유영일 퓨쳐켐 이사는 "표지 기술에 있어선 독보적인 세계 1등이라고 자부한다"며 "자동합성 장치와 방사성 의약품을 함께 개발 및 보유한 회사는 유일하다"고 말합니다.

매출 나오는 바이오 기업

퓨쳐켐의 장점은 전 세계 방사성 의약품 회사 중 가장 많은 신약 후보 물질을 보유한 회사라는 겁니다. 회사가 처음으로 시장에 내놓은 제품은 피디뷰라는 파킨슨 진단 제품입니다.

하지만 시장 관심은 알츠하이머 진단 제품인 알자뷰에 더 있습니다. 한국 시장엔 2018년 출시됐습니다. 미국 바이오텍 바이오젠의 알츠하이머 치료제 아두카누맙(aducanumab) 출시가 임박했기 때문입니다. 승인된다면 2021년 연매출이 48억 달러에 이를 것으로 전망됩니다. 아밀로이드베타를 표적으로 하는 항체 치료제입니다. 임상시험에서 뇌속의 아밀로이드베타를 제거하는 것으로 나타났습니다. 알츠하이머에 의한 경도 인지장애 및 경도 알츠하이머의 임상 상태 악화를 늦춘다는 게 바이오젠의 설명입니다. 2021년에 결론이 날 예정입니다.

알자뷰는 이 치료제를 사용하기 전 알츠하이머 진단용 제품으로 활용될 가능성이 높습니다. 아두카누맙 사용 후 경과를 볼 때도 쓰입니다.

미국 시장에선 아직 허가를 받지 못했기 때문에 힘들지만 적어도 한국에선 경쟁력이 있습니다. 이 약도 마찬가지로 아밀로이드베타를 진단합니다. PET-CT를 찍기 전 정맥주사 형태로 알자뷰를 맞는 것인데요. 보통은 의사가 알츠하이머를 문진을 통해 의심하면 MRI나 CT로 뇌의 크기가 줄었는지, 변형은 없는지 등을 봅니다. 이 상황에서도 잘 보이지가 않으면 알자뷰와 PET-CT를 찍는 겁니다. 이 제품은 F-18과 펩타이드 조합으로 만들어졌습니다. 알츠하이머의 원인이 되는 아밀로이드베타를 찾아갑니다. 마찬가지로 폭죽처럼 아밀로이드베타와 만나 빛을 냅니다.

현재 한국에서 한 달에 60~70명 정도가 알자뷰를 쓰고 있습니다.

도표 4-15 알자뷰(Florapronol) 주사

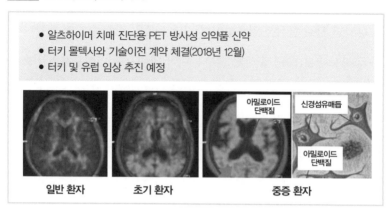

- 알츠하이머 치매 진단용 PET 방사성 의약품 신약
- 터키 몰텍사와 기술이전 계약 체결(2018년 12월)
- 터키 및 유럽 임상 추진 예정

일반 환자 | 초기 환자 | 중증 환자

아밀로이드 단백질 | 신경섬유매듭 | 아밀로이드 단백질

자료: 퓨처켐

아직 규모가 크지 않습니다. 경쟁 제품은 GE헬스케어의 비자밀과 라이프몰레큘러이미징의 뉴라체크 등이 있습니다. 각각 연 30억 원 정도 매출이 나옵니다. 시장에 4~5년 정도 늦게 들어온 퓨처켐은 이제 막 점유율을 높이고 있습니다.

가격이나 제품의 질 측면에선 다른 회사보다 뛰어나다는 게 퓨처켐의 주장입니다. 이 기술을 바탕으로 터키의 몰텍이란 회사에 기술 수출을 했습니다. 2018년 12월의 일입니다. 총 계약 규모는 1,050만 달러였습니다. 이 회사가 현재 유럽 시장에서 임상을 진행 중입니다.

말씀드렸듯이 방사성 의약품은 거점에서 만들어 사용합니다. 환자가 예약이 되면 여기에 맞는 제품을 생산하는 것이죠. 알자뷰의 경우 제조 시간이 50분입니다. 뉴라체크는 104분, 비자밀은 60분 정도입니다.

또 주사 후 영상을 찍을 수 있는 시간 역시 짧습니다. 환자가 기다

리는 시간이 줄어드는 겁니다. 이 회사의 경우 주사 후 30분 후에 찍으면 되지만 뉴라체크와 비자밀은 각각 90분이 걸립니다.

비용 측면에서도 퓨쳐켐의 알자뷰는 35~45만 원, 나머지 두 회사는 55~65만 원입니다. 글로벌 시장에서 가장 먼저 출시된 일라이릴리의 아미비드는 한국에 나오지 않았습니다. 이 제품이 아두카누맙의 동반 진단 제품인데요. 한국에서는 쓰이기가 어렵습니다. 가장 큰 경쟁자가 제거된 겁니다.

파킨슨병 진단에도 강점

파킨슨병 진단 제품인 피디뷰는 베스트인클래스라는 게 회사 측 설명입니다. F-18과 뇌 속에 있는 도파민 운반체(단백질)를 찾아가는 펩타이드인 FP CIT를 붙인 제품입니다.

한국에서 파킨슨병의 확진과 진행이 얼마나 됐는지 알 수 있는 방법으론 유일한 제품입니다. 의사들이 눈의 깜빡임 등을 보고 파킨슨병을 진단하는 수준에서 한 발 더 나아간 방식입니다. 2020년 한국에서 피디뷰 주사를 맞은 사람은 약 3,939명으로 예측됩니다. 매출은 23억 원 수준입니다. 코로나19 대유행으로 2020년 성장세가 꺾이긴 했지만 2021년엔 매출이 30억 원으로 늘어난 것으로 보입니다.

현재 미국에선 GE헬스케어가 파킨슨 진단 제품을 판매하고 있습니다. 하지만 이 제품은 F-18이 아닌 요오드를 방사성 동위원소로 쓰고 있습니다. 펩타이드는 같습니다.

요오드는 몸속에서 반감기가 3시간으로 길어 신체에 나쁜 영향을 줄 수 있다고 합니다. 피폭량이 늘어나는 겁니다. 주사 후 환자는 SPECT-CT를 찍기 위해 세 시간을 기다려야 합니다. 사진의 질도 좋지 않습니다.

피디뷰는 90분 후에 검사가 가능합니다. 의약품 가격도 피디뷰는 30~40만 원, GE 헬스케어 제품은 2,700달러(약 290만 원) 수준입니다. 유영일 퓨쳐켐 이사는 "기술이전에 관심을 보이고 있는 회사가 있다"고 말했습니다.

현재 미국 컬럼비아대학교에서 연구자 임상을 하고 있습니다. FDA에 2021년 초 임상 신청을 할 계획입니다. 피디뷰는 유럽에선 IASON이라는 회사에 기술 수출이 됐습니다. 제품 판매 후 1~5년차까지 매출의 15%를 가져갑니다. 6년 뒤엔 매출의 20%가 로열티가 됩니다.

🧬 안전한 실탄 마련

퓨쳐켐은 주가가 오르지 않아 마음고생을 좀 했습니다. 2018년 300억 원 규모로 발행했던 전환사채(CB)의 전환가액이 오랜 시간 동안 주가를 웃돌며 조기 상환에 대한 우려가 적지 않았습니다. 2020년 7월 300억 원 규모의 유상증자를 실시하면서 CB 상환에 대비한 자금을 확보했죠.

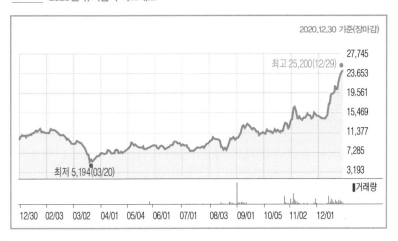

다행히 CB가 주식으로 속속 전환되면서 조달한 자금을 상환이 아닌 다른 곳으로 사용할 수 있게 됐습니다. 전립선암 치료 신약과 후속 파이프라인 개발에 투자할 수 있게 된 것이죠. 주주들의 비판에도 유상증자를 단행했는데, 현재는 이 결정이 회사 성장 동력이 되고 있습니다. CB는 현재 180억 원 정도 신주 전환 후 매각됐습니다. 아직 120억 원이 남았습니다. 노승원 맥쿼리투신운용 펀드매니저는 "시장에서 신주 전환 물량을 기다렸다가 오히려 기관들이 대거 매수에 나서면서 주가가 크게 올랐다"고 말합니다.

신주 전환 후 매각은 분명한 악재이지만 회사의 성장성을 높게 본 투자자들이 이를 기다렸다가 매수 타이밍으로 삼는 것입니다.

이 회사의 주가를 보려면 다른 방사성 의약품 회사들의 주가 수준을 봐야 합니다. 노바티스가 나스닥 상장사인 엔도사이트로부터 PSMA-617를 인수한 당시 이 회사의 가치는 21억 달러(약 2조 2,000억 원) 정도였습니다. 이 회사의 파이프라인은 PSMA-617 하나였습니다. 글로벌 2상 임상 단계였죠. 1상 마치고 1조 원의 기업 가치를 받았고, 2상을 마치고 2조 원이 된 셈이죠.

퓨쳐켐은 전립선암 치료제를 한국에선 임상 1상, 미국에선 2021년 1분기 임상 1상에 들어갑니다. 약물의 효능상 비슷한 기업 가치를 평가받을 수 있다고 보면 미국 1상이 끝나는 시점에 1조 원을 받을 수 있습니다. 이 회사의 시가총액은 2020년 12월 기준 2,000억 원 안팎입니다. 퓨쳐켐은 이 회사보다 더 나은 후보 물질을 갖고 있다고 자부합니다.

파이프라인 숫자도 많습니다. 방사성 의약품 회사 중 전 세계에서 가장 많은 파이프라인을 보유한 회사입니다. 파킨슨병 진단 제품과 알츠하이머 진단 제품은 이미 시장에 나왔습니다. 전립선암 진단도 속도가 나고 있습니다.

노승원 맥쿼리투신운용 펀드매니저는 "개별 파이프라인의 시장 가치까지 더해진다면 충분히 1조 원 이상의 가치를 받을 수 있을 것"이라고 자신했습니다.

 용어 설명　　　　　　　　　　　　　　　　　　희귀 의약품

희귀 의약품은 난치병, 희귀 질환 등 치료제 개발이 필요하지만 시장성이 떨어져 연구 개발이 미진할 수 있는 의약품 분야에 대해 혜택을 부여하는 제도입니다. 각국 의약품 허가 기관은 이 제도를 통해 치료제가 없는 질환의 환자들이 치료 혜택을 얻을 수 있도록 유도하고 있습니다.

희귀 의약품 제도를 처음 도입한 건 1983년 미국입니다. FDA는 희귀 질환 약 개발 회사에 임상시험 보조금 지급, 세금 공제 혜택, 특허 수수료 면제 등의 혜택을 주고 있습니다. 판매 허가 후엔 7년간 미국 시장에서 독점 권한을 부여합니다.

국내에서도 희귀 의약품 지정 제도가 2011년 도입됐습니다. 국내 환자 수가 2만 명 이하인 질환을 대상으로 한 의약품, 적절한 치료법이나 의약품이 개발되지 않은 질환에 사용되거나 기존 의약품보다 안전성, 유효성이 현저히 개선된 의약품은 희귀 의약품 지정이 가능합니다. 우선·신속 심사로 다른 의약품보다 허가도 빨리 내준다고 합니다.

일부 바이오 기업들은 희귀 질환에 초점을 맞춰 신약을 개발하고 있습니다. 세계적으로 알려진 희귀 질환 수는 7,000여 종입니다. 이 중 치료제가 있는 질환은 5% 미만에 불과합니다. 95%가량은 신약을 만드는 대로 시장을 독점을 할 수 있는 구조입니다. 경쟁 약물이 없다 보니 다른 약물과의 비교 우위를 입증해야 한다는 부담도 적습니다. 생명에 지장을 초래하는 중증 질환인 경우 조건부 허가를 통해 임상 2상을 마치고 바로 상업화하는 전략도 가능합니다. 희귀 질환 시장은 작지만 확실한 틈새시장인 셈입니다.

경쟁 의약품이 없다는 점을 이용해 일부 다국적 제약사는 약가를 고

가로 책정하는 전략을 쓰기도 합니다. 시장에 정착한 뒤 돌연 약가를 대폭 인상하고 이 약가를 충족시키지 못하면 시장에서 철수하는 강수를 두기도 합니다.

국내 기업 중에서도 2020년 미국에서 희귀 의약품으로 지정받은 치료제가 계속 나왔습니다. LG화학은 2020년 9월 비만 치료제 후보 물질로 FDA로부터 희귀 의약품을 지정받았습니다. 비만 자체가 희귀 질환인 건 아닙니다. LG화학의 비만 치료제는 특정 유전자 이상으로 발생한 희귀 비만을 치료하는 개념입니다. 병용 요법으로 희귀 의약품 제도를 적용받은 기업도 있습니다. 같은 달 메드팩토는 항암 신약 후보 물질인 '백토서팁'과 화학 항암제 '파클리탁셀'을 병용 투여하는 요법으로 희귀 의약품 지정을 받았습니다. 이외에 한미약품, 크리스탈지노믹스, 신라젠, 차바이오텍, 프레스티지바이오파마 등이 개발 중인 치료제가 미국에서 희귀 의약품 지정을 받았습니다.

SD바이오센서

PCR · 면역 진단 모두에서 플랫폼 구축하다

SD바이오센서는 2020년 국내에서 가장 많은 매출을 올린 진단 기업이 될 전망입니다. 이 회사는 내부적으로 연매출이 1조 6,000억 원, 영업이익 8,000억 원 수준에 이를 것으로 기대하고 있습니다. 백신과 치료제가 나오더라도 당분간 코로나19 진단 제품 판매가 계속되리라는 게 이 회사의 판단입니다.

이 회사의 전신은 SD입니다. SD는 2009년 적대적 인수합병(M&A) 전략을 펼친 미국 진단 기업 엘리어에 합병됐습니다. 이후 기존 SD 경영진이 협상을 통해 혈당사업부만 스핀오프해 SD바이오센서를 설립했죠.

이효근 SD바이오센서 대표는 "설립 시기인 2010년부터 2015년까진 엘리어와 주력 진단 제품 비경쟁 계약을 맺어 혈당 측정 관련 제품만 판매가 가능했다"며 "2016년부터는 모든 진단 제품 연구와 판매가 가능해졌다"고 말합니다. 이 회사는 2016년 이후 5년이라는 짧은 시간 안에 면역 진단·분자 진단 기기, 잠복 결핵 진단 시약으로 제품군을 빠르게 넓혔습니다. 세계 최초로 사스(중증급성호흡기증후군), 말라리아, 신종플루 진단 시약을 개발하기도 했습니다.

🦠 민감도 90% 수준 항원 진단키트 개발

SD바이오센서는 국내 분자 진단, 항원 진단, 항체 진단 세 방식 각각에서 국내 최초로 코로나19 진단키트로 정식 허가를 받은 기업입니다. 분자 진단의 일종인 PCR 방식 진단키트로 2020년 8월, 항체 진단키트와 항원 진단키트로 같은 해 11월 식약처로부터 정식 허가를 받았습니다.

이 대표는 "코로나19 진단 시장에선 민감도, 특이도가 높은 진단키트를 얼마나 시장에 빠르게 내놓을 수 있는지가 관건이다"며 "현장 진단과 신속 진단에 주력해 코로나19 관련 진단 제품을 개발하고 있다"고 말합니다. 그의 설명에 따르면 SD바이오센서는 2020년 4분기 매출의 90%가량이 항원 진단 부문에서 나왔다고 합니다. 코로나19 유행 초기엔 PCR 진단키트를 주로 공급했지만 이후 항원 진단키트 수요가 급증한 영향을 받았습니다.

WHO 협력 기관인 FIND의 평가 자료에 따르면 이 회사의 항원 진단키트는 CT 33 이하 검체 샘플에서 87.8~91.9% 수준의 민감도가 나왔습니다. CT 값을 25 이하로 낮춘 평가에선 민감도가 95.9~100%

로 나왔습니다. 이 수치들은 브라질, 독일, 스위스에서 실시한 평가를 바탕으로 했습니다. CT는 분자 진단에서 검체 속 유전자를 증폭하는 횟수를 가리킵니다. 검체에 있는 바이러스의 양이 적으면 유전자 증폭을 많이 해야 하므로 CT 값이 높아지게 되죠. 이 때문에 업체별 항원 진단키트의 민감도만을 놓고 성능 우위를 가리기에는 무리가 있습니다.

항원 진단키트는 코로나19 유행 초창기엔 민감도가 40~80% 수준에 불과했지만 제품 개발이 진척되면서 민감도 90% 이상까지 정확도가 올라왔습니다. 하지만 일각에선 검체에 바이러스 양이 적어 CT 값이 높은 경우엔 항원 진단키트의 민감도가 떨어진다는 점을 단점으로 지적하기도 합니다. 분자 진단에선 유전자 증폭을 최대 40회 정도 실시하는데 바이러스가 많은 검체는 CT 값이 20 이하인 경우에도 양성이 확인되기도 합니다. SD바이오센서는 CT 기준값을 33으로 높였음에도 90% 내외의 민감도를 확보한 것이죠.

고순도 항체 확보하고 인도에서 직접 생산

SD바이오센서는 항원 진단키트에 쓰이는 항체의 순도를 높이고 항체와 금 입자의 접합 기술을 개선해 민감도를 확보했다고 합니다. 항원 진단을 위해선 코로나 바이러스 항원을 검출할 수 있는 항체를 키트에 심어놓아야 합니다. 콧물, 타액 등 검체 속에 있는 코로나 바이러스 항원이 이 항체와 만나 결합하게 되는 것이죠.

시각적으로 이 결합된 항체를 확인하는 절차도 필요합니다. SD바이오센서의 신속 진단키트에선 코로나 바이러스 항원과 결합하는 항체가 금 입자와도 결합하게 됩니다. 이 금 입자에서 나오는 자줏빛을 통해 검사자는 검체의 양성 여부를 확인할 수 있습니다. 임신 진단기에 나오는 자줏빛 두 줄이 이 금 입자에서 나오는 빛입니다.

이 대표는 "고품질의 항원 진단키트를 만들기 위해선 코로나19 항원을 잘 붙잡을 수 있는 항체를 확보해야 한다"며 "상태가 양호한 항체를 고순도로 생산할 수 있는 기술, 금 입자를 원하는 항체 부위에 결합시킬 수 있는 기술을 모두 갖고 있다"고 말했습니다. 두 기술을 바탕으로 항원 진단 시장 선점이 가능했다는 설명입니다.

SD바이오센서는 중국, 인도에 해외 법인을 세워 현지 영업에 나서고 있습니다. 2015년엔 인도에 진단 기기 생산 공장도 세웠습니다. 2020년 연말 기준 연간 6,000만 회분의 진단키트를 생산할 수 있는 규모입니다. 이 회사는 2021년에 이 공장의 생산 능력을 연간 1억 2,000만 회분 수준으로 끌어올릴 계획입니다.

이 회사는 2020년 9월 스위스 진단 기업인 로슈와 주문자상표부착생산(OEM) 계약을 맺고 진단키트를 공급하고 있습니다. 같은 달 세계 최초로 WHO로부터 코로나19 항원 진단키트로 긴급사용승인을 획득하기도 했죠. 이 대표는 "108개국에 진단 제품을 공급하고 있다"며 "2000년대 초반 SD를 통해 동남아 등 해외에서 확보했던 유통사들이 10여 년간 함께 성장하면서 든든한 힘이 됐다"고 말합니다.

진단 장비 공급해 포스트코로나 준비

SD바이오센서는 2021년에도 코로나19 진단 제품에서의 실적 호조가 이어질 것으로 기대하고 있습니다. 매년 유행하는 독감의 종류에 따라 백신이 달라지듯 코로나19도 해마다 다른 백신이 공급되면서 유행이 장기화될 것으로 보는 것이죠. 코로나19 진단에 쓰이는 진단 장비를 전 세계에 공급한 뒤 이 장비를 통해 다른 질환의 진단 시약, 진단키트를 판매하겠다는 게 이 회사의 전략입니다. 회사 측 설명에 따르면 SD바이오센서는 2020년 한 해에만 코로나19와 관련해 면역 진단 장비만 8,000여 대를 판매했습니다. 2021년엔 5만 대를 공급한다는 목표를 세웠습니다.

이를 위해 분자 진단, 면역 진단 모두에서 장비 개발에 힘쓰고 있습니다. 면역 진단 기기 브랜드인 '스탠다드 F'는 민감도 향상과 현장 진단(POCT) 제품 개발에 중점을 두고 있습니다. 제품 크기별로 제품을 3개로 나눴습니다. 가장 크기가 작은 제품은 전선이 필요 없는 휴대용 면역 진단 기기로 개발했습니다. 건전지를 이용해 전력을 확보할 수 있고 블루투스를 통해 평가 데이터를 전송합니다. 전력 수급이나 의료 장비 확보가 여의치 않은 국가에서도 사용 가능합니다.

이 대표는 "금 입자 대신 형광 물질에 자외선을 조사해 감염 여부를 확인하는 면역 진단 기기다"며 "기존 90% 수준이었던 항원 신속 진단키트 민감도가 형광 물질을 사용하니 93~94% 수준으로 높아졌다"고 말했습니다. 대형 면역 진단 기기는 시간당 검체 70개를 확인할 수 있는 제품으로 만들어 대형병원에 공급 중입니다.

PCR 진단에선 현장 진단용 제품 개발에 힘쓰고 있습니다. 현장 PCR 진단 기기인 '스탠다드 M'은 30분 내에 검사 결과를 받아볼 수 있는 제품입니다. 이 장비에 검체와 시약을 넣으면 핵산 추출, 유전자 증폭이 자동으로 진행됩니다. 3~6시간이 걸리던 검사 시간을 대폭 줄이고 추출, 증폭 과정을 별도로 해야 했던 기존 진단 방식의 불편함을 없앴습니다. 이 장비를 이용하면 최대 12개 유전자를 동시에 진단할 수 있습니다. 이 PCR 진단 장비를 이용하면 결핵, 지카 바이러스, A형·B형 독감, A형 간염 바이러스, C형 간염 바이러스 등 다른 감염병을 진단하는 것도 가능하다고 합니다.

이 대표는 "코로나19 유행 이후를 대비하기 위해서는 코로나19를 바탕으로 진단 장비를 얼마나 많이 보급하느냐가 중요하다"며 "사용 편의성과 높은 민감도를 확보한 형광 면역 진단 기기를 올해 미국 시장에 최대한 많이 공급하겠다"고 말했습니다.

🧬 2021년 상장으로 대도약할까

SD바이오센서는 2020년 코로나19 유행으로 가장 큰 실적을 올린 진단 기업입니다. 분자 진단, 면역 진단 제품 모두를 판매했습니다. 현장 신속 진단 제품을 주로 개발해왔던 덕분에 세계적인 감염병 유행에 빠른 대처가 가능했습니다. 2019년 매출액은 736억 원, 영업이익은 9

(단위: 달러)

월별*	수출 금액
2020년 3월	52만
4월	1,231만
5월	4,640만
6월	5,169만
7월	7,054만
8월	7,493만
9월	1억 3,916만
10월	1억 6,715만
11월	2억 2,526만

*수리일 기준
품목명 '그 밖의 기기(자외선·가시광선·적외선을 사용하는 것으로 한정한다)' 기준
자료: 관세청 수출입무역통계

억 원 수준이었지만 이 회사는 2020년 매출액 1조 6,000억 원, 영업이익 8,000억 원을 기대하고 있습니다.

이 회사는 충북 청주시 오송읍에 공장이 있습니다. 수젠텍도 이곳에 공장이 있는데요. 관세청 수출입무역통계에 따르면 충북 청주시에서의 면역 진단 제품 수출액은 2020년 3월 51만 달러에 불과했지만 2020년 11월엔 2억 2,526만 달러로 434배 급증했습니다. 같은 달 씨젠이 있는 서울 송파구의 분자 진단 제품 수출액인 1억 5,176만 달러보다 많습니다. 수젠텍은 2020년 1~3분기간 288억 원의 매출을 올렸습니다. 단순 비교는 어렵겠지만 수젠텍 매출분을 빼더라도 청주시에서 2020년 9월 이후로 1억 달러 이상의 면역 진단 제품 매출이 잡히고 있는 것으로 추정할 수 있습니다.

투자은행(IB) 업계에 따르면 SD바이오센서는 상장 주관사로 NH투자증권을 선정하고 상장을 준비하고 있습니다. 2대 주주인 동물용 진단 제품 개발 기업인 바이오노트도 비슷한 시기에 상장을 추진할 것으로 알려져 있습니다.

증권 업계에선 SD바이오센서의 시장 가치가 최소 3조 원일 것으로 추정하고 있습니다. 비교 대상으로 언급되는 씨젠의 시가총액이 2021년 1월 5일 기준 4조 8,000억 원 수준입니다. 진단 제품으로 국내 최대 매출을 올린 SD바이오센서가 이보다 낮은 액수에서 시가총액이 결정되면 주가 상승 여력이 충분할 것이라는 전망도 나오고 있습니다.

관건은 코로나19 유행이 얼마나 지속되는지에 달려 있습니다. 회사 측은 코로나19 치료제가 개발되더라도 방역이 일상화되면서 진단 수요가 늘어날 것으로 기대하고 있습니다. 독감처럼 코로나19를 해마다 꾸준히 관리하는 상황이 이어질 것으로 전망하는 것이죠. 업계에선 코로나19가 빠르게 종식되면 전 세계에 공급한 진단 기기를 바탕으로 다른 진단 시약의 수요가 뒷받침돼야 실적을 유지할 수 있을 것이라는 예측이 지배적입니다.

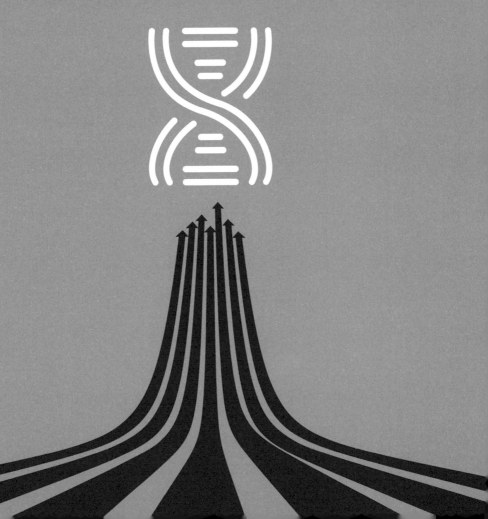

• 5장 •

코로나19 최대 수혜:
건강기능식품

한국 건강기능식품(건기식) 기업들은 코로나19 팬데믹 속에 2020년 전성기를 맞았습니다. 코로나19를 계기로 면역력 강화에 도움이 되는 건강기능식품을 찾는 수요가 폭발적으로 늘어난 덕분입니다. 주로 화장품 위탁개발생산(OEM)에 강점을 보였던 한국콜마나 코스맥스가 수년간의 투자 끝에 건강기능식품 시장에서 두각을 나타냈습니다.

성공 공식도 한국콜마나 코스맥스의 경로와 비슷했습니다. 중국 현지에 공장을 짓고, 현지화를 한 뒤 중국 시장에 교두보를 마련하는 전략입니다. 선제적 투자가 2020년부터 성과를 보이는 데다 한국 회사의 기술력이 뒷받침된 뛰어난 제형 기술력이 세계의 관심을 받고 있다는 평가입니다.

'K뷰티' 이은 'K헬스푸드' 열풍

그 결실은 급격히 늘어난 매출에서 나옵니다. 에프앤가이드에 따르면 2020년 11월 30일 기준으로 서흥, 콜마비앤에이치, 코스맥스엔비

도표 5-1 커지는 건강기능식품 시장

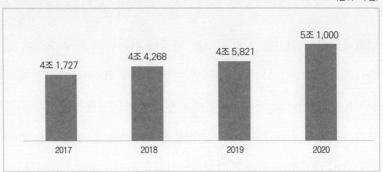

(단위: 억 원)

자료: 건강기능식품협회

티, 노바렉스, 뉴트리 등 매출 상위 5개 건강기능식품 상장기업의 올해 실적은 모두 사상 최대를 기록할 전망입니다. 매출 1위인 콜마비앤에이치는 매출과 영업이익이 각각 6,291억 원과 1,173억 원을 기록할 것으로 추정됩니다. 전년보다 각각 43.3%, 58.2% 오른 것이죠. 매출 5,000억 원을 넘는 기업의 영업이익이 50% 이상 오르는 건 쉽지 않습니다. 2위인 서흥은 2020년 5,676억 원의 매출과 744억 원의 영업이익을 올릴 것으로 전망됩니다. 영업이익은 전년보다 56.8%나 오른 수치입니다.

이들이 대도약하고 있는 이유는 코로나19 이후 홈쇼핑과 온라인을 중심으로 면역력을 높여주는 건강기능식품 매출이 급격이 늘어나고 있는 영향 때문입니다. 업계에선 'K뷰티'(화장품) 열풍 이후 새로운 먹거리를 찾아 투자한 'K헬스푸드' 기업의 경쟁력이 높아졌다는 분석입니다.

❖ 제조 기술력이 매출 뒷받침

코로나19라는 위기를 기회로 만든 배경엔 뛰어난 제조 기술력이 있습니다. 한국 기업만이 만들 수 있는 제형들이 적지 않습니다. 아직 상장은 안 했지만 업계에서 나름대로 인정받는 씨엘팜이란 회사를 볼까요. 이 회사는 필름형 건강기능식품을 생산하는 업체입니다. 2003년부터 알약이 아닌 필름형 건강기능식품을 독자 개발해왔습니다. 이회사의 기술은 필름형 의약품 원조인 일본에서도 배워가고 있습니다. 장석훈 씨엘팜 대표는 "세계적으로 필름형 건강기능식품을 만드는 유일한 회사"라며 "혀 안의 모세혈관을 통해 영양분이 전달돼 흡수율이 훨씬 높다"고 말했습니다.

❖ 중국 시장 투자도 결실

자신감이 생긴 한국 회사들은 중국 시장을 두드리기 시작했습니다. 미국에 이어 전 세계 두 번째로 큰 시장입니다. 특히 중국 시장에서 화장품 사업으로 성공을 해본 코스맥스, 한국콜마 등이 선두에 섰습니다. 사업 기회 포착이나 현지화 적응력이 뛰어난 회사입니다. 2016년 사드(THAAD, 고고도 미사일방어체계) 사태로 직격탄을 맞은 뒤 돌파구를 건강기능식품에서 찾은 것도 있습니다.

다만 중국 진출 방식엔 다소 차이가 있습니다. 건강기능식품이다 보니 한국에서 '다단계 판매업'으로 불리는 '직접(방문) 판매업' 회사들과 손을 잡았죠. 판매망을 매장이 아닌 대면 또는 온라인, 홈쇼핑 등으로 구성해야 하는 업계의 특성이 반영된 결과입니다.

콜마비앤에이치는 판매 전문 회사인 애터미와 손잡고 2020년 7월부터 건강기능식품을 팔고 있습니다. 애터미가 400만 명의 회원을 모집한 데다 K헬스푸드에 관심이 높아지면서 초기 재고 물량을 이미 소진하는 등 인기가 높습니다. 콜마비앤에이치는 중국 시장 안착을 위해 현지 공장 건설에 320억 원가량을 투입하고 이미 가동을 하고 있습니다. 이 회사의 정화영 대표는 "2021년부터 본격적인 매출이 일어날 것"이라며 "중국 시장에서만 1,500억 원 이상의 매출이 나올 것"이라고 했습니다.

코스맥스그룹의 건강기능식품 계열사인 코스맥스바이오도 중국 투자 결실을 보고 있습니다. 이 회사는 3년 전 중국 진출과 함께 곧바로 현지 생산 공장을 지어 운영 중입니다. 중국 법인은 최근 방문 판매 세계 1위인 암웨이 중국 법인에 젤리형 건강기능식품을 납품하는 등 성과를 내고 있죠. 문성기 코스맥스바이오 대표는 "6개월간 현지 공장 실사를 받은 뒤 납품하게 됐다"고 설명합니다. 2019년 24억 원의 매출을 올렸던 이 회사의 중국 법인은 2020년 수주 금액만 130억 원에 달해 중국 진출 3년 만에 흑자 전환을 앞두고 있습니다.

이번 장에선 2020년 중국 시장에 성공적으로 진출한 콜마비앤에이치와 코스맥스바이오를 보겠습니다. 서흥이나 노바렉스 등 기존의 강자가 안 좋다는 뜻은 아닙니다. 다만 좁은 한국 시장을 벗어나 중국에 빠르게 안착한 이들의 성장 가능성을 더 높게 봤습니다.

 용어 설명   **개별인정형**

건강기능식품은 인체에 유용한 기능성을 가진 원료나 성분을 사용해 제조한 식품입니다. 건강기능식품에 쓸 수 있는 기능성을 가진 원료나 성분은 고시 원료와 개별인정 원료로 나눕니다. 고시 원료는 식품의약품처장이 고시한 원료입니다. 개별인정 원료는 고시 원료 외에 식품의약품처장이 별도로 인정한 원료죠.

건강기능식품은 일반 식품과 달리 기능성 원료를 통해 기능성을 확보하고 있습니다. 이 기능성은 특정 질병을 치료하는 의약품의 효과와는 다른 개념입니다. 건강기능식품의 기능성은 인체 기능을 정상적으로 유지하거나 생리 기능을 활성화하는 데 도움을 주는 경우를 가리킵니다. 식약처는 장 건강, 혈당 조절, 관절·뼈 건강 등 기능별 정보를 33개로 나눠 기능성 원료를 구분하고 있습니다.

2020년 12월 기준 식약처가 인정한 개별인정 원료는 모두 259종입니다. 건강기능식품 개발사는 저마다 홍삼, 인삼, 클로렐라 등 69개 기능성 원료 외에 건강 기능성에 도움을 주는 원료를 개발하거나 추출해 개별인정 원료로 등재하고 있습니다. 어떠한 기능성에 중점을 둔 개별인정형 원료를 내놓느냐에 따라 업체별 특색이 달라지는 것이죠. 코스맥스바이오가 2019년 7월 등록한 차즈기 추출물, 코스맥스엔비티가 2020년 5월 등록한 배초향 추출물 아가트리를 내놓으며 독자적인 건강기능식품을 제조하고 있습니다. 콜마비앤에이치는 여성 갱년기 증상 개선에 도움을 주는 기능성 원료를 개발하고 있습니다.

2021년엔 개별인정형 원료를 활용한 건강기능식품 개발이 한층 용이해질 전망입니다. 식약처는 2020년 12월 개별인정형 원료에 전분, 과당 등을 섞어서 원료성 제품으로 제조할 수 있도록 한 건강기능식품의 기준 및 규격 고시 개정안을 행정 예고했습니다. 기존엔 추출물로 인정받았던 개별인정형 원료에 다른 원료를 혼합하거나 분말 형태로 바꾸는 경우 별도 인정 절차를 거쳐야 했습니다. 바뀐 기준이 적용되면 기능성과 안전성에 영향을 주지 않는 전분, 과당 등을 혼합한 제품을 별도 인정 절차 없이 내놓을 수 있게 됩니다.

콜마비앤에이치

히트 제품 '헤모힘',
그리고 매출 다변화를 위한 노력

콜마비앤에이치는 건강기능식품을 직접 개발해 고객사에 납품(ODM)하는 회사입니다. 고객사가 원하는 건강기능식품을 만들어주기도 (OEM) 합니다.

'헤모힘'이란 제품에서 매출이 상당 부분 나오고 있습니다. 한국인삼공사가 홍삼을 이용한 정관장 상품으로 주목을 받은 것과 비슷합니다.

2023년 매출 1조 원 가능하다

헤모힘은 원래 한국원자력연구원 정읍방사선과학연구소 방사선생명공학연구센터 연구원들이 1997년부터 8년 동안의 연구 끝에 만든 제품입니다.

당귀, 천궁, 백작약 등 한국 고유의 생약제 3종을 혼합한 복합 추출물이죠. 생약재에서 단순히 성분을 추출한 것이 아니라 생명공학기술과 방사선 융합 기술을 이용해 각 생약재의 우수 성분만을 새롭게 구성한 물질입니다. 업무 특성상 다양한 위험에 노출될 수 있는데 이를 막아줄 수 있는 식품을 만들겠다는 게 그 취지였습니다.

이후 이 기술을 바탕으로 정부 연구소 기업이 세워집니다. 2004년 2월 원자력연구원이 한국콜마홀딩스에 기술을 현물출자하고 홀딩스 측이 자본과 경영을 제공하는 방식으로 콜마비앤에이치가 만들어졌습니다.

이 기술은 2006년 식약처로부터 면역 개선 건강기능식품 승인을 받았습니다. 국내 개별인정형 건강기능식품 중 면역 기능 개선 효능으로 인정받은 첫 번째 원료입니다. 임상시험 결과 방사선 및 항암제 치료의 부작용을 방지하고 면역세포 회복과 조혈 기능 활성화를 보인다고 합니다.

2020년 코로나19 대유행 이후 면역력 강화에 도움이 된다는 사실이 알려지면서 매출이 가파르게 늘고 있습니다. 콜마비앤에이치의 성공 방식은 한국 건강기능식품 기업의 좋은 본보기가 됩니다. 인터뷰에 응한 정화영 콜마비앤에이치 대표는 "한국만의 것, 다시 말해 한국만이 만들 수 있는 제품을 내놓다 보니 해외에서 인기가 있다"고 분석합니다.

이미 건강기능식품 시장엔 면역 증진과 항암 보조 등의 제품이 많습니다. 2020년 인기를 끈 프로폴리스 제품도 마찬가지입니다. 면역에 분명한 도움이 됩니다. 하지만 한국 고유의 재료와 기술로 제품을 만들지 않으면 세계 시장에서 관심을 받을 수 없습니다. 한국의 프로폴리스 제품이 해외 시장에서 큰 매출을 올리지 못하는 이유입니다.

헤모힘은 이미 14개국에 수출하고 있습니다.

❀ 2020년은 중국 진출 원년

2020년 콜마비앤에이치의 가파른 주가 상승은 중국 진출에 대한 기대감 때문입니다. 콜마비앤에이치는 중국 시장에 오랫동안 공을 들였습니다. 2016년부터 사업을 진행했습니다. 강소콜마(강소콜마미보과기유한공사)는 콜마비앤에이치가 100% 지분을 소유한 자회사입니다. 연면적 7만 5,840m² 규모의 부지에 2020년 7월 말 공장을 완공했습니다. 강소콜마는 분말과 정제, 캡슐, 젤리, 액상 등 주요 제형의 건강기능식품을 연간 2,000억 원 수준으로 생산할 수 있는 능력을 갖추고 있습니다.

정 대표는 "수년 동안 매달 공장과 시장 분석을 위해 중국을 방문했다"며 "코로나19로 인해 공장 가동이 늦어졌지만, 곧 첫 제품이 나올 것"이라고 말했습니다. 강소콜마는 중국 내 ODM 생산 기지가 될 예정입니다.

시장의 관심은 사실 직접 판매 회사 애터미와 합작으로 설립한 연태콜마(연태콜마애터미보건식품유한공사)에 더 쏠려 있습니다. 부지면적 2

만 1,488m² 규모로 2020년 말 지어집니다. 이 공장이 완공되면 애터미 건강식품 제품들을 현지 생산 체제로 바꿔 공급하게 될 예정입니다.

현재 중국 시장에서 판매되는 제품은 한국애터미에서 수출한 제품입니다. 한국 시장을 통해서 수출이 되는 상품이죠. 중국에 공장을 짓는 이유는 간단합니다. 리스크(위험) 관리죠. 중국 정부는 정치적 이유로 외국서 수입하는 제품에 대해 관세를 부과하거나 품질을 문제 삼아 수입을 금지할 가능성이 있습니다. 하지만 중국 내 공장과 합작회사 등이 있으면 그 영향을 덜 받는다고 합니다.

판매사인 애터미에 대한 설명이 필요한데요. 암웨이와 같이 직접 판매 방식으로 판매를 하고 있습니다. 한국에선 이를 다단계라고 부르죠. 콜마비앤에이치에서 만들어지는 제품 상당수가 에터미의 상표를 달고 나갑니다.

⚛ 애터미 덕분에 날개 단 콜마비앤에이치

정 대표는 "애터미가 헤모힘의 대중화에 상당한 역할을 했다"고 말합니다. 2004년 원자력연구원의 헤모힘을 본격적으로 팔기 시작한 콜마비앤에이치는 처음에 상품 판매에 어려움을 겪었다고 합니다. 기술력과 제품 효능은 확실한데 이를 알아주는 곳이 없었죠.

그러던 중 2005년에 애터미를 만납니다. 처음엔 100박스 정도의 주문만 나가던 것이 애터미 회원들에게 인기가 높아지면서 주문 양이 폭

도표 5-2 콜마비앤에이치의 연구 개발, 생산, 유통 구조

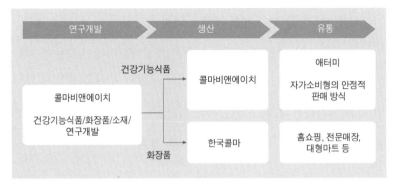

자료: 콜마비앤에이치

발적으로 늘어났습니다. 이렇게 애터미와 관계를 시작한 콜마비앤에이치는 적지 않은 양의 매출을 애터미로부터 올리고 있습니다. 건강기능식품 외에 화장품과 일반 생활 용품 등 거래 내용이 다양합니다.

애터미는 이미 해외에서 높은 매출을 올리고 있습니다. 대만에 진출한 지 얼마 안 돼 꽤 많은 매출을 올리고 있습니다. 정 대표는 "현지화와 마케팅 능력이 상당하다"고 평가했습니다. 2019년 기준으로 애터미 해외 법인 합산 매출액은 3,936억 원입니다. 전년 대비 45% 성장률을 기록했습니다. 콜마비앤에이치는 2023년 건강기능식품 회사 중 처음으로 별도 기준 매출 1조 원 달성을 자신합니다.

🦠 식약처 개별인정형

애터미와 손을 잡고 시작한 중국 시장 진출은 2020년 그 첫발을 내딛었습니다. 직접 판매 업체인 애터미는 2019년 중국 정부가 다단계 업체 과대 광고 규제를 강화하면서 승인이 어려워졌습니다. 중국 정부가 직접 판매 허가를 내준 기업은 한 곳도 없었죠.

애터미는 방향을 전환합니다. 판매 허가 없이 사업을 진행할 수 있는 '인터넷 쇼핑몰을 통한 경소상' 방식으로 말이죠. 2020년 4월 1일부터 중국 회원 가입 모집을 시작했고, 7월 10일 공식 쇼핑몰을 오픈하면서 본격적으로 중국 사업을 진행시켰습니다.

정 대표는 "중국 시장에서 2020년 시장 예상과 부합하는 수준의 매출을 올릴 것"이라고 말했습니다. 시장에선 2020년 하반기 700억 원 안팎의 매출을 중국 애터미를 통해 올릴 것이라고 내다봅니다.

2019년 말 종가 기준으로 2만 7,750원이었던 주가가 7만 2,900원까지 올랐던 것도 중국 진출 직후 나타난 폭발적인 반응 때문이었습니다. 이후 코로나 관련주가 관심을 받으면서 주춤하는 모습을 보였습니다.

콜마비앤에이치의 추가 주가 상승은 중국 시장 실적 상승이 얼마나 이어질지에 달려 있습니다. 정 대표는 이제 시작이라고 말합니다. 급격히 시장 점유율을 높여 관심을 받을 필요는 없다고 생각하고 있습니다. 정 대표는 "최대한 몸을 낮추고 있다"며 "본격적인 매출은 내년 춘절 전후가 될 것"이라고 설명했습니다.

노승원 맥쿼리투신운용 펀드매니저는 "춘절을 전후로 매출 증가가 시장 예상을 뛰어넘으면 다시 한 번 주가가 도약할 가능성이 있다"며 "중국 기대감으로 올랐다가 조정을 겪은 현재의 주가 수준(5만 원 안팎)이 좋은 투자 기회가 될 수 있다"고 설명합니다.

인도 시장도 차근차근 진행 중입니다. 2020년 11월 중국과 같이 온라인에서 판매를 시작했습니다.

헤모힘에 쏠린 매출 다변화 총력

콜마비앤에이치의 목표 중 하나는 헤모힘에 쏠린 매출을 다변화하는 것입니다. 이전 건강기능식품 회사들이 단일 품목 중심의 매출 구조로 급성장했다가 다시 급격히 무너지는 모습을 보였기 때문입니다. 내츄럴엔도텍의 백수오가 대표적입니다. 헤모힘에서 문제가 생겨 회사 전체가 휘청이는 일을 막아야 한다는 겁니다.

이런 이유로 헤모힘과 같은 '메가히트' 제품을 내놓으려는 노력을 끊임없이 하고 있습니다. 이 회사 성장 포인트는 새로 나오는 '여주' 추출물의 성패입니다.

4년의 연구 끝에 개발을 완료한 제품으로 2020년 말~2021년 초에 나옵니다. 여주는 쓴 오이로 알려져 있습니다. 일본 오키나와에서는 '고야'라는 이름의 특산품이죠. 오키나와에서는 두부와 계란, 돼지고기와 함께 채 썬 여주를 함께 볶아 먹는 '고야 참프루'라는 음식도 있

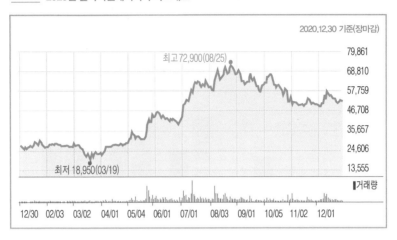

도표 5-3 2020년 콜마비앤에이치 주가그래프

2020.12.30 기준(장마감)

79,861
68,810
57,759
46,708
35,657
24,606
13,555

최고 72,900(08/25)

최저 18,950(03/19)

▮거래량

12/30 02/03 03/02 04/01 05/04 06/01 07/01 08/03 09/01 10/05 11/02 12/01

습니다. 한국에선 사실 이름이 알려진 과일은 아닙니다. 맛 자체가 아주 쓰기 때문에 일반적인 과일처럼 먹는 건 불가능합니다. 그럼에도 수요가 있는 건 당뇨병에 효과가 있기 때문입니다.

인도나 일본에서 민간요법으로 혈당에 효과를 갖는 음식으로 알려져 있습니다. 한국에선 환, 침출차, 착즙액과 같은 일반식품 위주로 유통되고 있습니다. 다만 건강기능식품으론 사용되지 않고 있습니다.

콜마비앤에이치는 여주를 건강기능식품으로 유통할 예정입니다. 일반식품보다는 식약처로부터 개별인정형 제품으로 인정받은 건강기능식품이 판매에 더 도움이 됩니다. 효능을 국가로부터 인정받았기 때문입니다. 개별인정형 제품이란 건강기능식품의 한 분류입니다. 홍삼처럼 '일반 건강기능식품 공전'에 등재되어 있지 않은 원료를 기반으로 만듭니다. 식약처장으로부터 개별 승인을 받아야 해 수년간의 임상시험을 통해 안정성과 효능 등을 입증해야 합니다.

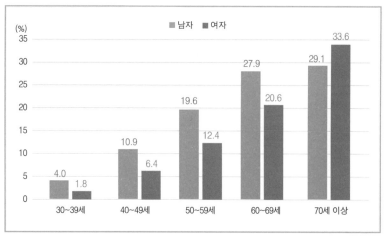

자료: 콜마비앤에이치

　콜마비앤에이치는 당뇨 전단계의 성인 78명을 대상으로 인체적용시험을 수행해 그 효능을 확인했다고 합니다. 미숙여주주정추출물을 섭취한 인체적용시험 대상자는 식후 혈당 상승이 억제됐습니다. 포도당 생성을 촉진하는 혈중 글루카곤도 감소하는 것으로 나타났습니다. 이런 결과는 학회지에 학술논문으로 게재됐죠.

　말씀드렸듯이 당뇨병 환자가 목표입니다. 당뇨병 환자는 꾸준히 늘고 있습니다. 대한당뇨병학회에 따르면 국내 당뇨 유병률은 2011년부터 6년간 11.8~14.5%를 나타내고 있습니다. 전체 환자 비율도 조금 늘었지만, 국내 인구가 증가하는 걸 감안하면 환자는 꾸준히 많아질 겁니다. 대한당뇨병학회는 2020년 당뇨병 환자가 436만 명에 이를 것으로 예상하고 있죠.

❀ 기억력 개선 추출물도 곧 출시

기억력 개선에 도움을 주는 포도 블루베리 추출물 역시 기대가 큽니다. 수험생과 노인층이 대상입니다. 이 제품은 2019년 12월 31일에 개별인정형 제품으로 승인받았습니다. 포도와 블루베리 추출물을 농축하고 건조해 혼합한 원료입니다.

기억력 개선과 관련해 다양한 기능성 검증을 통과했습니다. 폴리페놀은 우리 몸에 있는 활성산소(유해산소)를 해가 없는 물질로 바꿔주는 항산화 물질 중 하나입니다. 폴리페놀은 활성산소에 노출돼 손상되는 DNA의 보호나 세포 구성 단백질 및 효소를 보호하는 항산화 능력이 있습니다.

특히 12~65세 이상의 건강한 사람 1,359명을 대상으로 폴리페놀 섭취량을 연구한 결과, 섭취량이 많을수록 기억력 개선 효과가 확인됐습니다. 포도블루베리추출혼합분말은 4년간 연구해 개발된 원료입니다.

동물실험과 인체적용시험을 통해 기능성 및 안전성을 모두 확보한 원료라고 회사 측은 강조했습니다. 특히 임상 과정에서 60~70세 남녀 190명을 대상으로 한 두뇌 신경인지 기능 검사에서 원료 섭취 후 단어를 기억하고 회상하는 능력이 증가했다고 합니다. 이러한 결과는 SCI(과학기술논문 인용색인)급 국제 학술지에 게재됐습니다.

CRO는 임상시험 연구를 아웃소싱으로 맡아 담당하는 기관입니다. 바이오 기업들의 의뢰를 받아 임상시험 설계, 모니터링, 데이터 관리 등의 업무를 대행합니다.

미국 국립보건원(NIH)에서 운영하는 임상시험 온라인 등록시스템 'ClinicalTrials.gov'에 따르면 2000년부터 2020년 3월까지 전 세계서 등록된 임상시험 건수는 33만 4,535건에 달합니다. 이 중 글로벌 스탠더드로 통용되는 미국 시장에서 이뤄진 임상이 13만 106건으로 전체 임상의 38.9%를 차지하고 있습니다. 한국에서 이뤄진 임상은 1만 828건으로 3.2%에 불과합니다.

유명한 CRO 기업 역시 미국 기업이 많습니다. 미국 뉴저지에 본사를 두고 60개국에 5만 명의 직원을 둔 코반스가 1위 CRO 기업으로 알려져 있습니다. 올릭스가 이 회사를 통해 2018년 영국에서 비대흉터치료제 임상 1상을 진행한 바 있습니다. 올릭스는 2020년 11월 다른 미국 CRO 기업인 찰스리버와 황반변성 치료제로 전임상 위탁 계약을 체결하기도 했습니다. 2020년 7월엔 에스티큐브가 면역항암제 전임상을 찰스리버에게 맡기는 내용의 계약을 맺었습니다.

국내 CRO 시장에선 엘에스케이글로벌파마서비스, 씨엔알리서치, 드림씨아이에스, 노터스 등이 미국 기업 못지않은 역량을 갖추고 성장하고 있습니다. 한국은 의료 인프라가 잘 구축돼 있고 인구 밀도가 높아 임상 시험을 하기 좋은 환경을 갖추고 있습니다. 하지만 세계 시장을 공략하려는 의약품을 출시하려는 바이오 기업으로선 국내에서 임상 3상까지 추진하는 데 몇 가지 아쉬움이 있습니다.

한국은 바이오 분야에선 신생국으로 꼽힙니다. 국내에서 나온 데이터를 해외에서 그대로 신뢰해주기란 선진국 의약품 심사 기관에선 쉽지 않은 일입니다. 유전적인 한계도 있습니다. 미국, 유럽에선 백인을 대상으로 의약품이 설계되는 편입니다. 한국은 황인을 대상으로 임상이 이뤄지는 만큼 백인을 대상으로 임상 결과를 요구하는 경우 한국에서 진행한 임상으론 해외 규제 기관의 눈높이를 만족하기 어렵다는 게 바이오 업계의 설명입니다.

바이오 기업들은 호주, 동유럽 국가에서 임상을 추진하기도 합니다. 이들 국가에선 미국에서보다 저렴한 비용으로 임상이 가능하다는 점이 매력입니다. 특히 호주는 임상 비용의 40%를 환급해주는 세제 혜택을 제공하고 있습니다. 고바이오랩은 마이크로바이옴 건선 치료제로 미국, 호주에서 임상 2상을 진행 중입니다. 파멥신은 2018년 호주 법인을 세우고 전이성 삼중음성유방암 치료제의 임상 1b상을 호주에서 하고 있습니다.

코스맥스바이오

차별화 위해 제형 개발에 주력하다

코스맥스바이오는 건강기능식품 회사입니다. 지주사인 코스맥스비티아이(지분 62.5%)가 최대주주인 회사로 지주사에 투자해야 합니다. 이회사는 건강기능식품을 직접 개발해 고객사에 납품하거나(ODM) 또는 고객사가 원하는 레시피에 맞게 건강기능식품을 만들어주는(OEM)회사입니다.

예를 들어 홈쇼핑에서 ××제약의 이름으로 판매되고 있는 건강기능식품 중 일부는 코스맥스바이오가 만들어 납품한 제품입니다. 박스와 상표를 부착해 판매망을 갖고 있는 제약 회사 등이 판매를 하는 것이죠.

코스맥스바이오 제품의 최종 판매 경로의 58%는 홈쇼핑입니다. 코스맥스바이오란 회사명은 제품의 하단에 제조원을 보면 볼 수 있습니다.

제형 개발에 '올인'해 차별화

2007년 삼진제약 자회사인 일진제약을 인수한 뒤 각종 제형 개발에 '올인'한 회사입니다. 비타민을 먹을 때 딱딱한 알약이 아닌 젤리 형태나, 말랑말랑한 캡슐 형태로 먹을 수 있는 제품을 만드는 데 강점이 있습니다. 일진제약 인수 후 다른 회사와의 차별성을 갖기 위해 제형 개발에 주력한 것이죠.

2020년 그 성과가 나타났습니다. 중국에 진출한 한국 기업 중 유일하게 암웨이차이나에 건강기능식품을 납품하는 데 성공했습니다. 중국에 진출한 지 3년 만에 중국 법인의 흑자 전환에도 성공할 것으로 보입니다. 코로나19 대유행으로 건강기능식품 수요가 늘면서 상반기에만 50%가 넘는 성장률을 달성할 예정이라고 합니다.

암웨이 납품 물량 대기도 벅차다

암웨이는 한국에서 '다단계판매업'으로 불리는 '직접 판매업'에서 세계 1위 기업입니다. 중국 시장에서도 건강기능식품, 화장품 등에서 선두권을 유지하고 있습니다.

자체 개발 상품도 판매하지만 ODM 회사의 상품도 판매를 합니다. 하지만 진입 장벽이 높죠. 노승원 맥쿼리투신운용 펀드매니저는 "암웨이는 기술력을 갖고 있지 않은 분야나, 자사 제품 대비 훨씬 좋은 제품을 보유하지 않는 한 수주를 받지 않는 회사"라고 설명합니다.

중국 판매 법인인 암웨이차이나에 건강기능식품을 납품하는 한국 회사는 아직 없습니다. 코스맥스바이오가 유일한 납품사가 됐죠. 인터뷰를 진행한 문성기 코스맥스바이오 대표는 "2019년 말 계약을 체결하고 2020년 1월부터 생산해 4~5월에 초도 물량을 납품했다"며 "중국 공장을 풀가동해 암웨이 측이 요구하는 물량을 간신히 대고 있다"고 말했습니다.

암웨이에 납품하는 제품은 젤리형 건강기능식품입니다. 젤리 안엔 비타민 아연 등 여러 영양소가 들어 있습니다. 젤리형은 코스맥스바이오가 주력 상품으로 개발한 제형 중 하나입니다. 젤리형 건강기능식품은 이미 여럿 나와 있습니다. 하지만 젤리의 단단함을 자유자재로 조절하고, 안에 가루가 아닌 씹히는 성분의 식품을 넣을 수 있는 회사는 많지 않습니다.

이 회사의 중국 법인의 2019년 매출은 24억 원이었는데요. 2020년 엔 암웨이 납품 덕에 이미 수주를 받은 물량만 130억 원이라고 합니다. 4~5월엔 생산 물량의 80%가 암웨이에 납품하는 제품이었다고 합니다. 물론 생산량은 더 늘어날 수 있습니다.

납품 과정은 험난했습니다. 코스맥스바이오는 6개월 동안의 회사 실사와 제품 테스트 과정을 거쳐 2019년 말에 납품을 확정지었습니다. 암웨이의 중국 현지 공장이 젤리형 제품을 만들어내기 어려운 점 등을 적극적으로 홍보한 영향이 컸다고 합니다. 콜마비앤에이치의 주가는 고객사인 애터미가 중국에 진출했다는 이유만으로 크게 올랐습니다.

다른 한 예로 코스닥 상장 업체 쎌바이오텍은 암웨이코리아에 유산균을 납품한다는 소식이 알려지면서 주가가 몇 배 급등하기도 했습니다. 문 대표는 "중국 시장은 한국에 비해 납품 규모가 10배 이상"이라며 "암웨이가 젤리형 제품을 중국 시장에서 독자적으로 생산하지 않는다고 공언했기 때문에 매출은 꾸준히 늘어날 것"이라고 했습니다.

문 대표는 이어 "중국에서 암웨이에 납품을 시작한다는 소식이 전해지자마자 다른 회사들에서도 납품 요청이 쇄도하고 있다"며 "현재는 일손이 부족해 거절하고 있는 상황"이라고 말했습니다.

코스맥스바이오는 중국 진출 당시 공장을 새로 짓지 않고 현지인으로부터 임대를 했습니다. 화장품 ODM 회사이자 계열회사인 코스맥스 옆에 위치해 있습니다. 상하이에 있는 공장인데요, 계열 회사가 인근에 있을 경우 여러 가지 장점이 있다고 합니다.

우선 인력 측면인데요. 3,000명이 넘게 일하고 있는 코스맥스 공장 인력이 남을 경우 도움을 받을 수 있다고 합니다. 현지 진출 과정에서 중국 시장 경험이 많은 코스맥스의 도움도 받을 수 있죠. 문 대표 역시 코스맥스의 성공적인 중국 진출을 이끈 장본인입니다.

2021년 4분기 상장

다른 투자 포인트는 기업공개 이슈입니다. 이 회사는 제형 분야에 강점을 갖고 있습니다. 식물성 연질 캡슐 제품을 세계에서 두 번째로 개발한 것이 그 예입니다. 주로 건강기능식품에 많이 사용됩니다. 2020년 코로나19로 건강기능식품 제품의 수요가 크게 늘었습니다. 자체 개발해 고객사에 납품하고 있는 ODM 제품 수요도 늘었죠.

회사 측은 상반기 매출 증가율이 전년 대비 55% 수준이라고 합니다. 코로나19로 건강기능식품 매출이 크게 늘어난 데다 이 회사가 강점을 갖고 있는 홈쇼핑 건강기능식품 매출도 늘었습니다. 밖에 나가기보다 홈쇼핑을 통해 구매하는 사람들이 늘어난 덕분이죠.

회사 측은 2020년 매출과 영업이익을 각각 2,000억 원, 100억 원으로 예상하고 있습니다. 전년 매출액은 1,532억 원 영업이익은 26억 원이었습니다. 문 대표는 "현재 수주 물량 등을 감안해 보수적으로 잡은 수준"이라고 했습니다.

❀ 차즈기 추출물로 제2의 도약

집중적으로 키우고 있는 제형은 역시 젤리형 건강기능식품입니다. 암웨이차이나에 납품한 제품이죠. 문 대표도 이 분야에 대해선 자부심을 갖고 있습니다. 문 대표는 "식감이나 품질 등을 놓고 봤을 때 세계 최고 수준"이라며 "10년 넘는 연구 끝에 중국이나 국내 어떤 회사들도 따라오기 힘든 기술 수준에 도달했다"고 말합니다.

암웨이차이나에 납품을 한 이후 현지 마케팅도 한층 수월해졌습니다. 그는 "'암웨이차이나에 납품을 하고 있는 제형'이라고 하면 다들

고개를 끄덕인다"고 표현했습니다. 노승원 펀드매니저는 "암웨이는 한 번 납품처를 선택하면 상당히 오랫동안 유지한다"고 설명합니다.

코스맥스바이오는 코스맥스그룹의 건강기능식품 사업에서 한국과 중국을 담당합니다. 코스맥스엔비티가 호주와 미국을 담당하죠. 각 지역에 공장이 있습니다. 호주 공장은 '호주산' 제품을 신뢰하고 좋아하는 중국인들을 위한 공장입니다. '메이드 인 오스트레일리아' 딱지를 붙이기 위해서죠.

중국 공장의 연간 생산 능력은 200억 원 수준입니다. 중국 법인 매출의 95%가 중국 내 매출입니다. 화장품 회사인 코스맥스가 현지에 안착한 것과 같은 방식입니다. 철저하게 중국 현지 업체들을 위한 내수 시장을 겨냥하는 것이죠.

현재는 추가 공장 임대를 통한 증설을 고민하고 있습니다. 문 대표는 "중국 진출 3년 만에 흑자 전환에 성공한 것은 기적과 같은 일"이라며 "코스맥스는 흑자 전환에 시간이 더 걸렸다"고 말했습니다.

한국 시장은 2021년 이후에 쏠려 있습니다. 수년 동안 개발해온 차즈기 추출물의 건강기능식품이 본격 출시되기 때문입니다. 이 제품은 식약처로부터 눈의 피로도 개선에 도움을 줄 수 있다는 내용으로 개별인정원료 허가를 받았습니다.

이미 눈 건강에 좋다고 알려져 많은 사람들이 찾고 있는 루테인 제품도 코스맥스바이오에서 많은 양을 납품합니다. 눈 건강 쪽에선 강점을 보이고 있다는 게 회사 측 설명입니다.

문 대표는 "루테인 제품이 노안을 막기 위한 건강기능식품이라면 차즈기 추출물은 스마트폰 등으로 나빠진 눈의 피로를 개선하는 제품"이라며 "청소년 등을 타깃으로 한 제품이 없어 새로운 시장을 개척할 수 있을 것"이라고 설명합니다.

코스맥스바이오에서 개발한 제품이기 때문에 10~15% 정도의 마진을 생각하고 있다고 합니다. 보통 건강기능식품 회사의 영업이익률이 10% 아래인 걸 감안하면 꽤 높은 수치입니다.

펀드매니저들이 본 코스맥스바이오 투자 가치

비상장 회사인 코스맥스바이오를 직접 투자할 순 없습니다. 대신 지주회사인 코스맥스비티아이를 통한 간접 투자가 가능합니다. 이 회사는 코스맥스바이오 지분 64.7%(2020년 1분기 말 기준)를 갖고 있습니다. 지주사가 지분 50%+1주를 갖고 있는 종속회사입니다. 그렇기 때문에 코스맥스비티아이의 연결재무제표엔 코스맥스바이오의 실적이 그대로 잡힙니다.

다만 코스맥스비티아이는 그동안 코스맥스그룹의 지주회사로 코스맥스와 코스맥스엔비티의 부진한 실적으로 전혀 시장에서 관심받지 못했습니다. 2019년 4분기부터 두 회사의 실적은 개선되는 모습을 보였으나 중국에서 시작된 코로나19 영향으로 다시 하락했습니다.

하지만 코로나19로 인한 위기 상황은 코스맥스그룹에게는 기회로 다가왔습니다. 손소독제 주문이 급증했고 면역력에 대한 관심으로 건강기능식품 판매가 급증했기 때문입니다. 그룹 내 위상이 낮았던 비상장 건강기능식품 ODM 기업인 코스맥스바이오의 가치가 재평가되기 시작했습니다. 또한 코스맥스바이오에 투자 가능한 최선의 방법으로 코스맥스비티아이가 떠오른 것입니다. 주가도 2020년 최저점에서 7월까지 3배가량 상승했습니다. 다만 8월부터는 백신과 치료제의 개발이 가시화되자 시장의 관심사가 바뀌었고 주가도 조정을 받게 되었습니다.

코스맥스비티아이는 지주사이기 때문에 주가를 예측하려면 자회사들의 전망도 중요합니다. 2021년 상장 자회사 코스맥스의 평가는 2020년 3분기 실적이 증권사 전망치를 하회하면서 대체로 예측이 조심스럽습니다. 기업 가치 상승을 위해서는 미국의 적자 축소와 중국의 성장이 필요합니다. 코스맥스의 주가는 해외 성과에 따라 방향성이 결정될 것으로 보입니다.

상장 자회사 코스맥스엔비티는 2021년 연결자회사들의 수익성 개선의 기대감이 높습니다. 예상대로 연결자회사들의 수익성 개선이 이어진다면 2020년의 고점을 갱신할 가능성이 높습니다.

2020년 주가를 견인한 비상장 자회사 코스맥스바이오는 상하이법인이 흑자 전환에 이어 계속 성장을 이어갈 시에는 기업 가치의 상승과 함께 향후 기업공개에서 높은 밸류에이션(기업 가치)을 받을 수 있는 발판을 마련할 것으로 예상합니다.

지주사들은 보통 보유 지분 가치를 할인해 기업 가치를 산정하지만 코스맥스비티아이는 현재 코스맥스의 지분 가치도 제대로 반영하고 있지 않다는 평가를 받습니다. 높은 대주주 지분율과 기관투자자의 보유 지분으로 유통 주식 수가 적어 기업 가치를 할인받습니다.

2021년 주가는 상장 자회사들이 안정적으로 우상향하며 기반을 다지고 비상장 자회사 코스맥스바이오의 성장성을 인정받는다면 충분한 상승 여력이 있습니다.

코스맥스바이오의 지분 가치를 간단히 계산해볼 수도 있습니다. 문대표가 밝혔듯 코스맥스바이오의 2021년 예상 매출액과 영업이익은 각각 2,000억 원과 100억 원입니다.

건강기능식품 회사들의 평균 주가수익비율(PER · 주가/주당순이익)은 15배 안팎 수준입니다(2020년 11월 말 기준). 서흥과 노바렉스, 콜마비엔에이치 등이 그렇죠. 10~12배에서 최근 코로나19 유행 이후 다소 높아졌습니다.

PER 15배를 적용하면 코스맥스바이오의 시가총액은 1,500억 원 정도로 예상됩니다. 이 중 코스맥스엔비티가 갖고 있는 64.7%의 지분을 계산하면 970억 원가량입니다. 보통 지주회사가 갖고 있는 자회사들의 지분 가치는 30% 정도 할인을 해서 계산합니다. 유동성이 있는 지분이 아니라 지배력 확보를 위해 묶어두는 경우가 많기 때문이죠.

지분율이 과반 이상이면 30%까지는 할인하지 않아도 된다는 얘기가 있지만 보수적으로 잡아보겠습니다. 970억 원에서 30% 정도를 할인하면 680억 원 수준입니다.

코스맥스비티아이의 주요 계열회사를 보면 크게 세 곳 정도가 있습니다. 화장품 회사인 코스맥스와 건강기능식품 회사 코스맥스바이오, 코스맥스엔비티입니다. 실제론 29개 계열회사이지만 매출과 영업이익이 유의미하게 나오지 않는 해외 법인 등은 제외했습니다. 코스맥스바이오를 제외하고 코스맥스와 코스맥스엔비티는 상장사입니다. 기업의 가치 평가가 상대적으로 쉽네요.

2020년 말 코스맥스의 시가총액은 1조 원 안팎을 오가고 있습니다. 지주사가 26.2%의 지분을 갖고 있습니다. 코스맥스 시가총액 대비 지주사가 보유한 지분 가치는 2,600억 원 수준입니다. 마찬가지로 30%를 할인하면 1,800억 원 안팎이 됩니다. 시가총액 1,800억 원 안팎인 코스맥스엔비티 역시 지주사 지분(38.7%)과 할인율을 적용하면 450억 원 안팎입니다.

코스맥스비티아이의 시가총액은 2020년 12월 18일 종가 기준 1,767억 원입니다. 코스맥스와 비슷한데요. 다시 말해 코스맥스바이오와 코스맥스엔비티 두 회사의 가치가 추가 상승분으로 적용될 수 있다는 얘기입니다. 두 회사의 기업 가치 합은 1,130억 원(680억+450억 원)입니다.

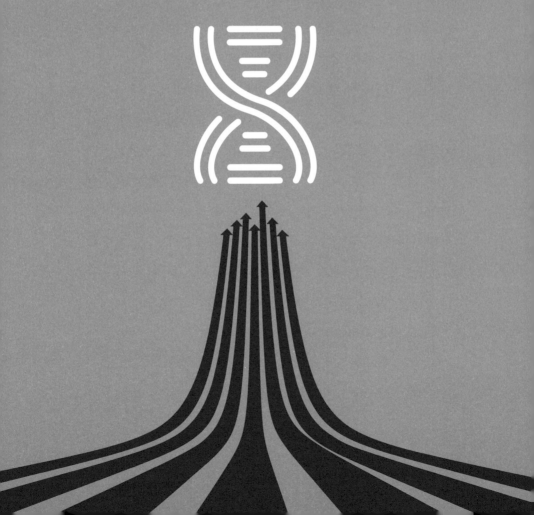

• 6장 •

한국 제조업 DNA 물려받은 의료기기

코로나19 대유행으로 K-방역에서 많은 주목을 받은 건 진단키트였습니다. 하지만 의료기기 분야 역시 내실을 다졌습니다. 대표적인 회사가 디지털 엑스레이 촬영 기기 생산 업체 디알젬입니다. 코로나19 확진자들의 폐렴 증상 검사를 위해 하루 최대 두 번 흉부 엑스레이를 촬영하면서 이 회사의 엑스레이 기기 수요가 폭증한 덕분입니다. 엑스레이를 찍으면 기존의 필름 대신 컴퓨터 화면에서 바로 볼 수 있는 장비 제조 기술을 보유하고 있습니다. 이 회사는 2020년 3~4월에 해외 수주 1년치 목표를 다 채웠습니다. 상반기 실적을 보면 매출은 전년 동기 대비 190.2% 늘어난 448억 원을, 영업이익은 787.5% 증가한 145억 원을 달성했습니다. 전년 영업이익은 46억 원에 불과했습니다.

코로나19와는 관련이 적지만 뒤쪽에서 살펴볼 치과용 임플란트 제조 회사 오스템임플란트도 기술력이 있는 회사입니다. 이 회사는 치과용 임플란트 시장 국내 1위, 세계 4위 기업입니다. 연구 인력만 450명입니다. 국내 최대죠. 점유율 1~3위 업체는 모두 비(非)아시아 기업입니다. 아시아, 태평양 지역에서는 이미 점유율 1위입니다.

업계는 2020년 코로나19로 환자들이 치과에 잘 가지 않자 관련 업계는 힘든 한 해를 보냈습니다. 하지만 오스템임플란트는 1~3분기 영업이익이 전년 전체 영업이익을 넘어섰습니다. 사업다각화 등에 기술력을 바탕으로 내실을 다진 덕분입니다.

엘앤씨바이오 역시 독보적인 기술로 한국 시장에서 점유율을 높이고 있습니다. 죽은 사람의 피부와 뼈, 연골 등을 가공해 환자에게 이식하는 제품을 만들고 있는데요. 전 세계에서 유일하게 다국적 제약사 엘러간과 경쟁을 하는 회사입니다. 피부 이식재 분야 한국 시장 점유율은 약 48% 정도로 1위인데요. 세계 1위인 엘러간을 특정 국가에서 누르고 있는 유일한 회사입니다. 중국국제금융공사(CICC)가 지분을 투자한 유일한 한국 기업이기도 합니다. 엘앤씨바이오의 성장성을 보고 먼저 투자를 제안했습니다. 2021년엔 중국 진출을 본격화합니다.

책에서 따로 다루진 않지만 뼈와 뼈를 연결해주는 인공관절을 만드는 코렌텍도 전 세계 시장에서 기술력을 인정받고 있습니다. 정형외과 전문의인 선두훈 선병원 이사장(코렌텍 대표)이 2000년 창업해 일궈온 회사죠. 이 회사는 한국에서 인공고관절 부문 점유율은 2020년 (1~11월 말 기준)에 29.6%를 기록했습니다. 글로벌 1~3위 업체인 독일의 짐머바이오메트와 미국 스트 라이커, 존슨앤드존슨의 의료기기 자회사 드퓨신테스를 앞서고 있습니다.

짐머와 스트라이커, 드퓨신테스는 전 세계 인공관절 시장을 과점 형태로 완전히 장악하고 있는 회사들입니다. 영업망까지 탄탄해 국내 기업이 끼어들 수 없는 구조였죠. 그러나 코렌텍이 제품을 잇달아 내놓자 이런 흐름이 완전히 뒤집혔습니다. 인공관절 시장에서 토종 기업이 점유율 1위를 차지한 회사는 전 세계 어디에도 없습니다. 의료 강국인 일본 역시 1~2위 자리를 글로벌 강자들에게 넘겨줬습니다. 동양인의 체형에 맞게 인공 관절의 운동 범위를 크게 늘리는 방식으로 차별화를 했습니다.

2020년엔 세계 2위 시장인 중국 진출의 교두보를 마련했습니다. 중국 30개 성 가운데 다섯 개 성에서 제품 판매를 위한 보험 목록에 등재됐습니다. 중국 보험 시스템은 한국과 좀 다릅니다. 제품이 아무리 많더라도 성(省)마다 몇 개 회사의 제품만 보험에 등재됩니다. 세계 3위 드퓨신테스를 제치고 보험에 등재되는 등의 성과를 냈습니다. 이를 발판 삼아 중국에 조인트벤처(JV)를 설립할 예정입니다.

한국 의료기기 또는 의료용 제품을 만드는 업체들이 코로나19 위기 속에도 점유율을 높이고 있는 이유는 미국·유럽에 뒤지지 않는 기술력과 코로나19 팬데믹에서도 생산 차질이 거의 없는 점 등이 꼽힙니다. 박순만 보건산업진흥원 의료기기화장품산업단장은 "의료기기는 기술력이 조금이라도 떨어진다면 판매 자체가 어려운 분야"라며 "한국이란 이유로 소외를 받았지만 코로나19로 인한 인식 개선과 함께 기술력을 인정받았다"고 설명합니다.

이승규 한국바이오협회 부회장은 "여러 기업이 사업적 위험성을 감수하고 제품 개발에 나섰고 생산 시설도 발 빠르게 늘리고 있다"며 "이런 유연함이 글로벌 시장에서 인정받고 있다"고 말합니다.

의료기기 분야가 질주하는 데엔 한국인의 제조업 DNA가 이 분야에도 심어졌다는 분석도 나옵니다. 대표적인 사례로 의료기기 분야엔 유독 삼성그룹 출신이 많습니다. 여기서 배운 기술력을 바이오 분야에 잘 접목시켰다는 평가입니다. 앞서 살펴본 싸이토젠의 창업자 전병회 대표 역시 삼성전기 고문을 지냈습니다. 삼성종합기술원 바이오 연구소장을 지낸 박재찬 사장도 함께 일하고 있죠.

영상 AI를 활용한 질병 판독 시스템을 개발한 뷰노의 김현준 대표는 6년 전엔 의료 분야와 무관한 삼성종합기술원의 IT 연구원이었습니다. 컴퓨터공학 박사인 김 대표는 영상 AI 기술을 의료 분야에 접목하면 새로운 영역을 개척할 수 있다고 판단해 팀원 두 명과 함께 퇴사했죠. 눈과 흉부 CT 분석 솔루션을 식약처로부터 허가받은 이 회사는 2021년 코스닥 시장에 상장을 합니다.

업계에선 삼성그룹 출신 창업자가 적어도 20여 명은 될 것으로 보고 있습니다. 더 많을 수 있습니다. 김진한 스탠다임 대표, 최종석 라메디텍 대표, 이문수 이노테라피 대표 등은 삼성종기원 출신입니다. 이들은 IT를 활용해 의료 분야에서 새 영역을 개척했다는 평가를 받죠. 바이오 벤처 스탠다임을 볼까요. 신약 후보 물질을 가상 환경에서 자동으로 선정하는 AI 솔루션을 보유하고 있습니다. 기존에 알려진 400만 건의 물질 구조와 기능을 AI 방식으로 학습해 후보 물질을 찾아냅니다. 신약 후보 물질을 하나하나 다른 기관에 보내 약효가 있는지 등을 확인하는 기간을 대폭 줄이는 기술입니다. 얼마 전 SK(주)로부터 100억 원을 투자받기도 했습니다.

2004년부터 삼성종기원 CTO팀에 몸담으며 삼성그룹의 바이오 신

사업 전략 수립에 참여했던 이문수 대표 역시 의료기기 분야에서 새 시장을 열고 있습니다. 삼성전자 출신도 적지 않습니다. 사내 벤처 등에서 경험을 쌓은 뒤 창업하는 경우가 많은데요. 삼성전자에서 의료용 레이저를 연구하다 창업한 최종석 대표가 대표적입니다. 최 대표는 바늘로 작은 구멍을 내 채혈하던 기존 제품과 달리 레이저를 이용한 채혈기를 개발했습니다.

이번 장에선 2020년 두드러진 성과를 낸 의료기기 상장 회사를 보겠습니다. 물론 2021년 성장성도 주목했습니다.

 용어 설명 　　　　　　　　　　　　　　**면역세포 치료제**

우리 몸엔 외부에서 병원체가 침입했을 때 대응할 수 있는 면역세포가 있습니다. 면역세포 치료제는 이 면역세포를 활용해 암을 치료하려는 목적으로 개발된 치료제입니다.

우리 몸속에선 수지상세포, 자연살해(NK)세포, T세포, B세포, CIK세포, 대식세포 등의 다양한 세포가 면역체계를 위해 일하고 있습니다. 이 가운데 면역세포 치료제로 개발이 가장 활발한 세포는 NK세포와 T세포입니다. T세포와 같이 일반적인 면역세포는 한 번 병원체나 암세포를 공격한 뒤 얻은 정보를 바탕으로 해당 병원체나 암세포에 대한 대응 능력을 갖게 됩니다. 이러한 면역체계를 후천 면역이라고 합니다. 후천 면역을 이용한 대표적인 의약품이 백신입니다. 백신은 면

역세포에 병원체 정보를 미리 제공해 실제 병원체가 침입했을 때 면역체계가 대응할 수 있도록 합니다.

그런데 NK세포는 이러한 정보를 후천적으로 획득하지 않더라도 병원체를 공격할 수 있는 능력이 있습니다. 정상 세포에서 많이 나타나는 특정 단백질을 인식하면 세포를 공격하지 않는 방식으로 병원체나 암세포만 공격하는 것이죠. NK세포는 비정상 세포를 만나면 신호 전달 물질인 사이토카인을 분비합니다. 사이토카인은 주변의 다른 면역세포들을 비정상 세포에 모이게 하는 역할을 합니다. NK세포 치료제는 외부에서 환자나 다른 사람에게 추출한 NK세포를 배양해 암 환자에게 투입하는 방식의 치료제입니다.

반면 T세포는 특정 암을 후천적으로 인식한 뒤 공격하게 됩니다. NK세포가 선천면역으로 전천후에 활용된다면 T세포는 특정 병원체나 암 항원만 골라 죽이는 특공대라고 할 수 있습니다.

그런데 미리 외부에서 특정 암에 대한 정보를 T세포에 주입해 배양한다면, 특정 암에 대한 치료제를 만들 수 있지 않을까요? 이 발상으로 만들어진 치료제가 CAR-T세포 치료제입니다. 환자에게서 추출한 T세포에 유전자 조작을 통해 특정 암세포를 찾아가 공격할 수 있도록 한 CAR을 T세포에 결합하는 방식으로 만들어집니다. CAR은 키메라 항원 수용체(chimeric antigen receptor)의 약자입니다. 마켓리서치리포트에 따르면 CAR-T세포 치료제 시장은 2026년 89억 달러 규모에 달할 전망입니다. CAR-T세포 치료제에 대해선 뒤에서 더 자세히 설명하겠습니다.

엘앤씨바이오

국내 1위 피부 이식재 기업, 중국 시장 공략하다

엘앤씨바이오는 죽은 사람의 피부와 뼈, 연골 등을 가공해 환자에게 이식하는 제품을 만드는 회사입니다. 재생의료 분야에 속합니다. 기증자의 등에서 뗀 피부를 환자에게 이식하는 사업에서 매출 대부분이 일어나고 있습니다. 엘앤씨바이오는 설립한 지 10년밖에 되지 않았습니다.

하지만 한국 시장에서 설립 5년 만에 피부 이식 분야 세계 1위 기업인 엘러간의 자회사 라이프셀을 눌렀습니다. 기술력 덕분이죠. 시가총액도 1조 원 수준으로 급성장했습니다.

진입 장벽 높은 피부 이식 시장

엘앤씨바이오를 이해하려면 피부 이식 시장의 특성을 알아야 합니다.

메가덤 제품. 기증받은 인체 피부 조직을 무세포화해 가공한 제품이다. 메가덤은 피부이식뿐만 아니라 연부조직 재건의 목적으로 사용된다. 이식 후 자가조직화가 진행된다.
자료: 엘앤씨바이오

죽은 사람의 피부를 떼 산 사람에게 이식하려면 기증자가 넉넉히 확보돼 있어야 합니다. 한국은 대부분 미국에서 수입한 피부를 사용합니다. 2019년에 이 회사는 22억 원어치 정도를 수입했습니다. 같은 기간 피부 이식 분야 매출액 210억 원의 10분의 1 수준입니다.

이식된 피부는 미국에서 곧바로 살균 처리한 뒤 냉동 형태로 한국에 넘어옵니다. 피부는 표피와 진피, 지방 등으로 구성돼 있습니다. 이 회사는 표피와 지방 사이에 있는 진피를 이식재로 사용합니다. '메가덤'이란 제품입니다. 피부 이식이라고 해서 인종을 고민할 필요는 없습니다. 진피는 전 인종이 하얀색입니다.

이 회사는 수년간 연구 끝에 진피층을 무세포화하는 방법을 찾아냈습니다. 냉동 상태로 받은 피부를 한국 공장에서 무세포화하는 겁니다. 면역 거부 반응을 줄이기 위해서입니다. 다만 혈관은 그대로 살아 있습니다. 진피와 관련한 특허만 10개가 넘습니다. 이 피부가 이식 환자의 몸에 들어가면 혈관이 이어지고, 세포도 살아난다고 합니다. 이 과정에서 세계 최초로 전자빔 방식의 멸균법을 적용해 안정성을 더욱 높였습니다.

피부 이식 매출의 절반은 유방 재건 수술에서 나옵니다. 2020년 유방 재건 수술 시장 규모는 250억 원 정도입니다. 이 중 엘앤씨바이오가 120억 원을 판매할 것으로 업계는 보고 있습니다. 2019년 피부 이식 시장에서 48%의 점유율을 기록했습니다.

유방암 환자들은 유방을 제거한 후 그 안에 보형물을 넣습니다. 이 과정에서 보형물을 감쌀 때 이 회사의 제품이 쓰이는 겁니다. 이 시장은 면역 반응 등 부작용을 줄이는 게 관건입니다. 몸 안에 평생 있어야 하기 때문이죠. 사람의 몸은 이물질이 들어오면 주변에 피막이 형성됩니다. 일부 회사의 제품은 피막이 딱딱하게 형성되는 '구형 구축' 현상이 나타납니다. 일부는 진피층이 얇아 보형물이 밖으로 나오는 경우도 있다고 합니다.

보형물의 절반을 감싸면 500만 원, 전체를 감싸면 1,000만 원의 매출을 올릴 수 있습니다. 원가는 10% 수준에 불과합니다. 이외에 화상 재건, 갑상선암 수술 후 재건, 어깨 회전근개 재건 등 각종 재건과 코 수술 등에서 피부 이식재가 사용됩니다. 이환철 엘앤씨바이오 대표는 "다른 동물의 피부를 사용하는 것보다 면역 반응 등의 측면에서 더 안전하다"고 말했습니다.

연 1조 원 중국 시장 공략 시작

한국 시장은 1,000억 원 수준으로 한계가 분명합니다. 투자 포인트는 중국 시장 공략에 있습니다. 중국은 1조 원, 미국은 6,000억 원 수준으로 한국보다 규모가 큽니다.

중국에선 마땅한 경쟁자도 없습니다. 중국 최대의 투자은행인 국제금융공사(CICC)가 손을 내밀어 합작사를 설립하자고 한 이유입니다. 시장의 성장성과 엘앤씨바이오의 기술력을 높게 평가한 겁니다.

한국 시장에만 머물러 있다면 투자가 쉽지 않은 수준의 주가입니다. 하지만 중국 시장이라면 얘기는 달라집니다. 1995년 중국건설은행과 모건스탠리 등이 함께 세운 CICC는 주룽지(朱鎔基) 전 총리의 아들인 레빈 주가 회장을 맡았던 곳입니다. 엘앤씨바이오는 CICC와 중국에 합작회사 설립을 진행 중입니다. CICC가 한국 회사와 합작사를 설립한 건 이번이 처음입니다.

노승원 맥쿼리투신운용 펀드매니저는 "중국 회사들은 기술력이 부족해 사실상 무주공산인 시장"이라며 "특히 CICC 관계자 등으로부터 '콴시(관계나 인맥을 뜻하는 중국어)'를 잘 형성할 수 있는 든든한 뒷배경이 있다"고 말합니다.

엘앤씨바이오는 CICC로부터 투자 제안을 받은 후 장고를 거듭했다고 합니다. 그러면서 중국 측에 두 가지 역제안을 했습니다. 안정적인 원재료 확보를 위해 월 1,000명의 기증자를 확보할 수 있는지, 중국 내 허가 문제가 수월하게 진행될 수 있는지를 말이죠. 이런 단서가 해결된 뒤 2020년 8월 최종 계약을 체결했습니다.

중국 진출을 긍정적으로 볼 수밖에 없는 몇 가지 요소가 더 있습니다. 우선 중국에선 피부 이식 재료를 만들 수 있는 제대로 된 회사가 없습니다. 제이야라이프란 베이징 소재 회사가 있긴 하지만 중국 성형외과 의사들 자체가 중국 기업 제품을 크게 신뢰하지 않습니다. 거부 반응률이 높다는 게 그 이유입니다.

반면 한국 기업이나 의사의 성형 기술 등에 대해선 신뢰도가 높죠. 또 중국 현지화 문제입니다. 피부 이식 사업을 하기 위해선 중국 정부의 허가를 받아야 합니다. 보통 5년이 걸린다고 합니다. 하지만 합작법인을 중국 내에 설립하고 허가를 받으면 패스트트랙 제도를 통해 1~2년 안에 허가가 가능하다고 합니다. 중국 국가약품감독관리국에서 수입 의료기기 국내 생산 제조에 관한 공고를 2020년 9월에 바꿨죠. 현지화가 필수 요건인 이유입니다.

또 중국 시장은 판매 가격이 한국보다 30% 정도 비쌉니다. 유방 재건 수술을 위해선 한국에선 500만~1,000만 원의 매출이 일어나지만 중국에선 650만~1,300만 원어치가 팔립니다.

1위 엘러간, 중국 진출 어렵다

피부 이식 업계의 절대 강자는 엘러간입니다. 한국에선 2위이지만 미국에선 시장의 75% 정도를 점유하고 있습니다. 엘러간의 중국 진출도 가능해 보이지만 실제론 만만찮습니다.

우선 기증자를 구하기가 쉽지 않습니다. 중국에서 사업을 하기 위해선 한국의 적십자격인 홍십자를 통해 피부를 가져와야 합니다. 중국 내 네트워크가 필요합니다. 하지만 미국과 중국의 무역 전쟁으로 쉽지 않은 상황입니다. 그렇다고 미국인이 무상으로 기증한 피부를 중국에 수출하기도 어렵죠. 미국 내 수요·공급이 거의 균형을 이루는 상황에서 여론 반발이 만만찮을 겁니다.

엘앤씨바이오는 순조롭게 중국 진출을 진행하고 있습니다. 우선 'L&C BIO CHINA'를 설립했습니다. 이후 CICC가 합작회사의 가치를 약 2,300억 원 이상으로 보고 2,000만 달러(230억 원 정도)를 투자했습니다. 지분이 10% 정도 되는 겁니다. 엘앤씨바이오는 약 48억 원을 투자했습니다. 이 과정에서 투자자가 더 늘었습니다.

회사 측은 함구하고 있지만 중국 1위 임상수탁기관인 타이거메드 등이 참여한 것으로 알려졌습니다. 중국 내 인허가를 도울 회사들을 아예 지분 투자자로 참여시킨 겁니다. 허가 후 중국 내 영업을 담당할 제약 회사도 참여한 것으로 전해졌습니다.

2021년 초엔 피부 이식재에 대한 중국 내 허가 신청이 진행됩니다. 1년 안에 허가가 날 것으로 보고 있습니다. 최종 지분은 엘앤씨바이오가 50.1%, CICC가 10%, 다른 중국 회사와 개인 등이 나머지를 갖게 됩니다. 투자를 받은 자금으로 중국 쿤산 메디컬 파크에 피부, 뼈 연골, 근막, 인대 등 인체조직 피부이식재 공장을 세웁니다. 2021년 초 착공됩니다. 6개월이면 공사가 끝난다고 합니다. 쿤산 메디컬 파크 규모는 연매출 1조 원 정도를 예상하고 있습니다. 공장이 지어지고 승인 첫해에 약 3,000억 원의 매출을 기대합니다.

엘앤씨바이오와 CICC 등은 매출이 일어나고 본격 성장기에 접어들면 합작회사를 중국이나 미국에 상장시킬 계획입니다. 다음 목표는 미국 진출입니다. 벌써 재무적 투자자도 나타났습니다. CICC를 비롯해 미국 월가의 자금이 대기 중입니다. 2022년엔 미국 합작사 설립이 진행됩니다.

🦴 연골 이식에서도 차별화

죽은 사람의 연골을 이식하는 퇴행성 관절염 치료제 '메가카티 (MegaCarti)'도 허가 절차가 진행 중입니다. 현재는 무릎 연골이 손상되면 인공 관절을 넣거나 줄기세포로 치료합니다. 인공 관절의 경우 10~15년 후엔 다시 바꿔줘야 한다는 단점이, 줄기세포는 효과가 나타나는 데 몇 달이 걸린다는 단점이 있습니다.

메가카티는 무세포화시킨 연골을 환자에게 넣는 겁니다. 즉각적인 효과가 나타나는 데다 사람의 연골이 들어가 부작용이 없습니다. 이미 3,000명 정도의 환자 수술이 이뤄졌습니다. 과거엔 허가 없이도 가능했는데 경쟁사들이 문제를 삼아 현재는 허가 절차를 진행 중입니다. 내년 말이면 임상이 끝납니다. 현재 무릎 연골 수술을 할 경우 수술 가격은 줄기세포 치료제의 경우 600만~800만 원 수준입니다. 메가카티는 300만~400만 원에 수술이 가능합니다. 보험이 적용되면 100만 원대로 낮아집니다.

여기에 폐지방을 이용한 치료제도 만들고 있습니다. 지방이 위축되

도표 6-1 연골 치료제별 특징

구분	메가카티	줄기세포 치료제	유전자 치료제
시술	동종연골 직접 주입	연골 손상 부위 미세천공술 실시 후 자가 또는 동종 조직 유래 줄기세포 주입	동종연골세포와 형질 전환된 동종연골 유래 줄기세포 관절강 내 주사
회복 및 효과	시술 후 3일째 퇴원 1주 후부터 일상 복귀 시술 후 동종연골 빠르게 회복	시술 후 1~2주 입원 시술 후 12주 목발 사용 연골 재생 기간 약 1년	수술 없이 1회 주사 무릎 통증 경감 효과 연골 구조 재생 효과 미검증
비용	300~400만 원	1회 시술 시 600~800만 원	1회 주사 시 600~700만 원

자료: 엘앤씨바이오

는 대표적인 질환인 AIDS와 연관된 지방위축증 환자군을 대상으로 2019년 11월부터 임상 시험을 진행 중입니다. 환자의 얼굴 등에 지방이 소실되는 증상이 나타나는 질병인데요. 폐지방을 가공해 필러 시술 형태로 주입하는 겁니다.

이 대표는 "기증자의 피부에서 쓸 수 있는 표피와 진피, 지방 중에 지방을 활용하는 것"이라며 "엉덩이 등에서 자신의 지방을 떼어 쓰는 방식보다 후유증도 적고, 비용도 싸다"고 설명합니다. 특히 기증자의 피부를 전문적으로 다뤄온 엘앤씨바이오가 경쟁 우위를 삼을 수 있죠. 폐지방의 원가가 낮아 영엽이익률이 더 높아질 전망입니다.

2019년 12월 30일 종가 기준으로 2만 5,600원이었던 엘앤씨바이오 주가는 이듬해 10월 6일 15만 5,600원에 장을 마감해 최고가를 썼습니다. 6배 정도 주가가 올랐던 겁니다. 이후엔 조정을 받았습니다. 당초 같은 해 10월~11월께엔 CICC와 JV 설립이 완료될 것으로 봤지만 코로나19로 인해 서류 절차가 다소 늦어지면서 중국 사업에 대한 의구심이 생겼기 때문이죠. 일각에서 자금 납입이 무산된 것 아니냐는 소문도 나왔습니다.

납입이 좀 늦어지긴 했지만 약 200억 원 정도의 투자금은 들어왔습니다. 이 회사 주가도 상승세를 다시 탔습니다. 이 '헤프닝'은 엘앤씨바이오의 주가를 가늠할 수 있는 중요한 단서가 될 겁니다. CICC가 처음으로 투자하는 한국 회사이기 때문에 시장에선 의구심이 상당합니다. 중간에 틀어질 것이라고 말하는 사람도 적지 않습니다. 앞으로도 CICC와의 관계, 중국 진출 과정에서 문제가 생길 때마다 주가가 하락할 가능성이 있습니다.

그럼에도 CICC 측의 의지는 확고합니다. 필자에게 직접 전화를 걸어 "자금 납입을 위해 펀드를 영국령 케이만제도에 만들고 등록하는 과정에서 영국 주재 중국 대사관과 중국 정부 등의 허가를 받아야 한다"며 "외화를 해외로 갖고 나가는 모양새여서 행정 절차가 필요해 늦어졌다"고 해명했습니다.

중국 사업만 잘 되면 장기적인 회사의 성장성은 높다는 판단입니

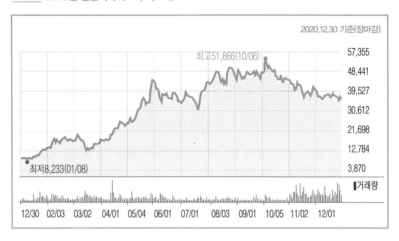

다. 특히 투자를 받은 자금으로 중국 쿤산 메디컬 파크에 피부, 뼈 연골, 근막, 인대 등 인체조직 피부이식재 공장을 세울 예정입니다. 2021년 완공되는데 중국 시장에서 허가를 받고 본격적인 매출이 나오면 주가는 우상향할 가능성이 높다는 전망입니다.

한 애널리스트는 "중국의 인체조식이식재의 시장 규모를 약 3조 원으로 추산한다"며 "향후 실적 증가 및 해외 진출이 가시화된다면 현재의 높은 가치 평가가 지속될 수 있다"고 강조했습니다.

🔍 용어 설명   보톡스와 필러

보톡스와 필러는 미용 산업과 연관이 큰 의약품입니다. 'K-뷰티'가 각광을 받으면서 국내 기업들의 보톡스와 필러도 세계 시장에서 주

목받고 있습니다. 보톡스 시장은 기존 기업과 후발 주자 간 경쟁이 과열되고 있는 양상입니다.

사실 보톡스는 아일랜드 기업인 엘러간에서 1989년 내놓은 보툴리눔톡신 제제의 이름입니다. 보툴리눔톡신은 보툴리눔균이 내놓는 독소입니다. 이 독소는 인류가 발견한 독소 중에서 독성이 가장 강한 물질로 알려져 있어 세계 각국에선 독극물로 관리하고 있습니다. 극소량의 보툴리눔톡신을 희석해 사용하면 근육을 이완시킬 수 있는데요. 보톡스는 출시 초기 경련 치료에 사용되다가 1990년대 들어 주름 제거 효과가 알려지며 미용 목적으로도 사용되기 시작했습니다.

2006년 메디톡스가 분말형 보툴리눔톡신 제제인 '메디톡신'을 내놨습니다. 2009년 휴젤 '보툴렉스', 2013년 대웅제약 '나보타'가 식약처에서 제품 허가를 받으며 잇따라 시장에 진입했죠. 2020년 7월 기준 국내에서 보툴리눔톡신 제품을 출시하겠다고 한 업체만 17곳에 이릅니다. 보툴리눔톡신 제제엔 1ng(나노그램) 수준에 불과한 균주가 들어갑니다. 적은 양으로 대량 생산이 가능하다는 점 때문에 후발주자들이 시장에 속속 진입하려는 양상입니다.

국내에선 휴젤과 메디톡스가 보툴리눔톡신 제품 시장 1위 자리를 놓고 다투고 있습니다. 하지만 2021년엔 메디톡스의 국내 영업이 어려워질 전망입니다. 식약처는 메디톡스가 중국에 제품을 수출하는 과정에서 국가출하승인 대상 의약품 승인을 받지 않았다고 판단해 메디톡신의 제품 허가를 2020년 11월 취소했습니다. 액상형 제품인 이노톡스도 2020년 12월 제조·판매·사용이 중지됐습니다.

메디톡스는 나보타를 만든 대웅제약과는 소송전을 벌이고 있습니다. 메디톡스는 대웅제약이 자신들의 균주를 도용했다고 보고 있습니다. 2020년 12월 미국 국제무역위원회(ITC)는 대웅제약의 나보타에 대해 21개월간 미국 내 수입 금지 명령을 내렸습니다. 대웅제약이 메디톡스의 제조 공정을 도용했다고 본 것이죠. 2019년 7월 예비 판결에서 10년간 수입 금지 명령이 나왔던 것보다는 제재가 완화됐습니다. ICT 최종 판결 이후 메디톡스는 미국에서 나보타 판매사인 에볼루스, 앨러간(메디톡스 제품 미국 판매사) 등과 합의를 봤습니다. 이 가운데 휴젤은 2020년 10월 국내 최초로 중국에서 판매 허가를 받았습니다.

휴젤은 2021년 상반기 허가를 목표로 히알루론산(HA) 필러의 중국 허가도 신청했습니다. HA 필러는 피부의 꺼진 부위를 도톰하게 채워주는 데 쓰이는 보충제입니다. 필러와 보툴리눔톡신 제품은 같은 영업망을 공유할 수 있어 함께 판매할 때 시너지 효과를 낼 수 있다는 게 업계의 설명입니다. 휴젤은 HA필러 제품인 '더채움'으로 2019년 국내 시장 점유율 1위에 올라섰습니다. 중국 시장에선 LG화학이 내놓은 HA필러 이브아르가 2016년 이후 시장 점유율 1위를 유지하고 있습니다.

케어젠

펩타이드 활용한 제품들과 코로나19 치료제
'스파이크 다운'

케어젠은 펩타이드를 활용해 신약과 미용 제품을 만드는 회사입니다. 업계에선 미국에서 박사와 박사 후 연구과정을 마치고 2001년 케어젠을 설립한 정용지 대표의 사업 수완을 상당히 높게 평가합니다. 펩타이드를 활용한 신약 개발이 궁극적인 목표지만 필러 등 이른바 '돈이 되는' 미용 제품으로 신약 개발의 발판을 마련했습니다. 20년 동안 개발한 펩타이드 특허가 374개에 달합니다. 650여 가지의 펩타이드 조합을 통해 치료제와 건강기능식품, 미용 제품을 개발하고, 출시했습니다. 200억 원 이상의 영업이익을 올리고 있죠. 영업이익률은 2019년 기준 53%입니다.

2021년은 케어젠이 한 단계 도약하는 한해가 될 가능성이 높습니다. 코로나19 치료제가 1상 임상에 들어갑니다. 코에 뿌리는 스프레이 형태와 주사 제형 모두 개발합니다. 코로나19 치료제로 두 제형을 모두 개발하는 회사는 없습니다.

펩타이드를 활용해 혈당을 낮춰주는 건강기능식품도 2021년 초 식약처 허가가 날 가능성이 높습니다. 탈모가 심한 사람을 대상으로 한 헤어필러 역시 2021년부터 유럽에서 매출이 폭증하고 있습니다. 2021년부터는 더욱 매출이 늘어날 예정입니다.

정 대표는 인터뷰에서 "헤어 관련 제품을 만드는 회사로 이미지가 각인되는 것이 위험하고 아쉬운 측면이 있다"며 "펩타이드를 활용한 신약 개발 등 머리부터 발끝까지 모든 제품을 만드는 게 목표"라고 말했습니다.

코로나19 치료의 게임체인저

정 대표는 코로나19 치료제 '스파이크 다운' 개발에 상당한 공을 들이고 있습니다. 신약 개발 회사로 확실히 자리매김할 수 있는 기회라고 생각합니다.

코로나19 치료제 작용 기전을 보겠습니다. 펩타이드 12개를 조합한 펩타이드 기반 치료제입니다. 펩타이드란 단백질의 기능적 최소 단위입니다. 세포 밖에서만 움직이는 항체보다 크기가 훨씬 작습니다. 생체 신호 전달 및 기능 조절에 관여하는 물질이죠. 우리의 몸에서 유래한 것이어서 부작용이 적습니다.

코로나19는 바이러스 바깥 부분에 외막에 못처럼 생긴 돌기, 스파이크 단백질이 사람의 세포 수용체와 결합해 세포 속으로 침투하는

도표 6-3 **코로나19 바이러스 구조**

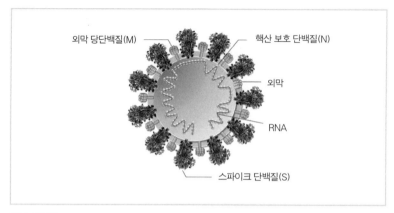

자료: 케어젠

질병입니다. 이 과정에서 바이러스는 단일 가닥의 RNA와 단백질을 복제한 뒤 밖으로 나와 또 다른 세포를 공격하는 걸 반복합니다.

코로나19 바이러스를 좀 더 자세히 보면 왕관처럼 생긴 스파이크 단백질의 S1이 정상 세포와 결합하는 형태입니다. 케어젠의 스파이크 다운은 스파이크 단백질 머리 부분인 S1을 공격하는 펩타이드를 몸속에 넣는 방식입니다. 단백질이 세포 안으로 침투하지 못하도록 하거나 침투하더라도 세포 내에서 막을 형성해 복제를 막는 방식입니다.

정 대표는 "세포 안에 바이러스가 들어가는 자체를 막는 방식이기 때문에 돌연변이가 생겨도 치료할 수 있다"고 자신합니다. 또 "펩타이드 자체가 코로나 바이러스의 스파이크 단백질 부분을 찾아가 공격하도록 설계돼 있다"고 설명합니다.

⚛ 다양한 제형으로 승부수

작용 기전 자체는 셀트리온이 개발 중인 코로나19 항체 치료제와 비슷합니다. 다만 펩타이드를 재구성해 만들다 보니 확실한 장점이 있습니다. 이 회사의 코로나19 치료제는 아미노산 12개로 구성, 비교적 단순한 펩타이드에 속합니다. 상온에 2~3년 있어도 변성이 되지 않고, 대량 생산도 쉽습니다. 특히 제형을 여러 개로 바꿀 수 있습니다. 케어젠은 정맥주사보다는 코에 뿌리는 스프레이형 치료제를 더 기대하고 있습니다.

케어젠은 2019년 10월 CRO 업체 노터스를 통해 햄스터를 대상으로 스파이크다운의 효과를 실험했습니다. 코로나19 바이러스를 투입한 햄스터를 세 부류로 나누고 실험군 A에는 스파이크다운을 코흡입 방식으로 투여하고 실험군 B에는 정맥주사를 놨습니다. 대조군에는 아무것도 투여하지 않았죠.

3일 후 코로나19 바이러스에서 발현되는 유전자를 RT-PCR을 통해 확인했습니다. PCR 검사는 보통 코로나19 바이러스의 4가지 유전자(N gene, RdRp gene, S gene, E gene)를 보고 코로나 확진 여부를 검사합니다.

코 스프레이를 투여한 햄스터는 3일 뒤에 RdRp gene와 E gene 수치가 각각 0.046, 0.033이 나왔습니다. 코로나19 바이러스를 주입하기 전에 햄스터를 마취하고 스프레이를 코에 미리 뿌려두는 방식으로 실험을 했습니다.

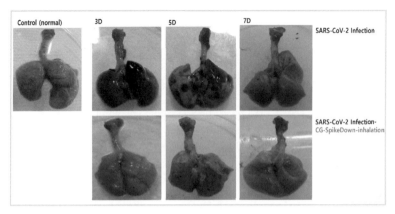

가짜 약을 맞은 햄스터의 폐(위)와 코 스프레이 치료제를 투여한 햄스터의 폐(아래) 비교. 예방 효과가 있는 코 스프레이 치료제를 맞은 햄스터는 폐 손상이 거의 없다.

자료: 케어젠

이 수치는 가짜 약을 투여한 햄스터의 코로나19 수치를 1로 두고 비교한 것입니다. 반면 정맥주사를 투여한 햄스터는 RdRp gene와 E gene 수치가 각각 0.583, 0.083이 나왔습니다. 다시 말해 코 스프레이에 예방 효과가 있다는 겁니다. RdRp gene의 경우 정맥주사의 10분의 1이하로 나온 것이죠. 일주일 뒤엔 코로나19 RdRp gene와 E gene가 거의 검출되지 않았습니다. N gene 수치도 마찬가지였습니다. 치료 효과도 확실했다는 겁니다. 정 대표는 "코 스프레이 치료제가 예방 효과가 있다는 걸 보여준 수치"라며 "몸속에 들어온 코로나19 바이러스도 효과적으로 제거했다"고 말했다.

케어젠은 코 스프레이의 경우 직접 완제품까지 개발하고, 정맥주사제는 기술 수출하는 방안을 고려 중입니다. 여기에 안과 질환인 황반병성 치료제도 곧 1상 임상에 들어갑니다. 전임상은 거의 마무리가 됐습니다. 이미 나와 있는 제품은 주사제입니다. 케어젠은 이를 펩타이드 기술을 활용해 점안제 형태로 만들었습니다. 황반변성은 눈의 흰자위에 직접 주사를 2~3개월에 한 번씩 넣는 방식으로 치료했습니다. 점안제로 개발이 될 경우 주사에 두려움을 갖는 환자들이 관심을 가질 것이란 분석입니다.

2021년 3~4월께엔 미국 또는 유럽에 1상 임상 시험을 위한 신청서를 낼 예정입니다. 정 대표는 "모든 치료제의 방향은 기존 제품보다 더 뛰어난지를 중점적으로 볼 것"이라며 "주사제에 대한 공포감이 상당한 황반변성 치료 시장에서 차별화할 수 있을 것"이라고 설명합니다.

탄탄해지는 매출, 영업이익

케어젠의 매출은 미용 제품에서 나옵니다. 특히 발모를 촉진하는 헤어필러 제품에 기대감이 높습니다. 헤어필러는 주사 제형입니다. 발모를 원하는 부분에 2주에 한 번씩 맞는 형태입니다. 일곱 종류의 펩타이드와 필러 재료인 히알루론산이 섞여 있습니다.

이 제품은 유럽인증(CE)을 받고 유럽 시장에서 판매되고 있습니다. 2019년 대비 2020년 매출이 약 세 배 정도나 뛰었다고 합니다. 2020년 매출액만 약 100억 원 정도입니다. 이 제품은 세포 중 노화 현상을 막기 위해 필요한 단백질들을 자극하는 역할을 합니다. 성장인자를 자극하는 것이죠.

우리 몸은 세포가 노화되거나 손상되면 이웃 정상 세포에 신호를 보냅니다. 세포분열을 통해 적정 세포 수를 유지하기 위해서죠. 이러한 신호를 전달하는 물질이 바로 성장인자입니다. 성장인자가 부족하거나 제 기능을 다하지 못하면 세포분열이 원활하지 못해 모발 관련 세포 수가 유지되지 못합니다. 모발 관련 성장인자에는 VEGF, PDGF, SCF, KGF, WINT 등이 있는데요. 케어젠의 헤어필러는 각질 세포성장인자인 KGF와 WINT를 표적으로 합니다.

펩타이드를 넣어 이들을 활성화시키는 역할을 하죠. 이와 함께 탈모의 원인이되는 BMP4라는 물질을 저해합니다. BMP4는 모낭이 형성되는 과정에서 모낭의 성장을 방해하는 단백질입니다. 호르몬을 조절하는 방식이 아닌 직접 주사 방식으로 발모를 하는 제품은 유럽 시장에 없다고 합니다. 호르몬 변화 등 부작용 없이 탈모를 치료할 수 있는 유일한 주사제인 겁니다.

정 대표는 "탈모 시장은 머리카락이 눈에 띄게 늘지 않으면 의사들이 제품 자체를 찾지 않는다"며 "유럽 시장에서 제품 품질을 인정받기 시작해 2021년엔 두 배 이상의 매출 증대가 예상된다"고 말했습니다. 2021년 약 200억 원 이상의 매출이 나올 수 있다는 얘기입니다.

헤어필러 제품의 매출은 2020년 3분기에 약 23억 원 정도였습니다. 같은 기간 전체 매출(147억 원)의 7% 수준이었지만 더 올라갈 전망입니다. 이 회사의 주요 매출 품목은 얼굴 등에 주입하는 필러입니다. 2020년 3분기 기준으로 41%(69억 원)의 매출 비중을 차지합니다.

이 회사의 필러 제품은 그 안에 펩타이드를 섞어 넣습니다. 그래서 가격도 비싼 편입니다.

자연 상태의 펩타이드는 몸 안에 들어가면 30분 안에 분해돼 없어집니다. 효과를 극대화하려면 인체에 오래 머무르도록 하는 '서방형 방출' 기술이 필요합니다. 천천히 약효가 작용한다는 뜻입니다. 일반 필러는 히알루론산을 피부 주름에 주입해 채운 후 히알루론산이 인체에서 모두 분해되면 다시 시술해야 합니다. 서방형 방출 기술을 이용하면 필러를 맞는 주기가 길어집니다.

정 대표는 "펩타이드가 인체에 들어가 콜라겐을 합성해 피부 처짐 현상 등을 근본적으로 없앤다"며 "처지는 게 아니라 오히려 피부를 들어 올리는 효과가 있어 반응이 좋다"고 말합니다. 일반 필러 제품보다 두 배 정도의 높은 가격에 팔리지만 경쟁력이 있는 이유입니다. 다만 한국 시장에선 펩타이드를 필러에 넣었다는 이유로 허가를 받지 못하고 있습니다. 의료기기가 아닌 의약품으로 임상을 거쳐 허가를 받으라고 하는 것이죠.

이와 함께 유럽 시장에선 입 주변의 주름을 펴주는 새로운 필러 제품이 2020년 11월부터 팔리고 있습니다. 정 대표는 "담배를 피는 여성의 경우 입 주변의 주름 정도가 더 심하다"며 "입 주변 주름을 위한 거의 유일한 제품이어서 소비자들의 반응이 좋다"고 전했습니다.

2015년 11월 상장된 케어젠은 당시 증권가의 기대를 한 몸에 받았던 회사였습니다. 공모가는 1조 1,000억 원으로 7,000억~8,000억 원(2020년 12월 기준)을 오가는 요즘보다 더 높았습니다. 당시 2016년 1월 하나금융투자는 이 회사의 목표가를 처음으로 제시했습니다. 14만 원대의 높은 금액이었습니다. 두 달 뒤 유진투자증권은 목표가를 17만 원, 신영증권은 19만 원까지 높이기도 했습니다.

하나금융투자는 2016년 초, 그해의 영업이익을 350억 원 수준으로 높게 봤습니다. 하지만 해외 시장에서 헤어필러의 등록이 늦어지고, 생각보다 매출이 늘지 않으면서 목표 주가를 하향하는 증권사들이 나타났습니다. 2016년 말이었습니다. 2017년 영업이익도 시장 기대(컨센서스)보다 30%나 낮은 219억 원 수준이었죠. 주가도 자연스럽게 조정 과정을 거쳤습니다. 당시 이 회사를 커버했던 한 애널리스트는 "혈당 조절용 건강기능식품 허가 지연이나 헤어필러의 느린 성장세 등이 나타났다"며 "지나치게 높게 밸류에이션을 부여했다는 생각이 들었다"고 했습니다.

2019년 3월엔 회사의 매출 채권, 재고 자산 등과 관련해 적정성을 확인할 적합한 감사 증거를 확보할 수 없었다며 삼정회계법인이 감사 '의견 거절'을 표명했습니다. 2018년 11월 신(新)외감법(주식회사 등의 외부 감사에 관한 법률)이 시행되면서 회계법인의 감사가 깐깐해진 영향 때문이었죠. 주식 거래는 정지됐습니다. 최악의 위기였죠.

도표 6-5 2020년 케어젠 주가그래프

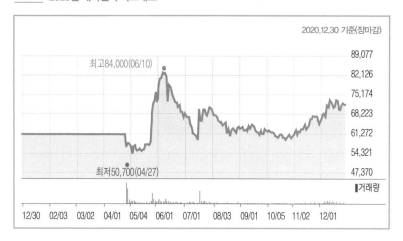

이 문제는 1년 만에 해소됐습니다. 적정 의견이 나온 뒤 2019년엔 영업이익이 사상 최대인 354억 원까지 늘었습니다. 비적정 의견을 받았던 2018년 이전의 매출과 영업이익이 2019년에 잡힌 덕분입니다. 하지만 여전히 증권가는 이 회사에 대한 커버를 하지 않고 있습니다. 2018년 11월에 있었던 증권사 리포트가 마지막입니다.

하지만 이는 오히려 저평가 기회가 될 수 있다는 전망입니다. 시장에서 이 회사에 대한 의구심을 보이지만 회사 자체는 꾸준히 성장하고 있습니다. 2020년 매출과 영업이익 역시 상승세를 보일 전망입니다. 케어젠 관계자는 "2019년 실적에 포함됐던 2018년 이전의 매출들을 제외하면 2020년에 사상 최대 실적을 낼 것으로 보인다"고 말합니다.

🔬 펩타이드 수출 시작한 케어젠

특히 2021년엔 펩타이드를 활용한 미용 매출이 한 차례 더 뛸 기회도 맞았습니다. 약 1년 반 동안의 협상을 통해 독일의 화학 업체인 바스프(BASF)에 펩타이드 원료 물질에 대한 글로벌 독점공급 계약을 체결했기 때문입니다. 안정적인 매출이 나온다는 얘깁니다. 신약 개발 기업으로 따지면 판매 허가를 받은 상황에서 제품에 대한 판권을 넘긴 것입니다. 펩타이드 중 미백 기능, 항노화 기능, 항염증 기능, 항아토피 기능 펩타이드 4가지 원료 물질에 대해 2021년 1월부터 총 5년간 독점 계약을 체결한 것입니다.

바스프는 독일에 본사를 둔 글로벌 종합화학 회사입니다. 한국에서도 아모레퍼시픽과 LG생활건강 등에 화장품 원료를 대량 납품하고 있습니다. 이번 계약은 펩타이드를 이용한 화장품 원료를 개발 중인 바스프 본사가 먼저 찾아와 계약을 맺자고 했다고 합니다. 바스프는 이들 물질을 통해 화장품 원료를 만들어 이를 화장품 회사에 판매할 예정입니다. 5년 동안 최소 금액을 사가는 조건입니다. 영업이익률이 50%가 넘는다고 합니다. 현재는 네 개 펩타이드에 대해서 계약을 맺었지만 추후 이 물량이 더 늘어날 가능성이 있습니다.

개발한 지 5년이 지난 혈당 조절용 드링크제 '디글루스테롤(Deglusterol)'도 2021년 상반기 식약처로부터 개별인정형 제품으로 허가를 받을 예정이라고 합니다. 유럽 등에서 매출을 일부 올리고 있는 제품입니다.

펩타이드를 활용한 혈당 조절 음료입니다. 이 제품 생산을 위해 306억 원을 투자해 우수의약품제조관리기준(GMP)을 충족한 케어젠 화성 공장도 세웠습니다. 연 10t 정도의 펩타이드 물질을 생산할 수 있습니다. 정 대표는 "디글루스테롤은 화성 공장이 본격적으로 가동되기 시작할 2021년부터 회사의 새로운 캐시카우가 될 것"이라고 소개했습니다.

 용어 설명   CAR-T

CAR-T의 T는 면역세포의 일종인 T세포를 가리킵니다. CAR는 키메라 항원 수용체(chimeric antigen receptor)의 약자입니다. CAR-T세포는 환자에게서 추출한 T세포에 암세포 항원을 인식할 수 있도록 만들어진 수용체를 붙인 개량 T세포라고 할 수 있습니다.

CAR-T세포 치료제는 신약 시장에서 가장 주목받는 항암제로 꼽힙니다. CAR를 탑재한 T세포가 암세포만 골라 공격할 수 있다 보니 정상 세포에 대한 부작용 우려가 적습니다. T세포가 몸속에서 증식을 하므로 장기적인 치료 효과도 기대할 수 있습니다.

최초로 시장에 나온 CAR-T세포 치료제는 노바티스의 킴리아입니다. 2017년 FDA로부터 불응성 B세포 급성 림프구성 백혈병 치료제로 승인을 받았습니다. 1회 투여로 환자 중 80%가 완치되는 성과를 입증해 '꿈의 항암제'로 불리기도 했습니다. 길리어드사이언스도 같은 해 CAR-T세포 치료제인 예스카르타를 내놨습니다. 킴리아와 예스카르타는 2020년 각각 2억 7,800만 달러, 4억 5,600만 달러의 매출을 올렸습니다.

하지만 이 치료제에도 단점이 있습니다. 킴리아와 예스카르타는 환자 자신의 세포를 이용하는 자가세포 치료제입니다. 범용 치료제로 대량 생산이 어렵다 보니 1회 투여 비용이 4~5억 원에 달합니다. 사이토카인 방출 증후군 등 심각한 부작용이 나타나기도 했습니다. 혈액암과 달리 고형암에선 치료가 쉽지 않다는 점도 넘어야 할 산입니다. CAR-T세포가 암세포가 아닌 정상 세포에도 반응을 하면서 부작용을 일으킬 수 있기 때문입니다.

국내 기업들은 기존 한계를 극복한 CAR-T세포 치료제 개발에 도전하고 있습니다. 유틸렉스는 부작용을 개선하고 간암 등 고형암을 치료할 수 있는 쪽으로 연구를 진행하고 있습니다. 펩트론, 큐로셀과 헬릭스미스 자회사인 카텍셀도 고형암을 대상으로 연구 중입니다. 앱클론은 CAR-T세포에 활성을 켰다 껐다 할 수 있는 스위치 기능을 부여할 수 있는 기술을 갖고 있습니다. 제넥신은 T세포에서 면역 거부 반응을 유발하는 유전자를 제거하는 방식으로 동종유래 CAR-T세포 치료제를 개발하기 위해 2020년 12월 툴젠 지분을 인수했습니다.

큐로셀과 앱클론이 임상 1상 진입을 위해 2020년 치료제 생산 시설 구축을 마친 만큼 조만간 국내서도 CAR-T세포 치료제로 임상에 착수하는 바이오 기업이 나올 전망입니다.

오스템임플란트

세계 82개국에 치과용 임플란트를 공급하는 기업

치과용 임플란트 시장 국내 1위, 세계 4위 기업인 오스템임플란트는 서울 강서구 마곡동에 건립한 신사옥으로 2020년 8월 본사 이전을 마쳤습니다. 지하 2층, 지상 10층 규모 2개동을 연구동과 본사로 나눠 사용하고 있습니다. 800여 명이 이 사옥에 있는데 연구 인력만 450명이 근무하고 있습니다. 국내에서 가장 큰 치과계 연구소입니다.

오스템임플란트는 세계 82개국에 치과용 임플란트를 공급하고 있습니다. 2020년 10월 아랍에미리트 두바이에 중동 법인을 설립하면서 해외 법인 수는 27개국 29곳이 됐습니다. 중국, 미국, 러시아, 일본, 터키, 대만, 독일이 주력 시장입니다. 엄태관 오스템임플란트 대표는 "향후 중동, 인도, 브라질, 유럽에서 매출을 확대해 세계 1위 치과계 전문 기업이 되겠다"고 말합니다. 디지털 수술, 교정, 치과 인테리어 등으로 사업 영역을 넓히면서 치과 관련 상품을 종합적으로 제공하겠다는 구상이죠.

⚙ 이식 성공률 높이고 가격 경쟁력 유지

치과용 임플란트는 치아가 없는 부위에 인공 치근을 이식해 치아와 동일한 기능을 할 수 있도록 한 이식체입니다. 위아래 턱 부분에 이가 박혀 있는 부위인 치조골에 이식하는 고정체와 그 위에서 크라운을 지지하는 상부로 이뤄져 있습니다. 크라운은 잇몸 밖으로 드러난 치아의 바깥 부분을 가리키는 말입니다. 임플란트를 이용하면 주변 이를 손상시키지 않으면서 통증 없이 먹거나 씹는 일상적인 활동이 가능해집니다.

오스템임플란트는 국내 치과용 임플란트 시장에서 매출 기준 업계 1위 기업입니다. 세계 시장에선 점유율이 네 번째로 많습니다. 점유율 1~3위 업체는 모두 비(非)아시아 기업입니다. 1위 스위스 스트라우만, 2위 스웨덴 노벨바이오케어, 3위 미국 덴츠플라이시로나가 세계 시장의 50% 이상을 점유하고 있습니다. 오스템임플란트의 세계 시장 점유율은 8%입니다. 1위인 스트라우만의 점유율은 26%죠. 아시아, 태평양 지역에서는 이미 점유율 1위 기업입니다. 매출의 60%가량이 임플란트 사업에서 나오는데 해외와 국내 매출 비중이 각각 57%, 43%라고 합니다.

치과용 임플란트 시장은 연간 20억~30억 규모 매출을 올리기는 쉽지만 1,000억 원대 연매출을 기록하기란 쉽지 않은 시장입니다. 대량 생산이 용이한 제조업 분야와 달리 다품종 소량 생산이 이뤄지는 데다가 생체 적합성을 높이고 뼈에 대한 결합력을 높이는 쪽으로 기

도표 6-6 치과용 임플란트 기업별 세계 시장 점유율

도표 6-6 치과용 임플란트 기업별 세계 시장 점유율

(단위: %)

기업	점유율*
스트라우만	26
노벨바이오케어	16
덴츠플라이시로나	14
오스템임플란트	8
짐머바이오멧	8
헨리샤인	7
기타	22

*2021년 추정치
자료: 오스템임플란트

술 연구가 계속 필요하기 때문입니다.

제품을 사용할 치과 의사들을 대상으로 꾸준히 임상 정보 및 논문, 재교육을 제공해야 한다는 것도 특징입니다. 임플란트를 시장에 공급하려는 기업은 최소 3년 이상의 임상 데이터가 있어야 영업이 가능하다고 합니다. 개별 고객에게 신속하게 대응할 수 있어야 하다 보니 임플란트 제조 기업이 몸집을 불려 사업을 밀어붙이기가 어려운 측면이 있습니다.

이 시장은 후발 주자의 시장 진입이 쉽지 않은 곳이기도 합니다. 고객인 의사들이 치과용 임플란트 수술을 능숙하게 하는 데엔 6개월~1년 정도의 시간이 필요하다고 합니다. 의사 입장에선 기존에 써오던 제품을 대신해 손에 익숙하지 않은 제품을 쓰는 데 거부감이 있을 수 있습니다. 수술을 받는 환자들도 자기 몸에 들어오는 만큼 이왕이면 기존에 사용되며 검증을 받은 제품을 쓰길 원하는 경우가 많습니다.

도표 6-7 치과용 임플란트 세계 시장 규모

(단위: 억 달러)

연도	시장 규모
2018년	45
2019년	47
2020년*	50
2021년*	52
2028년*	80

*업계 추정치
자료: 오스템임플란트

오스템임플란트도 미국, 유럽 시장을 점유한 세계 시장 1~3위 업체 고객들의 선택을 받아야 하는 숙제가 있습니다. 이 회사는 제품 경쟁력을 높이기 위해 시술 편의성을 높이는 데 집중하고 있습니다. 수술이 편해야 기존 제품을 대신해 치과 의사들의 선택을 받을 수 있다는 것이죠. 엄 대표는 "미국, 유럽 고객들도 한 번 오스템임플란트의 제품을 써보면 사용 편의성을 바로 느낄 수 있다"고 말합니다.

임플란트 수술을 위해선 뼈 안에 고정체를 단단하게 고정시켜야 합니다. 하지만 너무 단단하게 고정하면 뼈가 녹아버리는 문제가 있습니다. 너무 강하지도, 약하지도 않게 적정한 고정력을 제공해줘야 의사들이 편하게 수술할 수 있습니다. 오스템임플란트는 고정력을 적정한 수준으로 만드는 데 디자인 초점을 두고 있습니다. 가격 경쟁력도 있습니다. 세계 1~3위 업체와 같은 품질이지만 가격은 40%가량 저렴하다고 합니다. 한 번 쓰게 하는 게 어렵지 일단 쓰면 제품에 만족할 수 있도록 하겠다는 것이죠.

이식 수술 성공률을 높이는 연구도 진행하고 있습니다. 현재 임플란트 이식 수술 성공률은 97% 수준입니다. 100명 중 3명은 실패하는 것이죠. 이식 과정에서 드물게 구강 내 세균이 이식 부위에 침투해 염증을 일으키기도 한다고 합니다. 오스템임플란트는 이식 수술 시 구강 내 세균 등 외부 환경을 제어하는 방향으로 기술을 개발하고 있습니다. 이식 수술 성공률을 99.9%까지 끌어올리는 게 목표입니다. 오스템임플란트는 정부로부터 30억 원을 지원받아 임상 성공률을 높이는 과제를 수행 중입니다.

🦠 교정 시장 개척하고 제품 디지털화

오스템임플란트는 치과 수술 시 환자가 앉는 유니트체어도 개발·생산하고 있습니다. 이 시장에서도 국내 1위입니다. 한 달에 600여 대를 생산하고 있습니다. 연매출 400억 원 수준의 실적을 내고 있는데 이 중 해외 매출 비중이 40% 수준이라고 합니다.

후발주자였던 시장 입지를 만회하기 위해 이 회사는 고장률을 낮추는 데 역점을 뒀습니다. 유니트체어에 쓰이는 300여 개 부품 모두를 조립 전에 각각 기능시키는 전수 조사를 통해 품질을 확인한다고 합니다. 제품 1개에 쓰이는 모터 30개 모두가 정상적으로 작동하는지를 별도 검사 장비로 점검하게 되죠. 이를 통해 월간 기준 3% 수준인 고장률을 절반 이하로 낮출 수 있다는 게 엄 대표의 설명입니다.

치아 교정 시장에도 진출했습니다. 치아 교정 시장은 치과용 임플란트 시장보다 규모가 큰 영역입니다. 치아 교정 방식은 전통 교정과 투명 교정으로 나뉩니다. 전통적인 교정은 치아 표면 위에서 치아를 고정시키는 브래킷과 철사를 이용하는 방식입니다. 투명 교정은 투명 레진으로 된 필름지를 틀로 이용해 치열을 교정하는 방식이죠. 주기적으로 이 틀을 바꾸면서 교정을 진행하게 됩니다. 이 틀은 투명하고 탈부착이 가능해 심미적인 만족감과 편의성이 크다는 장점이 있지만 치아가 심하게 삐뚤어진 경우엔 적용이 어렵다고 합니다.

한국 교정 시장은 브래킷 기준으로 국산 점유율이 20%에 불과합니다. 미국에서 활성화된 투명 교정 시장은 한국에선 아직 초기 단계입니다. 투명 교정은 아직까지 교정력이 떨어진다는 인식이 영향을 미치고 있는 것이죠. 오스템임플란트는 2016년 브래킷 생산 업체 휴비트를 인수해 브래킷도 수출하고 있습니다. 최근엔 금속이 아닌 세라믹으로 만든 브래킷도 개발했습니다.

투명 교정 장치도 자체 개발을 거쳐 판매를 앞두고 있습니다. 엄 대표는 "2021년부터 투명 교정에서도 매출이 나올 것이다"며 "2021년 연말 중국에서 판매 허가를 받아 중국 시장에도 진출하겠다"고 말했습니다. 장기적으론 교정 제품이 치과용 임플란트 못지않은 수입원이 될 것이라는 설명도 덧붙였습니다.

디지털 수술 역량도 확보했습니다. 구강을 3D로 촬영해 얻은 데이터를 설계용 소프트웨어로 읽어 제품을 설계한 뒤 임플란트 이식 과정을 별도 소프트웨어로 시뮬레이션하는 것이죠. 마지막으론 출력 장치를 이용해 디지털로 설계된 제품을 공작하면 됩니다.

이 회사는 2020년 8월 덴마크 3D 스캐너 기업인 '3세이프'와 계약을 맺고 구강스캐너와 치과용 설계 스프트웨어 판권을 획득했습니다. 오스템임플란트는 디지털 수술을 위한 캐드 소프트웨어, 시뮬레이션용 소프트웨어를 2021년 출시할 계획입니다. 디지털 수술용 출력 장치는 2020년 출시했습니다.

🦷 인테리어부터 직원 채용까지 치과 종합 서비스 제공

오스템임플란트는 치과 관련 상품 모두를 고객에게 공급하겠다는 목표를 갖고 있습니다. 치과에서 쓰이는 500여 개 장비 중 약 300개 장비를 공급할 수 있다고 합니다. 임플란트에 집중해 사업을 하는 스트라우만 등 다른 임플란트 기업과는 대비되는 차이점이죠.

오스템임플란트는 치과 인테리어 사업도 하고 있습니다. 치과 개업 시 내부 인테리어와 장비 구성을 도와줍니다. 이를 통해 오스템임플란트 제품 납품도 가능하죠. 2020년에만 치과 150여 곳의 인테리어를 진행했습니다. 연간 800개 치과의 인테리어를 담당하는 게 목표입니다. 인테리어는 건설업에 속하지만 치과 업무 내용과 관련 법률에 대한 지식을 갖고 있어야 실제 업무에 적합한 치과 인테리어가 가능하다는 게 엄 대표의 생각입니다.

치과 업무를 위한 교육과 직원 채용도 도와줍니다. 이 회사는 직원

(단위: 억 원)

연도	매출	영업이익
2016년	3,446	342
2017년	3,978	217
2018년	4,601	310
2019년	5,650	429
2020년	6,313	988

자료: 오스템임플란트

채용 사이트를 운영하며 치과 운영에 필요한 인력을 얻을 수 있도록 하고 있습니다. 치과 의사들에게 교육과 다양한 정보를 제공하기 위해 2020년 2월 인터넷 방송국을 개국하기도 했습니다. 장비, 소프트웨어, 인력, 장소, 교육 서비스 등을 모두 제공해 치과 관련 상품을 종합적으로 제공하겠다는 전략을 하나씩 실현해나가고 있는 것이죠.

온라인 방송은 코로나19 유행 국면에서 새로운 기회를 주기도 했는데요. 오프라인에서 고객들을 모아놓고 진행하던 교육 서비스를 온라인으로도 할 수 있게 되면서 비용 절감이 이뤄졌습니다. TV 광고를 SNS 광고로, 해외 출장을 통한 회의를 온라인 회의로 전환하기도 했습니다. 엄 대표는 "광고, 전시, 교육 등에 들어가는 비용이 코로나19 유행 이후 기존 대비 50% 수준으로 줄었다"며 "코로나19 이후에도 기존 대비 30%의 비용 절감 효과가 지속될 것이다"고 강조했습니다.

자회사인 오스템파마를 통한 제약, 구강용 제품 사업도 순항 중입니다. 오스템파마는 항생제, 진통제, 소염제, 마취제 등 치주 질환 치료와 관련된 의약품을 생산하고 있습니다. 치과 처방 의약품 시장에서 국내 3위 규모로 연간 60억가량의 매출이 나온다고 합니다. 기능성 프리미엄 치약 브랜드인 '뷰센'은 2017년 출시 이후 누적 판매량 2,000만 개를 돌파했습니다.

향후 디지털 역량을 강화하는 데 주력하겠다는 게 엄 대표의 구상입니다. AI를 써서 개별 환자에게 맞는 제품 설계를 지원하고 수술도 가상으로 해볼 수 있게 하는 것이죠. 치과 의사가 5분 내에 디지털 작업을 마칠 수 있도록 할 계획입니다. 엄 대표는 "연 23%씩 지속 성장해 2023년에 매출 1조 원을 달성하는 게 목표다"며 "치과 관련 기업에 대한 M&A도 추진해 2034년엔 연매출 10조 원을 내는 치과 종합 전문 기업이 되겠다"고 말했습니다.

☙ 교정 장치 · 인테리어 매출 확대 기대

2020년 오스템임플란트는 코로나19 유행이라는 악재 속에서도 견고한 실적을 유지했습니다. 발 빠르게 교육, 전시, 홍보 업무를 온라인으로 전환하면서 비용을 절감했습니다. 치약을 비롯한 구강용 제품과 유니트체어 등 치과용 임플란트 외 항목에서도 매출이 나오면서 포트폴리오가 풍성해지고 있습니다.

2021년 오스템임플란트는 투명 교정 장치 매출이 본격적으로 나올 예정입니다. 치과용 임플란트 공급으로 확보해놓은 유통망에서 경

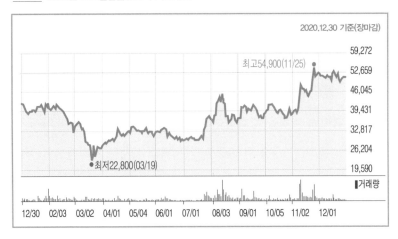

도표 6-9 2020년 오스템임플란트 주가그래프

2020.12.30 기준(장마감)

최고 54,900(11/25)

최저 22,800(03/19)

▮거래량

12/30 02/03 03/02 04/01 05/04 06/01 07/01 08/03 09/01 10/05 11/02 12/01

59,272
52,659
46,045
39,431
32,817
26,204
19,590

쟁사 대비 낮은 가격으로 빠르게 투명 교정 시장 점유율을 늘려나갈 수 있을 것으로 기대됩니다. 코로나19 유행이 완화되면 치과 인테리어 사업도 더 탄력을 받을 수 있을 전망입니다.

이 회사는 2020년 10월 전환사채(CB) 500억 원을 무이자로 발행했습니다. 두 달 뒤인 12월엔 한스바이오메드의 CB 200억 원을 인수하며 2대 주주로 올라섰습니다. 한스바이오메드는 인체이식용 피부와 골이식재, 실리콘 제품 등을 제조·판매하고 있습니다. 회사 측 설명에 따르면 해당 투자는 사업 안전성 유지를 위한 목적입니다.

시장에선 2020년 3분기 기준 523%에 달하는 부채 비율이 부담이라는 의견도 있습니다. 이 부채 비율은 국내 치과용 임플란트 2·3위 업체인 덴티움(146%), 뷰노(92%)에 비해 높은 편입니다. 2020년 10월 인천 송도에서 착공한 사옥에도 비용이 들어가는 걸 고려하면 단기적으론 높은 부채 비율이 부담이 될 수 있다는 것이죠. 다른 의견도 있습니다. 한 바이오 펀드매니저는 "매출과 영업이익이 잘 나오고 있는 만큼 해외 법인 성과가 꾸준히 반영되는 한 채무 부담은 적을 것이다"며 "코로나19 유행이 길어지면 치과 관련 사업의 특성상 실적이 덜 나올 순 있다"고 말했습니다. 코로나19 유행 추이와 함께 해외 법인의 성장세가 지속되는지를 지켜볼 필요가 있습니다.

바이오산업의 빛과 그림자

2020년은 한국 바이오산업이 대도약하는 한 해였습니다. 바이오헬스는 자동차 · 반도체와 어깨를 나란히 하는 한국 10대 수출 품목이 됐습니다. 산업통상자원부의 '2020년 수출입 동향'에 따르면 2020년 국내 바이오헬스 산업 수출액은 141억 달러(15조 2,500억 원)를 기록했습니다. 2019년 91억 달러(9조 8,500억 원)보다 54.4% 늘어났습니다. 국내 바이오헬스 산업 사상 최초로 연간 100억 달러가 넘는 수출 성과를 낸 것입니다.

한국산 바이오헬스 제품이 닿지 않은 국가를 찾기는 더 어려워졌습니다. 국산 진단키트는 2020년 한 해에만 170여 개국에 수출됐습니다. 또 상장된 바이오 기업만 24개에 달합니다. 2021년 1월 열린 'JP모건 헬스케어 콘퍼런스'에는 국내 제약 · 바이오 기업 30여 곳이 참여했습니다. 이 콘퍼런스는 세계 최대 바이오 투자 행사로 꼽힙니다. 2020년 18곳보다 한국 기업 수가 크게 늘었습니다. 이렇듯 국내 바이오산업이 크게 성장했다는 점은 부인할 수 없습니다.

하지만 긍정적인 평가만 내리는 건 경계해야 합니다. 되짚어볼 부분도 있습니다. 국산 신약의 맥은 2018년 HK이노엔의 '케이캡' 이후 2021년 1월 유한양행의 폐암 치료제 '렉라자'가 등장하기까지 2년 간 끊겨 있었습니다. 한미약품이 호중구감소증 치료제 '롤론티스'로, 대웅제약의 위식도 역류 질환 치료제 '펙수프라잔'으로 2020년 판매 허가를 신청했지만 아직 승인이 떨어지진 않았습니다.

연간 1,000억 원 이상 매출고를 올리는 국산 신약도 손에 꼽을 정도입니다. 2020년 11월 기준 1,062억 원의 연매출을 올린 제미글로 제품군, 943억 원의 연매출을 올린 카나브 정도가 연매출 1,000억 원 이상을 낼 수 있는 국산 신약으로 꼽힙니다. 연간 20조 원 이상 판매되는 애브비의 휴미라와 비교하면 아직 갈 길이 멉니다.

제약사들의 매출 대비 R&D 투자 비중이 감소하고 있다는 점도 아쉬운 대목입니다. 한국제약바이오협회에 따르면 2019년 국내 상장 제약사들의 매출 대비 R&D 투자 비중은 8.6%로 집계됐습니다. 2018년 9.1%보다 0.5% 떨어졌습니다. 세계 제약사들은 매출 대비 20% 이상을 R&D에 쓰는 것으로 알려져 있습니다. 50여 개 국내 바이오 · 제약 기업들이 코로나19 치료제 개발 의사를 밝힌 것으로 알려졌지만 실제 성과가 얼마나 나올지도 미지수입니다.

여기에 기술특례로 상장한 몇몇 바이오 기업들이 임상 실패 등으로 인한 위기를 겪으면서 금융 당국이 상장에 들이대는 잣대는 더 높아졌습니다. 2021년 들어 코스닥 기술특례 상장 제도 평가 항목 수는 기존 26개에서 35개로 늘어났습니다. 바이오 업계에선 기술 수출이나 임상 1상 성공 등의 가시적 성과를 내기 이전엔 기업공개 일정을 미루는 분위기도 감지됩니다. 유의미한 매출을 내지 못하는 상황에서 임상에 실패해 주주들이 막대한 손해를 보는 경우도 되풀이 되고 있습니다. 그렇다고 미국처럼 기술력이 뛰어나지만 경영이 어려운 바이오 기업들에 대해 적극적으로 M&A를 하는 풍토도 아닙니다.

기대와 우려가 공존하는 가운데 2021년에도 많은 바이오 기업들이 기업공개를 진행할 예정입니다. 프레스티지바이오파마를 시작으로 SK바이오사이언스, HK이노엔 등 대어로 꼽히는 바이오 기업들도 상장을 앞두고 있습니다.

이 책에선 2021년 주목할 만한 바이오 기업으로 20곳을 뽑았습니다. 여기 담지 못한 기업 가운데서도 뛰어난 기술력으로 세계 시장에 도전장을 내민 바이오텍들이 많습니다. 몸속 면역세포를 이용해 항암, 자가면역 질환 치료 효과를 내는 세포 치료제는 이 책에서 충분히 다루지 못해 아쉬움이 남는 분야입니다. NK세포, CAR-T세포, 줄기세포로 신약을 만드는 업체들은 저마다 미국 시장에 도전하기 위한 임상 단계를 밟고 있습니다. 에스씨엠생명과학, 메디포스트, 녹십자랩셀, 박셀바이오, 엔케이맥스, 앱클론, 파미셀, 유틸렉스, 안트로젠, 테고사이언스 등의 상장사들이 세포 치료제 개발을 주도하고 있습니다.

지놈앤컴퍼니, 천랩, 고바이오랩이 선두에 있는 마이크로바이옴 치료제 분야도 눈여겨봐야 합니다. 마이크로바이옴은 장내 미생물 환경을 가리키는 말입니다. 장 속 미생물들의 생태 환경을 바꿔 자가면역 질환, 암을 치료하려는 임상이 진행되고 있습니다. 업계에선 향후 치매, 파킨슨병 등 뇌 질환에도 마이크로바이옴 치료제 적용이 가능할 것으로 전망하고 있습니다.

화이자, 모더나의 mRNA 코로나19 백신 개발로 사람들의 귀에 익숙해진 유전자 치료제 분야도 빼놓을 수 없습니다. 헬릭스미스는 DNA 기반 유전자 치료제의 임상 3상에 재도전하고 있습니다. RNA 치료제를 개발하는 기업도 있습니다. 올릭스는 황반변성 및 간 질환 치료제를 개발하고 있습니다. 2021년 1월 mRNA 치료제·백신 연구 개발을 전담할 자회사도 설립했습니다. 올리패스는 황반변성 치료제와 함께 비마약성 진통제로 RNA 치료제의 개발 분야를 개척하고 있습니다. 원격진료, 영상 장비 등 의료기기 분야에서도 한국 기업들이 해외에서 고군분투하고 있습니다.

이 책은 바이오 투자를 더 이상 불확실성에 베팅하는 심정으로 하지 않았으면 하는 마음에서 쓰기 시작했습니다. 바이오는 전공자가 아니어도 시간을 들여 이론을 공부하고, 회사 대표가 누구인지 찾아보고, 파이프라인이 무엇인지 확인한 뒤에 투자를 할 수 있는 분야라고 생각합니다. 모든 기업을 다 분석할 순 없습니다. 이 책에 나온 기업이 정답도 아닐 겁니다. 최소한 투자를 하기 전 알아야 할 포인트를 담으려 노력했습니다.

한국 바이오산업은 이제 막 성장기에 접어들었습니다. 바이오시밀러에선 주목할 만한 성과가 나왔지만 아직은 갈 길이 멉니다. 현재까지 전 세계 매출 상위 50위에 들어가는 한국 제약사는 없습니다. 미국

순위	국가	기업	매출액(달러)
1	미국	화이자	453억 200만
2	스위스	로슈	445억 5,200만
3	스위스	노바티스	434억 8,100만
4	미국	존슨앤드존슨	388억 1,500만
5	미국	머크	343억 9,700만
6	프랑스	사노피	351억 2,100만
7	미국	애브비	320억 6,700만
8	영국	GSK	306억 4,500만
9	미국	암젠	225억 3,300만
10	미국	길리어드	216억 7,700만

자료: 한국제약바이오협회

제약 비즈니스 매거진인 〈파머섹〉에 따르면 2019년 세계 제약사 매출액 순위 50위를 기록한 인도 오르빈도파마의 2019년 매출액이 27억 8,700만 달러입니다. 연매출 3조 원은 넘어가야 50위권 제약사와 경쟁이 됩니다. 국내에서도 글로벌 제약사가 나오지 말란 법이 없습니다.

2020년 매출 1조 원을 넘긴 제약·바이오 기업은 10곳이 넘을 전망입니다. 경쟁력도 있습니다. 10년 뒤 'IT 버블' 이후 살아남았던 지금의 네이버나 카카오처럼 또는 '제2의 셀트리온'과 같은 기업이 반드시 나올 겁니다. 어떤 기업이 살아남을지는 장담할 수 없지만 투자를 하고 공부를 하다 보면 이에 대한 힌트를 조금은 얻을 수 있을 것이라 생각합니다.

또 바이오산업은 생명을 다루는 분야라는 점에서 인류의 복지와 삶의 질에 직결되는 산업입니다. 한국 제약·바이오산업이 전 세계 사람들의 건강 증진에 크게 기여할 수 있기를 바랍니다.

주린이도 따라하는 바이오 히든 밸류 찾는 법

K바이오 투자 지침서

제1판 1쇄 발행 | 2021년 3월 22일
제1판 3쇄 발행 | 2021년 4월 8일

지은이 | 김우섭, 이주현
펴낸이 | 윤성민
펴낸곳 | 한국경제신문 한경BP
책임편집 | 마현숙
교정교열 | 이근일
저작권 | 백상아
홍보 | 서은실 · 이여진 · 박도현
마케팅 | 배한일 · 김규형
디자인 | 지소영
본문디자인 | 디자인 현

주소 | 서울특별시 중구 청파로 463
기획출판팀 | 02-3604-590, 584
영업마케팅팀 | 02-3604-595, 583 FAX | 02-3604-599
H | http://bp.hankyung.com E | bp@hankyung.com
F | www.facebook.com/hankyungbp
등록 | 제 2-315(1967. 5. 15)

ISBN 978-89-475-4706-2 03320